Entscheidungen

des

Ober-Seeamts und der Seeämter

des

Deutschen Reichs.

Herausgegeben

im

Reichsamt des Innern.

Vierter Band.

2. Heft.

Hamburg.

Druck und Verlag von L. Friederichsen & Co.

1883.

Inhalt.

(Fortsetzung folgt auf der dritten Seite des Umschlags.)

20. Spruch des Seeamts zu Emden vom 6. Mai 1882, betreffend den Seeunfall der Brigg „Ubbina" von Petkum.

Der Spruch des Seeamts lautet:

Die Ursachen des am 6. November 1881 auf der Brigg „Ubbina" von Petkum entstandenen Brandes, welcher den Untergang des Schiffes herbeiführte, sind mit Sicherheit zwar nicht festgestellt, muthmaßlich jedoch in einer Selbstentzündung der von der „Ubbina" geführten Heuladung zu suchen.

Gründe. Die zu Petkum heimathberechtigt gewesene Brigg „Ubbina", Unterscheidungssignal KFBQ, ist am 6. November 1881 auf offener See verbrannt. Dieselbe war im Jahre 1870/71 zu Hamelwarden im Oldenburgischen gebaut, zu 742,4 cbm = 262,07 britischen Register-Tons Netto-Raumgehalt vermessen und gehörte einer Rhederei, bei welcher der Schiffsführer nicht betheiligt war.

Am 16. Oktober 1881 ging die Brigg von Rosario mit einer aus im ganzen 8 Personen bestehenden Besatzung in See und hatte eine aus 450 Ballen gepreßten Heus à 300—350 kg bestehende Ladung an Bord, welche nach Rio de Janeiro bestimmt war. Die Ladung füllte den ganzen Raum des Schiffes bis unter Deck, dieselbe war mittelst Daumkraft eingeschraubt. Man ließ, da das Heu in der ersten Zeit nach seiner Verladung eine nicht unerhebliche Hitze im Schiffe, insbesondere in der Cajüte verbreitete, der besseren Ventilation wegen die drei kleineren Schiffsluken offen. Die Hitze verlor sich denn auch nach und nach, namentlich war noch am 4. November, als der Steuermann mit 2 Matrosen in den Hinterraum geschickt wurde, um einen losgegangenen Heuballen wieder zu befestigen, überall nichts Auffälliges bemerkt worden. So gelangte die „Ubbina" am 6. November auf 27° 40′ Süd-Breite und 47° 22′ West-Länge, als der Steuermann morgens um 9¾ Uhr Rauch aus der Hinterluke aufsteigen sah und die Besatzung durch den Ruf „Feuer im Schiff" alarmirte. Der Rauch zog unter Deck beim Großmaste unweit des Eingangs zu der an der Steuerbordseite liegenden Steuermannscajüte her, aus der Hinterluke heraus und versuchte man das Feuer zunächst durch Wasser zu löschen; als jedoch bald nachher die Flammen aus der Hinterluke herausschlugen, wurde schleunigst das Boot zu Wasser gebracht und das Schiff von der Mannschaft verlassen. Die Schiffsleute bargen noch einen Theil ihrer Effekten, vom Schiffer und Steuermann wurde jedoch nichts weiter als der am Bord befindliche Chronometer gerettet und blieb namentlich auch das Schiffsjournal, welches sich in einer, der Steuermannscajüte gegenüber an Backbordseite befindlichen, mit jener durch einen Gang in Verbindung stehenden ähnlichen Cajüte befand, an Bord zurück. Bald nach dem Verlassen des Schiffes fiel etwa um 10½ Uhr der große Mast über Bord, ¼ Stunde später stand das ganze Schiff in Flammen, die Besatzung aber langte nach 26 stündiger Fahrt am folgenden Tage in Santa Cruz mit ihrem Boote an.

Nachdem sodann am 8. November 1881 beim Kaiserlichen Consulate in Desterro bezüglich des fraglichen Unfalls Verklarung abgelegt war, haben sich die zur Besatzung der „Ubbina" gehörig gewesenen Personen zerstreut und ist daher auch nur bezüglich eines Theiles derselben eine anderweite Vernehmung zu erwirken gewesen. Die vorliegenden Aussagen der vernommenen Zeugen lassen es nun in Verbindung mit dem Inhalte der Verklarung freilich nicht zweifelhaft erscheinen, daß der Heerd des Feuers, durch welchen der Untergang der „Ubbina" herbeigeführt wurde, sich unweit des großen Mastes unterhalb des Decks befunden habe, für die Feststellung der Ursache der Entstehung jenes Feuers bieten dieselben indessen äußerst geringfügige Anhaltspunkte. Der Umstand, daß der Heerd des Feuers sich nicht bei der Luke, sondern unter dem Deck in weiter Entfernung von der Combüse an einer Stelle befand, zu welcher, da der ganze Raum gefüllt war, Niemand gelangen konnte, spricht dagegen, daß durch Unvorsichtigkeit der Besatzung Zündstoffe von Deck in die Ladung gefallen sein sollten. Ebensowenig scheint angenommen werden zu können, daß solches durch die in der Cajüte des Steuermanns befindlich gewesene Gräting geschehen sei, da in solchem Falle unbedingt schon weit früher in der Steuermannscajüte Anzeichen eines in der Entstehung begriffenen Brandes hervorgetreten sein würden und läßt sich unter solchen Umständen der in Frage stehende Brand kaum anders als durch eine Selbstentzündung der Ladung erklären. Zwar ergiebt in dieser Beziehung der vom Kaiserlichen Vice-Consulate in Rosario eingegangene Bericht, daß das von der „Ubbina" geladene

Heu bereits 5 Monate vor der Verladung geerndtet war und scheint sowohl dieser Umstand als auch die durch die Aussagen der vernommenen Zeugen festgestellte Thatsache, daß die anfänglich durch das verladene Heu erzeugte Hitze sich mit der Zeit wieder verloren hatte, gegen die Annahme einer Selbstentzündung zu sprechen; andererseits läßt jedoch der erwähnte Consulatsbericht auch wieder ersehen, daß das verladene Heu in Mieten gelagert gewesen ist und wird es eben dadurch erklärlich, daß trotz der mehrmonatlichen Lagerung dennoch einzelne Theile des Heus sich in nicht völlig trockenem Zustande befanden. Dazu kommt, daß die Ladung mittelst Daumkraft eingeschraubt, wobei auch Oel zur Verwendung gekommen war. Es sind dies Thatumstände, die zwar keinen wirklichen Beweis einer erfolgten Selbstentzündung ergeben, solche aber doch immerhin wahrscheinlich machen dürften.

Auch auf Seiten des Reichscommissars ist denn keine Veranlassung gefunden, dem Schiffer oder Steuermann ein Verschulden an dem in Frage stehenden Brande beizumessen, übrigens jedoch die Meinung vertreten, daß die „Ubbina" zu frühzeitig von der Besatzung aufgegeben sei, auch dem Schiffer insofern eine Nachlässigkeit zum Vorwurfe gemacht, als er die Bergung seines Journals verabsäumt habe. Ein weiterer Antrag ist daran gegen den Schiffer oder Steuermann zwar nicht geknüpft, seeamtsseitig haben jedoch die erhobenen Vorwürfe nicht als zutreffend anerkannt werden können. Zunächst ergiebt nämlich das vorliegende Beweismaterial, daß, als das Boot fertig gemacht wurde, die Flammen bereits aus der Hinterluke hervorschlugen, und war es unter solchen Umständen gerechtfertigt, auf Rettung des Lebens der Besatzung schleunigst Bedacht zu nehmen, im übrigen aber erhellt daraus ferner, daß diejenige Stelle, an welcher das Schiffsjournal verwahrt wurde, sich in unmittelbarer Nähe des Heerdes des Feuers befand. Somit wäre der Versuch einer Bergung des Journals immerhin mit besonderer Lebensgefahr verbunden gewesen und erscheint es daher mindestens entschuldbar, wenn ein derartiger Versuch nicht mehr gemacht wurde.

21. Spruch des Seeamts zu Flensburg vom 9. Juni 1882, betreffend den Seeunfall der Bark „Apenrade" von Apenrade.

Der Spruch des Seeamts lautet:

daß die Bark „Apenrade", Unterscheidungssignal LKTN, am 25. November 1881 in der Bai von Totoratillo gestrandet ist, daß dieser Unfall durch den chilenischen Lootsen Juan Thomas, welcher das Fahrwasser nicht genügend kannte, veranlaßt worden ist.

Gründe. Die Bark „Apenrade", Heimathshafen Apenrade, Unterscheidungssignal LKTN, von 545,41 britischen Register-Tons Netto-Raumgehalt, ist am 25. November 1881 in der Bai von Totoratillo, einem kleinen in der chilenischen Provinz Coquimbo belegenen Hafenorte gestrandet und gesunken.

Dem Seeamt liegen die in Anlaß dieses Unfalles vor dem Hafen-Capitain José Manuel Varela in Totoratillo mit der Besatzung und dem chilenischen Lootsen Juan Thomas gepflogenen Verhandlungen in spanischer Sprache und deutscher Uebersetzung, wie solche durch Vermittelung des Kaiserlich Deutschen Consulats in Valparaiso dem Reichsamt des Innern übersendet sind, vor. Hiernach ist der Verlauf des Unfalls folgender.

Am 21. November 1881 Mittags 12 Uhr, wo das Schiff vor der Bai von Totoratillo angekommen war, kam der Lootse Juan Thomas aus Totoratillo an Bord, um das Schiff in die Bai auf einen Ankerplatz zu bringen. Der Führer des Schiffes, Schiffer H. G. Krause, theilte dem Lootsen zunächst mit, daß das Schiff hinten 22 Fuß tief liege und übergab ihm dann das Commando. Als das Schiff in der Bai anlangte, gerieth es alsbald mit dem Hintertheil auf einen Felsen. Alle Bemühungen, durch Brassen der Segel und durch Ausbringen einer Trosse nach der in der Nähe liegenden Bark Eden das Schiff abzubringen, blieben erfolglos. Als um 3 Uhr Nachmittags die Ebbe eintrat, ließ der Lootse die Segel festmachen und begab sich dann, ohne weiter sich um das Schiff zu bekümmern, in seinem Boote an's Land. Das Schiff war bis dahin noch dicht geblieben. Im Verlaufe der nächsten Stunden wurde es indeß in Folge des heftigen Aufstoßens auf den Felsen undicht und einige Minuten nach 6 Uhr Abends füllte es sich plötzlich mit Wasser und sank so rasch, daß die Besatzung nur mit Mühe sich in einem

Boote auf die in der Nähe liegende Bark Eden zu retten vermochte, ohne daß es ihr möglich war, irgend etwas zu bergen.

Der Lootse hat bei seiner Vernehmung erklärt, daß ihm die Untiefe, wo das Schiff strandete, unbekannt gewesen sei.

Es ist nach obigen Feststellungen klar, daß der Unfall lediglich dem chilenischen Lootsen, der das Gewässer, in welchem er als Lootse fungirte, nicht hinreichend kannte, zur Last fällt.

22. Spruch des Seeamts zu Flensburg vom 9. Mai 1882, betreffend den Seeunfall des Schraubendampfers „Wilhelm" von Kiel.

Der Spruch des Seeamts lautet:

daß der Schraubendampfer „Wilhelm" am 21. November 1881 auf dem Majo-Riff an der schwedischen Küste gestrandet ist; daß der Schiffer Johann Carl August Wilhelm Gehrke den Unfall verschuldet hat,

1. dadurch, daß er bei dunklem nebligen Wetter den Kalmarsund ansegelte und nicht vielmehr nach SSO auslag, bis das Wetter aufklärte,
2. dadurch, daß wenn er überall die Ansegelung unternahm, er nicht beständig lothen ließ,

daß dem Schiffer außerdem zur Last zu legen ist, daß er zum Einsegeln in den Kalmarsund nicht im Besitze einer Spezialkarte dieses Fahrwassers gewesen ist.

Gründe. Der Schraubendampfer „Wilhelm", Unterscheidungssignal LCHD, von 134,28 britischen Register-Tons Netto-Raumgehalt, verließ am Morgen des 20. November 1881 den Hafen von Danzig, um nach Kalmar zu segeln. Das Schiff war beladen mit 2500 Tonnen Weizen. Hinten lag es 12½ englische Fuß, vorn 10 Fuß tief. An Bord befanden sich der Schiffer Carl August Wilhelm Gehrke aus Grabow an der Oder, der Steuermann Thomas Lage aus Laboe, zwei Maschinisten, zwei Matrosen und ein Koch.

Am folgenden Morgen um 10 Uhr sah man im Nebel einen Leuchtthurm. Nach der durchlaufenen Distanz nahm man an, es sei der Leuchtthurm auf der Südspitze der Insel Oeland. Man steuerte deshalb nach NW weiter, in der Meinung, so um die Südspitze

Oelands herum in den Kalmarsund hinein zu kommen. Als indeß um 12 Uhr Mittags das Wetter sich aufklärte, gewahrte man, daß man sich geirrt habe. Der Leuchtthurm, welchen man gesehen, war nicht der Leuchtthurm auf Oeland, sondern der Feuerthurm auf Utklipporna. Man befand sich also circa 25 Seemeilen weiter westwärts als man angenommen hatte. Sobald der Schiffer den Irrthum gewahr geworden war, steuerte er sofort SO. Er behielt diesen Curs bis 3½ Uhr Nachmittags, um welche Zeit er den Utklippornaer Leuchtthurm im Westen, in 4 bis 5 Seemeilen Abstand peilte, bei. Dann ließ er NOzO¼O steuern bis 6 Uhr 10 Minuten und von da an, wo er 17 Seemeilen durchlaufen hatte, NO⅛N. Schon um 4 Uhr Nachmittags war so dicker Nebel eingetreten, daß man nicht von einem Ende des Schiffes bis zum andern sehen konnte. Man ließ deshalb vorschriftsmäßig alle 2 Minuten die Dampfpfeife ertönen. Der Wind kam aus SSO, war ziemlich stark und stand ziemlich hohe See. Seit Nachmittags 3½ Uhr, wo man den Feuerthurm von Utklipporna in 4 bis 5 Seemeilen Abstand in Westen peilte, hatte man im ganzen drei Mal gelothet, zuletzt um 6 Uhr 10 Minuten, und jedesmal 19 bis 20 Faden Wasser gefunden. Man fuhr mit einer Fahrgeschwindigkeit von 5 Seemeilen in der Stunde. Um 6 Uhr 30 Minuten stieß das Schiff plötzlich mit dem Vordertheil auf einen Stein. Der Schiffer ließ nun zunächst die Maschine rückwärts gehen, solches hatte aber keinen Erfolg. Auch Versuche, das Schiff durch Ueberbordwerfen eines Theils der Ladung und durch Ausbringen von Ankern freizumachen, mißlangen. Das Schiff blieb festsitzen, stieß heftig und lief die See häufig von hinten über's Deck. Die Schraube verlor bei dem Hin- und Herstoßen drei Flügel. Die Maschine behielt man einstweilen in Gang, um die Pumpen zu treiben. Es gelang auf diese Weise vorerst das Schiff lenz zu halten. Am folgenden Morgen kamen Strandbeamte an Bord. Es stellte sich nun heraus, daß das Schiff auf dem Majo-Riff ungefähr 2 Seemeilen von der schwedischen Ostküste eben unterhalb der Stadt Christianopel im Kalmarsunde festsaß. Bereits um 10 Uhr Morgens langte ein von Kalmar requirirter Bergungsdampfer an. Mit dessen Hülfe gelang es an diesem und dem folgenden Tage einen Theil der Ladung und das gesammte Schiffsinventar nach Kalmar zu bringen. Ein anderer Theil der Ladung wurde in Böten nach Christianopel geborgen. Bis zum Abend des 23. November hatte sich das Schiff durch Pumpen einigermaßen von Wasser frei halten lassen. Dann aber bekam das Schiff große Löcher im Boden und die Folge davon war, daß es alsbald voll Wasser lief. Unter solchen Umständen mußte die Mannschaft das Schiff verlassen und von weiteren Bergungen Abstand genommen werden. Im ganzen waren von der Ladung ²/₃ geborgen, ¹/₃ beschädigt, ¹/₃ unbeschädigt. Die Mannschaft begab sich auf dem Bergungsdampfer nach Kalmar und von hier aus ist sie demnächst über Land und per Postdampfer in die Heimath zurückspedirt worden. Das Schiff ist in der Folge vollständig wrack geworden und demnächst mit dem Inventar für Rechnung der Assecuranzgesellschaft verkauft.

Der Schiffer ist im Besitze eines von der Königlichen Regierung in Stettin unterm 14. März 1876 ausgestellten Zeugnisses für Schifffahrt auf großer Fahrt.

Auf der letzten Reise hat er die dänische Seekarte über den östlichen Theil der Ostsee von Hjorth, berichtigt bis 1879, benutzt. Diese Karte ist von ihm dem Seeamt vorgelegt worden. Das Schiff war vor circa 3½ Jahren auf der Howaldt'schen Werft in Diedrichsdorf bei Kiel neu erbaut und gehörte dem Consul Sartori in Kiel. Bei voller Fahrgeschwindigkeit machte es 8 bis 8½ Seemeilen in der Stunde.

Der Kalmarsund, eine zwischen dem schwedischen Festlande und der Insel Oeland belegene Meerenge, ist wegen der vielen an den Ufern vorhandenen Klippen und wegen der daselbst meist herrschenden starken Strömung ein für die Schiffahrt sehr gefährliches Fahrwasser. Er hat in der Mitte durchweg 18 bis 20 Faden Wasser, näher nach der schwedischen Küste hin flacht sich aber das Wasser bis auf 8 Faden Tiefe und noch weniger ab.

Ein solches Gewässer darf ein vorsichtiger Schiffer bei unsichtigem Wetter überall nicht ohne Noth ansegeln, weil er dabei jederzeit Gefahr läuft, auf die Klippen getrieben zu werden.

Der Schiffer Gehrke hatte im vorliegenden Falle umsomehr Veranlassung, einstweilen von der Ansegelung des Sundes Abstand zu nehmen, weil er kurz zuvor die Erfahrung hatte machen müssen, wie sehr ihn die Stromversetzung außer Curs gebracht hatte und mit wie geringer Wahrscheinlichkeit er demnach darauf rechnen konnte, im Sunde den gesteuerten Curs einzuhalten. Da Wind und Wetter ihn in keiner Weise daran hinderten, hätte er so lange nach SSO gegen den Wind auslegen müssen, bis sich das Wetter aufklärte.

Der von ihm seit Nachmittags 3½ Uhr gesteuerte Curs war allerdings richtig; wenn er trotzdem auf die Felsen gerieth, so ist solches lediglich der Stromversetzung zuzuschreiben, die ihn weiter westlich trieb, als er angenommen haben mag. Er hat aber, weil er trotz der offen vorliegenden Gefahr solcher Stromversetzung in den Sund hineinfuhr, den Unfall lediglich selbst verschuldet.

Unternahm er es bei dem unsichtigen Wetter in den Sund hineinzusegeln, so mußte er, sobald er den Sund erreichte, jedenfalls fortwährend lothen lassen, um sich davon zu überzeugen, daß er der Küste nicht zu nahe komme. Hätte er dies gethan, so wäre der Unfall voraussichtlich vermieden worden, weil er dann schon einige Zeit vor dem Aufstoßen darüber klar geworden wäre, daß er aus der Mitte des Fahrwassers herausgekommen sei.

Die von ihm benutzte Karte hat für eine Reise in den Kalmarsund ein zu kleines Besteck, es sind zu wenig Lothungen darauf angegeben, um im Nothfalle durch Benutzung des Lothes den Standpunkt des Schiffes einigermaßen feststellen zu können. Wer den Kalmarsund mit einem größeren Schiffe befahren will, sollte sich billigerweise mit einer bezüglichen Spezialkarte versehen

23. Spruch des Seeamts zu Rostock vom 9. Mai 1882, betreffend den Seeunfall der Bark „Hercules" von Rostock.

Schiff bei Tidsvilde (Nordküste der Insel Seeland) gestrandet und wrack geworden.

Der Spruch des Seeamts lautet:

Die Strandung ist zurückzuführen auf die Verwechselung des Feuers von Anholt-Feuerschiff mit demjenigen von Hesselö und auf die stattgehabte nördliche Stromversetzung. Der Unfall ist von dem Schiffer Schwebcke insofern verschuldet worden, als die stattgehabte Veränderung des Feuers von Anholt-Feuerschiff, wenn er die nöthigen Erkundigungen eingezogen oder am 30. November 1881, als er Abends 6¼ Uhr dicht beim Anholt-Feuerschiff vorbeikam, genauere Beobachtungen über die Beschaffenheit des dortigen Feuers gemacht hätte, ihm bekannt gewesen sein müßte.

Gründe. I. Die in Rostock beheimathete Bark „Hercules", Unterscheidungssignal MCDR, vermessen zu 965,9 Cubikmeter oder 340,96 britischen Register-Tons Netto-Raumgehalt, welche am

15./16. Februar 1882 an der Küste von Seeland gestrandet ist, wurde seit Anfang des Jahres 1880 geführt von dem Schiffer Ferd. Schwebcke aus Dierhagen. Dieser war vorher Führer des Schiffes „Der alte Peter" gewesen, welches am 2. Februar 1879 wegen eines schweren Lecks an der jütischen Küste unweit Graerup auf Strand gesetzt werden mußte. In der über diesen Seeunfall stattgehabten Untersuchung ist ausgesprochen worden, daß die Entstehung dieses Lecks zum Theil der mangelhaften Instandhaltung der schon alten Brigg zuzuschreiben sei, und daß demnach der Führer derselben den Unfall mit verschuldet habe.

Die Bark „Hercules" hat Schwebcke im Februar 1880 in öffentlicher Auction für 10900 Mark gekauft und alsbald auf der Werft von E. Burchard & Co. hierselbst neu verzimmern lassen. Nach der von dem Letzteren auf Anfrage des Seeamts ertheilten Auskunft haben sich die Kosten der reinen Zimmerarbeit bei dieser Reparatur auf circa 8000 Mark belaufen und ist das Schiff nach Beschaffung derselben in durchaus seetüchtigem Zustande gewesen. Auch im übrigen ist die Bark damals neu ausgerüstet und der Schiffer hat sich mit neuen Seekarten und einem Leuchtfeuerbuch von 1880 versehen. Ein anderes Leuchtfeuerbuch hat er seitdem nicht angeschafft, auch keine Erkundigungen nach etwa stattgehabten Veränderungen von Feuern eingezogen.

Am 12. Februar 1882 trat der „Hercules" seine letzte Reise von Newcastle nach Memel mit einer Ladung Steinkohlen an. In der Nacht vom 14./15. Februar wurde Skagen passirt, gegen 4 Uhr Morgens kam Kobbergrund-Feuerschiff in 5 Seemeilen Entfernung in Sicht und wurde etwa 3/4 Stunde später passirt. Der Curs war damals SzO bei frischer westlicher Brise. Gleichzeitig glaubte der Schiffer eine südliche Strömung wahrzunehmen, da er nach seiner Segelung schon bei Anholt hätte sein müssen. Um 8 3/4 Uhr Vormittags wurde nach Steuerbord gewendet und nun WNW gesteuert, auch das Vormarssegel und der Klüver festgemacht und Fock- und Großmarssegel gerefft. Der Wind war inzwischen nach SW herumgegangen und steigerte sich zum Sturm, welcher jedoch um 12 Uhr Mittags wieder abnahm. Um 1 1/2 Uhr wurde über Backbordbug gehalst und SSW gesteuert. Um 4 Uhr Nachmittags sah der Schiffer die schwedische Küste in einer Entfernung von ungefähr 10 bis 12 Seemeilen, er ließ das Großobermarssegel wiederum reffen und die Fock festmachen, da der Wind wieder stärker wurde und zu einem harten Sturm aus West anwuchs, welcher sich gegen 6 Uhr Nachmittags zum Orkan steigerte und in dieser Stärke andauernd, über WNW nach NW herumging.

Dementsprechend wurde um 8 Uhr Abends der Curs auf WSW verändert. Schon vorher, gegen 7 Uhr, hatte der Wind sämmtliche stehende Segel bis auf das Voruntermarssegel und das Vorstengestagsegel zerrissen und war die Luft durch die aufgewühlte See derartig verdunkelt, daß man wenig sehen konnte, obgleich es an sich sichtbare Luft war. Um 11 Uhr Nachts erblickte man ein festes weißes Feuer in WzN und gleichzeitig ungefähr in Ost ein festes Feuer. Ersteres hielten Schiffer und Mannschaft für dasjenige von Anholt-Feuerschiff in dessen Nähe sich das Schiff nach der Berechnung des Schiffers befinden mußte, und wurden beide in diesem Glauben noch dadurch verstärkt, daß sie auch die kleine Laterne am Bugspriet, welche alle Feuerschiffe nach Behauptung des Schiffers in neuerer Zeit führen, wahrzunehmen vermeinten. Daß das Feuer von Anholt-Feuerschiff im Mai 1880 in ein Blinkfeuer umgewandelt ist, war ihnen unbekannt. Das Feuer im Osten hielten sie dementsprechend für dasjenige von Morup Tange. Um 2 Uhr Nachts, während die Mannschaft beschäftigt war, die von dem Orcan zerrissenen und gelösten Segel festzumachen, wurde man plötzlich Land voraus gewahr. Der Schiffer versuchte sofort die Bark über Steuerbord an den Wind zu legen, es gelang dies jedoch nicht, da das Schiff wegen seiner zerrissenen Segel manövrirunfähig war und dem Lande zutrieb. Es blieb daher nichts übrig, als das Schiff vor den Wind zu bringen und so auf Strand zu setzen. Um 3½ Uhr Nachts stieß das Schiff denn auch auf. Die Brandung war hier so stark, daß die Cajüte hinten sofort zerschlagen wurde und die Bark heftig stieß. Der Schiffer ließ daher den Groß- und Fockmast kappen, wodurch eine ruhigere Lage des Schiffes erzielt wurde. Erst am Nachmittage legte sich der Sturm soweit, daß die Mannschaft von dem Lande aus durch Fischer geborgen werden konnte. Man erfuhr nun, daß man unweit Tidsvilde auf Seeland gestrandet war, und daß das zuletzt erblickte Feuer dasjenige von Hesselö gewesen sein mußte. Für die Rettung von Schiff und Ladung etwas zu thun, war während des anhaltenden stürmischen Wetters unmöglich. Erst am 18. Februar hat die Besatzung ihre eigenen Sachen vom Schiffe holen können. Wrack und Ladung sind später für 3200 Kronen verkauft worden.

II. Die Strandung des Schiffes ist veranlaßt durch den Irrthum über den Standort desselben, in welchem sich Schiffer Schwebcke in der Nacht vom 15./16. Februar befunden hat. Dieser Irrthum ist nach Ansicht des Seeamts einmal hervorgerufen durch eine im Laufe des 15. Februar eingetretene Stromversetzung nach Süden.

Denn eine Absetzung der im Journal verzeichneten Segelung auf der Karte hat ergeben, daß der Schiffer damals, als er das Leuchtfeuer zu Gesicht bekam, allerdings annehmen durfte, sich in der Nähe von Anholt zu befinden. Wenn er anstatt dessen in Wirklichkeit bereits weit südlicher gekommen war, so läßt sich dies nur dadurch erklären, daß die von ihm am Morgen beobachtete Strömung nach Norden sich inzwischen geändert hatte. Wann dieser Wechsel eingetreten ist, hat sich nicht feststellen lassen; weitere Erkundigungen in dieser Richtung einzuziehen, ist aber nicht für erforderlich erachtet, da man nicht erwarten kann, daß Beobachtungen von hinreichender Genauigkeit und Häufigkeit in dem betreffenden Meerestheile gemacht worden sind. Daß aber der Schiffer diese Aenderung der Strömung nicht bemerkt hat, kann ihm nicht zum Vorwurf gemacht werden, da er im Laufe des Tages keine Gelegenheit gehabt hat, die Richtigkeit seiner Berechnungen zu prüfen. Eine solche bot sich ihm erst, als er Abends 11 Uhr die Leuchtfeuer erblickte, sie diente aber nur dazu, ihn in seinem Irrthum zu bestärken in Folge der Verwechselung der Feuer von Hesselö und Anholt-Feuerschiff, welche demnach als weitere Ursache des Seeunfalls zu betrachten ist. Und in dieser Beziehung kann Schiffer Schwebcke nicht von jeder Verschuldung freigesprochen werden. Zunächst nämlich mußte ihn, auch wenn ihm die seit dem Beginn des Jahres 1880 eingetretene Veränderung des Feuers von Anholt-Feuerschiff unbekannt geblieben war, da er dem letzteren nahe genug gekommen zu sein glaubte, um die Laterne am Bugspriet zu erkennen, der Umstand auf das Bedenkliche seiner Annahme aufmerksam machen, daß er nicht zugleich das Landfeuer von Anholt sah. Weiter aber auch kann von dem Führer eines Schiffes verlangt werden, daß er über die Leuchtfeuer einer von ihm häufiger befahrenen Seestraße Erkundigungen einzieht und nicht mit den schon vor Jahren eingetretenen Aenderungen der Verhältnisse unbekannt bleibt. Von dem hier in Betracht kommenden Wechsel sich zu unterrichten, wäre für ihn aber besonders leicht gewesen, da er nach Ausweis seines Journals bereits am 30. November 1881 Anholt-Feuerschiff bei Nacht passirt und gesehen hat und damals eine Verwechselung durch die, ebenfalls aus dem Journal sich ergebende, Sichtbarkeit von Anholt-Feuer sowie späterhin von Kobbergrund-Feuerschiff und Trendelen-Feuerschiff ausgeschlossen war.

24. Spruch des Seeamts zu Stralsund vom 17. Mai 1882, betreffend den Seeunfall der Bark „J. P. Juhl" von Stralsund.

Der Spruch des Seeamts lautet:

daß der Seeunfall, bei welchem die Bark „J. P. Juhl" am 23. Juli 1881 Morgens auf der Ostspitze der Magdalenen-Insel East Island gestrandet und total verloren gegangen ist, durch mangelhafte Navigirung verursacht worden ist, daß der Schiffer Parow den Unfall verschuldet hat und daß demselben die Befugniß zur Ausübung des Schiffergewerbes entzogen werden soll, daß endlich keine Veranlassung vorliegt, dem Steuermann Gottschewsky die Befugniß zur Ausübung des Schiffer- oder Steuermannsgewerbes zu entziehen.

Gründe. Am 23. Juli 1881 Morgens 2 Uhr ist die zu Stralsund heimathberechtigte Bark „J. P. Juhl", Schiffer R. Parow, auf der Reise von St. Nazaire nach Chaltam — Neu Braunschweig — auf den Magdalenen-Inseln gestrandet und total wrack geworden. Die Besatzung ist gerettet.

Die in den Jahren 1867/68 erbaute, zu 1247,4 cbm oder 440,33 britischen Register-Tons Netto-Raumgehalt vermessene Bark „J. P. Juhl", Unterscheidungssignal JNCV, gehörte einer Rhederei, an welcher der Vater des Schiffers mit $\frac{23\frac{1}{2}}{60}$ betheiligt war; hiervon waren $^{20}/_{60}$, im ganzen vom Schiffskasko $^{26}/_{60}$ mit ungefähr 30000 M. versichert. Das Schiff hatte bis April 1880 erste Veritas-, seitdem keine Classe mehr gehabt.

Ueber den Verlauf und die Ereignisse der letzten Reise, namentlich die Strandung, ist auf Grund des Schiffsjournals, der von der Besatzung abgelegten Verklarung und der mündlichen Verhandlung Folgendes festgestellt worden:

Der „J. P. Juhl" war am 17. Juni 1881 mit 220 Tons Ballast beladen in See gegangen und hatte ohne besondere Vorkommnisse den Atlantischen Ocean durchschifft. Am 17. Juli Abends befand sich das Schiff auf den Newfoundland-Bänken. Am 21. Juli wurde durch Observation die Breite auf 46° 30′ Nord festgestellt, eine um 1 Uhr Nachmittags vorgenommene Lothung ergab 23 Faden Wassertiefe, das Schiff befand sich hiernach auf der St. Pierre-Bank. Am 22. Juli Vormittags 11½ Uhr wurde die Barther Bark „Bertha" angesprochen. Eine nahezu übereinstimmende Besteckvergleichung beider

Schiffe ergab als Standpunkt des „J. P. Juhl" 46 Seemeilen im SSO½O der St. Paul-Inseln. Der „J. P. Juhl" segelte hierauf bei stürmischem SOzO Winde und dicker Regenluft bis Abends 8 Uhr mit NNW, dann bis 12 Uhr NzW½W Curs; die Fahrt hatte sich durch Wegnahme von Segeln von 8 auf 7 und in der letzten Wache auf 6 Seemeilen in der Stunde verringert. Als um 12 Uhr Mitternachts der Schiffer Parow die Wache von dem Steuermann Gottschewsky übernahm, wurde gelothet — das erste Mal wieder seit dem 21. Nachmittags — und wurde bei 15 Faden Wassertiefe rother Sand gefunden. In der Annahme, daß er südlich von Bird Rocks stehe, ließ der Schiffer mit Backbordhalsen und Süd-Curs beim Winde steuern. Die Fahrt betrug nunmehr 4 Knoten. Um 2 Uhr sah der Zimmermann Wichert Brandung voraus und meldete dies sofort dem Schiffer. Derselbe ließ das Schiff sogleich anluven, dasselbe gehorchte aber nicht mehr dem Ruder, stieß durch und saß bald darauf fest. Segelmanöver bewirkten zwar, daß das Schiff sich mit dem Bug von OSO nach NO drehte, dann stand es aber fest. Das Wasser im Schiff nahm reißend zu und stand um 5½ Uhr Morgens außen und innen Bords gleich hoch. Das große Boot wurde klar gemacht; der Wind hatte sich nach NO herumgeholt und wehte es hart. Bei Tagesanbruch kam das Land in Sicht; das Schiff saß ungefähr 2 Seemeilen westlich von East Point der East-Insel. Die Herstellung einer Verbindung mit dem Lande erwies sich wegen der heftigen, die Küste entlanglaufenden westlichen Strömung und der Brandung als unausführbar. Um 11 Uhr Vormittags wurde deswegen das Großboot ausgesetzt, als 3 Mann der Besatzung in demselben waren, mußte die Leine gekappt werden. Das Boot kam glücklich durch die Brandung an Land. Um 4 Uhr Nachmittags begab sich der Rest der Besatzung in das zweite Boot und erreichte mit diesem das Land. Das Schiff hatte sich schon auf Steuerbordseite gelegt und die See brach über das Deck weg. Am 24. Juli Nachmittags gelang es der Besatzung noch einmal an Bord zu kommen und die Effekten der Mannschaft, sowie einigen Proviant zu bergen; das Schiff war in der Mitte gebrochen und voll Wasser.

Am 26. Juli wurde der „J. P. Juhl" condemnirt. An diesem und den beiden folgenden Tagen wurde mit Hülfe eines Schooners gegen einen Bergelohn von 30% vom Geborgenen sämmtliches stehende und laufende Gut, das Inventar und etwas Proviant geborgen. Am 28. Juli wurden Schiffsrumpf und Boote in öffentlicher Auction für 23¾ Dollar verkauft.

Nach den Ergebnissen, der Untersuchung ist das Seeamt zu der Ueberzeugung gekommen, daß der Verlust des „J. P. Juhl" und also der Seeunfall auf Mängel in der Navigirung zurückzuführen ist, daß diese Mängel wesentlich in Unterlassungen des Schiffers Parow zu finden sind und daß somit der Schiffer Parow den Seeunfall verschuldet hat.

Vorweg mag bemerkt werden, daß der Schiffer Parow alle nöthigen Hülfsmittel an Bord hatte, um sich über die Navigation zu orientiren. Er war im Besitz einer englischen Spezialkarte des St. Lawrence-Golfes vom Jahre 1880 mit genauen Tiefenangaben und einer englischen Segelanweisung für den St. Lawrence Golf und Fluß, welche er nach seiner eigenen Angabe benutzt und verstanden hat.

Nach dem Besteck sollte der „J. P. Juhl" am 22. Juli Nachmittags 5 Uhr zwischen Cap Ray und St. Paul Island in den St. Lawrence-Golf einsegeln und um Mitternacht ungefähr 18 Seemeilen SOzO von Birds Rocks und zwar außerhalb der sich im Bogen um die Inseln des Golfs herumziehenden 50 Faden-Linie stehen. Als um die letztere Stunde das Loth nur 15 Faden Wassertiefe ergab und somit dem Schiffer Parow die Unrichtigkeit seines Bestecks zeigte, derselbe dann Süd-Curs steuerte und diesen ungefähr 1 Stunde verfolgte, strandete er ungefähr 30 Seemeilen WzN von dem durch das Besteck angewiesenen Standpunkte. Es kann nicht zweifelhaft sein, daß der „J. P. Juhl" in Folge einer starken westlichen, also einlaufenden Strömung soweit von seinem Curse versetzt worden ist, wenngleich es nicht ausgeschlossen erscheint, daß Schiffer Parow bei der Peilung von St. Paul Island schon etwas weiter westlich gestanden, als er gerechnet hat und dies zu dem Irrthume in dem Besteck mitgewirkt hat; die Hauptursache bleibt aber immer die Stromversetzung.

Die Unterlassungen, welche dem Schiffer Parow zur Last gelegt werden müssen, sind:

1. daß er bei der Besteckberechnung die Stromverhältnisse gar nicht in Rechnung gezogen hat und vor allem
2. daß er das Loth zu spärlich gebraucht hat.

Bezüglich des ersten Punktes gab dem Schiffer Parow die Segelanweisung die Auskunft, daß eine beständige Strömung zwischen Cap Ray und St. Paul Island laufe, welche meist von der Windrichtung abhänge, bisweilen aber auch unabhängig von der Richtung des Windes sei. Wenn nun auch schließlich der Beobachter seine Wahrnehmungen dahin zusammenfaßt:

»but the truth is, that winds, both present and at a distance, possess so powerful and irregular an action upon the set and strength of the currents and tides, in the entrance of the gulf, that I can say nothing certain or definite respecting them«,

so konnte Schiffer Parow doch mit Sicherheit aus diesen Beobachtungen annehmen, daß er auf seinem Curse in den St. Lawrence Golf hinein mit einer starken Strömung rechnen müsse. Es war deshalb unter allen Umständen geboten, daß der Schiffer Parow

3. durch das Loth sein Besteck controlirte. Da sein Curs ihn außerhalb der 50 Faden-Linie hielt, und da nach der sonstigen Beschaffenheit der Tiefenverhältnisse im Golf von St. Lawrence unter Benutzung der sehr guten Seekarte das Loth dem Schiffer Parow ein sicherer Leitstern war, so mußte er um so mehr in bestimmten, nicht zu fern auseinander liegenden Zwischenräumen von demselben Gebrauch machen, als er bei dem dicken, regenichten Wetter nicht darauf rechnen durfte, Feuer, geschweige denn Landmarken in Sicht zu bekommen. Hätte der Schiffer Parow nur um 8 Uhr Abends das Loth gebraucht, so würde ihm dies unfehlbar gezeigt haben, daß er sich innerhalb der 50 Fadenlinie, mithin außerhalb seines Curses und zwischen den Inseln befinde. Als das Loth um Mitternacht gebraucht wurde, war es zu spät, da der „J. P. Juhl" sich damals bereits nördlich von den Magdalenen-Inseln befand. Schiffer Parow hätte nur das zu befolgen brauchen, was die Segelanweisung mit eindringlichen Worten sagt:

»The dense fogs met with in this gulf are one of the greatest sources of danger in its navigation; they sometimes last several days in succession; and to a vessel either running up or beating down during their continuance, there is no safe guide but a constant use of the deep-sea lead, with a chart containing correct soundings«;

er würde alsdann den Verlust seines Schiffes vermieden haben.

Die weiteren Maßregeln des Schiffers Parow nach der Entdeckung des Besteck-Irrthums und nach der Strandung erscheinen zweckdienlich und sachgemäß. Er hatte nach dem Loth seinen Standpunkt so genau, wie es eine einmalige Lothung ermöglichte, gefunden und der Süd-Curs konnte ihn allein aus der precären Lage befreien.

Die dem Schiffer Parow zum Vorwurfe gemachten Unterlassungen sind schwerwiegend genug, um dem Seeamte den Antrag des Reichscommissars, dem „Parow die Befugniß zur Ausübung des Schiffergewerbes zu entziehen", gerechtfertigt erscheinen zu lassen. So wenig das Seeamt aus den Verhandlungen Grund zu der Annahme hat, daß der Schiffer Parow nicht die technischen Fähigkeiten besitzt, um ein Schiff zu führen, so sicher hat es die Ueberzeugung gewonnen, daß dem Schiffer Parow solche Charaktereigenschaften fehlen, welche die selbständige Führung eines Schiffes erfordert. Anstatt Gewissenhaftigkeit in der Benutzung der Schiffahrts-Hülfsmittel und strengste Aufmerksamkeit und Sorgfalt in schwieriger Lage hat Schiffer Parow eine Nachlässigkeit und eine Sorglosigkeit gezeigt, welche ihn zur Zeit unfähig erscheinen lassen, ein Schiff mit derjenigen Verantwortung zu führen, welche sich stets der schweren Aufgabe bewußt ist. Das Seeamt hat deswegen von der ihm durch §. 26 des Gesetzes vom 27. Juli 1877 ertheilten Ermächtigung Gebrauch machen und dem Schiffer Parow die Befugniß zur Ausübung des Schiffergewerbes entziehen müssen.

Wenn ferner der Reichscommissar auch gegen den Steuermann Gottschewsky den Antrag auf Entziehung des Schiffer- und Steuermanns-Patentes gestellt und diesen Antrag damit begründet hat, daß der Gottschewsky auf seiner Wache von 8 Uhr Abends bis Mitternacht nicht gelothet habe, so hat das Seeamt dieser Auffassung von den Pflichten des Steuermanns nicht beitreten können. Dem Schiffer liegt es ob, alle Anordnungen bezüglich der Navigation zu treffen. Hierhin gehört auch die Bestimmung darüber, wann und in welchen Zwischenräumen gelothet werden soll. Nur bei unvorhergesehenen Ereignissen zu Zeiten, wo der Schiffer von Deck und Gefahr im Verzuge ist, hat der Steuermann nach dieser Richtung hin selbständige Entschließungen zu treffen. Ein solcher Fall lag hier nicht vor. Nichts was nicht der Schiffer hätte voraussehen können, wies den Steuermann darauf hin, daß sich das Schiff nicht auf dem richtigen Curse befinde, und das dicke Wetter, welches beim plötzlichen Einfallen möglicherweise den Steuermann zu besonderen Vorsichtsmaßregeln hätte veranlassen können, hatte schon auf der vorhergehenden Schifferwache geherrscht. Es wäre somit Pflicht des Schiffers gewesen, beim Verlassen des Decks dem Steuermann Anweisungen über das Lothen zu geben, wenn er dies für nöthig gehalten. Da hiernach und nach seinem sonstigen Verhalten der Steuermann Gottschewsky sich keine Pflichtverletzung hat zu Schulden kommen lassen, so hat das Seeamt keine Veranlassung gehabt, dem Antrage des Reichscommissars stattzugeben.

Aus diesen Gründen ist der Spruch des Seeamts, wie geschehen, gefällt worden.

25. Spruch des Seeamts zu Stettin vom 24. Mai 1882, betreffend den Seeunfall der Bark „Amanda" von Ueckermünde.

Der Spruch des Seeamts lautet:

Der Unfall, welchen am 4. Januar 1882 die Bark „Amanda" vor dem Hafen von Mayagüez (Porto Rico) durch Aufstoßen erlitten hat und in Folge dessen das Schiff condemnirt worden, ist verursacht durch Mängel des Fahrwassers und der Seezeichen für dasselbe. Ein Verschulden des Schiffers oder Steuermanns ist nicht angenommen.

Gründe. Die Bark „Amanda", Unterscheidungssignal JBPF, Heimathhafen Ueckermünde, von 310,53 britischen Register-Tons Netto-Raumgehalt, ist unter Führung des Schiffers Schultz und Steuermanns Herwig am 4. Januar 1882 an der Küste von Porto Rico auf ein Steinriff aufgestoßen, als reparaturunfähig condemnirt und versteigert worden. Die „Amanda" war zu Ueckermünde in den Jahren 1857 und 1858 gebaut. Die Rhederei war unter mehreren Personen vertheilt und hatte der Schiffer selbst 10/32 Parten, welche für eine Schuld von 1500 Thlr. nebst Zinsen und Kosten verpfändet waren. Laut Classificationsattest des Büreau Veritas vom 23. Februar 1877 war dem Schiffe von diesem Tage an auf sechs Jahre die Classe 5/6 G. 1. 1. mit grünem Stern, unter der Bedingung dreijähriger Besichtigung, ertheilt und bei den Besichtigungen am 30. October 1880 zu Newport und 25. Juni 1881 zu Stettin bestätigt, nachdem die „Amanda" von der leeren Wasserlinie bis zum Deck gedichtet war. Die „Amanda" war mit einer Taxe von 36 000 Mark bei dem gegenseitigen Versicherungsverein zu Ueckermünde und Stettin in Höhe von 27 000 Mark versichert, wovon auf den Antheil des Schiffers 9 000 Mark kamen, indem von diesem Antheil 1/16 Part nicht versichert war. Die Besatzung bestand aus Schiffer, Steuermann, Koch, Zimmermann, zwei Matrosen, zwei Jungmännern, zwei Halbmännern.

Nachdem die „Amanda" vom 21. November bis 6. December 1881 in Wilmington eine für Mayagüez auf Porto Rico an Ordre bestimmte Ladung von Pitchpine-Bretter und Planken eingenommen hatte, wurde sie am 7. December nach Smithville geschleppt, nahm hier die Deckslast ein und ging am 10. December 1881 bei frischem Nordwinde unter Lootsenführung und von einem Dampfer geschleppt in See. Das Gesammtgewicht der Ladung betrug etwa 400 Tons, wovon ein Theil auf Deck gestaut war. Der Tiefgang des Schiffes war hinten 14 Fuß 4 Zoll, vorn 13 Fuß 5 Zoll. Die Ladung war ordnungsmäßig gestaut, das Schiff vor der Abreise vom Schiffer und Steuermann über Wasser nachgesehen, dicht und fest gefunden worden. Ueber die Versicherung der Ladung ist nichts festgestellt. Bis zum 4. Januar 1882 ging die Reise ohne besondere Unfälle von Statten, obwohl mehrfache Stürme im Schiffstagebuch verzeichnet sind, die dem Schiffe hart zusetzten, zum Beidrehen zwangen, sowie schweres Stampfen und Sturzseen verursachten. In Folge dessen machte das Schiff wohl zeitweilig mehr Wasser als sonst, bewies jedoch seine Seetüchtigkeit dadurch, daß es ohne besondere Kraftanstrengung immer wieder lenz gepumpt wurde und selbst nach einem schweren Sturme aus NNO am 16. und 17. December keinen übermäßigen oder bedenklichen Wasserstand bei den Pumpen zeigte, vielmehr ohne besondere Anstrengung am Ende einer jeden Wache, bisweilen auch nur in Zwischenräumen von 2 bis 3 Tagen lenz gepumpt wurde.

Am 3. Januar 1882 gegen 2 Uhr Nachmittags kam die Küste von Porto Rico in Sicht und wurde um 6 Uhr Abends bei lebhaftem ONO-Winde das Vorgebirge Isabela im Süden mit etwa 3 Seemeilen Abstand gepeilt. Um den Tag abzuwarten, wurde, nachdem Anker und Ketten klar gemacht waren, backgelegt, und trieb die „Amanda" über Nacht längs der Küste WNW etwa 6 Seemeilen. Am 4. Januar wurde Morgens 4½ Uhr die Spitze Ahujercada in SOzW in etwa 5 Seemeilen Abstand gepeilt. Die Segel wurden vollgebraßt. Um 6 Uhr Morgens passirte man Cap Ahujercada und die Nordwestspitze der Insel in 2 Seemeilen Abstand. Um 7½ Uhr Morgens hatte man Jiguero in SSW, Ahujercada in NNO. Es wurde nunmehr SO½S gesteuert, um 10 Uhr Morgens Desecheo im Westen, Cap Cadena in SO gepeilt. Der Schiffer beorderte alle Mann auf Deck, ließ die leichten Segel wegnehmen, die Lootsenflagge aufheißen und steuerte nunmehr SOzS längs der Küste im Abstand einer Seemeile von derselben. Ein Lootse war noch nicht an Bord, auch wurde nicht gelothet; dafür aber wurden die Spitzen von Jiguero und Cadena unter beständiger Peilung gehalten. Der Wind, abwechselnd flau und böig, war NO bis ONO geblieben. Gegen 11 Uhr Vormittags, als Jiguero im Norden, Cadena SOzO½O gepeilt wurde, stieß die „Amanda" plötzlich mehrmals hart durch und stand still, kam aber durch Backbrassen der Segel sofort wieder ab und in 7½ Faden Wasser. Nachdem die Spitze Barero umsegelt war, wurden 8 bis 15 Faden Tiefe gelothet. Der Lootse, der seit 1 Uhr Mittags an Bord gekommen war, brachte das Schiff in den Hafen von Mayagüez, woselbst um 2½ Uhr Nachmittags in drei Faden Tiefe vor Anker gegangen wurde. Die „Amanda" erwies sich jedoch so leck, daß sie auf den Schlamm gesetzt und fremde Hülfe zur Bewältigung des Wassers beschafft werden mußte. Sogleich nach dem Aufstoßen wurden 15 Zoll Wasser im Raum gefunden. Dieses stieg trotz beständiger Arbeit mit beiden Pumpen und erreichte, nachdem das Pumpen eingestellt war, bis 8 Uhr Abends die Höhe von 7 Fuß. Obwohl unter Beistand von Arbeitern, die der Hafenmeister gesandt hatte, die ganze Nacht hindurch mit abwechselnder Mannschaft auch während des 5. Januar beide Pumpen in Gang gehalten wurden, und das Schiff fest auf den Schlamm geholt wurde, fand eine am Vormittag des 5. Januar 1882 vorgenommene Besichtigung noch 9 Fuß Wasser im Raum und erklärte die Entlöschung des Schiffes für nothwendig, weil es am Steven arg lecke und nicht im Stande sei, mit seiner jetzigen Ladung den Hafen zu verlassen. Demnächst wurde gefunden, daß der Vorsteven beschädigt war und mehrere Bolzenlöcher offen standen. Gleichwohl wurde nach Entlöschung des Schiffes bei dessen zweiter Besichtigung am 18. Januar 1882 festgestellt, daß die Beschädigung des Stevens nur leicht, ein Theil des Lecks über Wasser und das Schiff, welches damals auf flottem Wasser stündlich nur einen Zoll Wasser machte, mit 50 Pumpenschlägen per Stunde lenz zu halten und seetüchtig genug sei, um mit Ballast den nächsten Hafen der Vereinigten Staaten zu erreichen und dort seine Ausbesserung zu bewirken, welche auf der Insel Porto Rico wegen Mangels der erforderlichen Anstalten unausführbar sei. Die Löcher im Schiffe wurden mit Sägespähnen und gehacktem Tauwerk verstopft, der Ballast auf 1½ Fuß gelegtem Unterboden eingenommen, und nachdem das Schiff, welches jetzt nur in 12 Stunden 10 Zoll Wasser machte, jeden Morgen und Abend lenz gepumpt war, segelte die „Amanda" am 23. Januar 1882 unter Lootsenführung aus dem Hafen von Mayagüez, um Neu-Nassau oder Neu-Braunschweig zur Ausbesserung anzulaufen. Bis Mittag ging die Fahrt gut von Statten und brauchte nicht fortwährend gepumpt zu werden. Als aber das Schiff, nachdem es von den Bänken frei war und unter Peilung von Jiguero im Norden nunmehr NNO anlag, bei dem steifen aus Osten wehenden Winde stark zu stampfen begann, wurde erst jetzt bemerkt, daß der Steven unter Wasser an der Verbindung mit dem Kiel stark zersplittert war. Schon um 12¾ Mittags meldete der Zimmermann, der mit dem Verstopfen der Lecke beschäftigt war, daß das Wasser vorn mit großer Kraft eindringe. Trotz sofortigen Pumpens mit beiden Pumpen nahm es in kurzer Zeit die Füllungen des Vorderraumes ein und quoll durchs Garnier. Obwohl die Pumpen im Gange blieben, waren doch um 1½ Uhr schon 18 Zoll Wasser bei denselben, weshalb nach Mayagüez zurückgekehrt, dort das Schiff nach nochmaliger Besichtigung als reparaturunfähig verurtheilt und versteigert wurde. Die blinde Felsklippe, auf welche die „Amanda" aufgestoßen war, ist in Mayagüez unter dem Namen „die Pilgerin" bekannt, aber weder durch irgend welche Warnungszeichen, noch auf der Seekarte bemerkbar gemacht, obwohl auf den Untiefen in der Nähe von Cap Cadena in den Jahren 1869, 1873, 1877 und 1881 zwei englische, ein spanisches und ein italienisches Schiff aufgelaufen und verloren gegangen sind. Die von dem Schiffer Schultz gebrauchte und vorgelegte englische Segelanweisung und englische Seekarte von 1880 enthält nichts von jener Untiefe, und ergiebt der von dem Schiffer abgesetzte Curs, daß das Aufstoßen der „Amanda" an einer Stelle stattgefunden hat, wo auf der Seekarte freies Wasser ohne Angabe der Tiefe verzeichnet ist. Freilich findet sich hier der Vermerk, ferner auch auf der Karte die Aufforderung zu ungewöhnlicher Aufmerksamkeit, da kein Theil der Küste von Porto Rico aufgenommen sei. Der Schiffer Schultz rechtfertigt jedoch die große Annäherung an die Küste damit, daß er mit dem NNO-Winde oberhalb der beiden auf der Karte nicht verzeichneten weißen Bojen in den Hafen zu kommen gesucht habe, mit welchen Bojen in der Größe unserer Halbtonnen die vor dem Hafen liegenden Banken nicht ganz sicher bezeichnet und durch ein Einsegeln längs der Küste von Norden her besser als durch ein Aufkreuzen zu vermeiden gewesen seien. Das Loth will der Schiffer auf Deck bereit gelegt und nur deshalb nicht gebraucht haben, weil die Karte keine Tiefe angab und daher weder der Abstand vom Lande, noch die jäh aufsteigende Klippe durch Lothen zu ermitteln war, dieses auch bei der tiefen Durchsichtigkeit des Wassers nicht erforderlich erschien.

Dieser Thatbestand ist festgestellt durch Vorlegung und Einsicht des Auszuges aus dem Schiffsregister, des Schiffstagebuches, der Verklarungs-, Besichtigungs- und Condemnations-Verhandlungen vom 4., 5./19., 18., 25. Januar 1882, 9., 21. Februar 1882, der Segelanweisung und Seekarte, der Bescheinigung des deutschen Vicekonsuls zu Mayagüez vom 20. Januar 1882, sowie der von dem Schiffer Schultz unter Absetzung des Curses gemachten Aussage. Das erste

Heft des Schiffstagebuches ist ordnungsmäßig geführt, vom Schiffer und Steuermann vollzogen und von dem deutschen Vicekonsul in Mayagüez mit dem Einsichtsvermerke versehen, wogegen dem zweiten Hefte die Unterschrift des Schiffers und Steuermanns fehlt, aber durch den Consulatsvermerk und die Verklarung ersetzt wird.

Aus dem festgestellten Thatbestande hat das Seeamt in Uebereinstimmung mit dem Reichscommissar die Ueberzeugung gewonnen, daß der Unfall der „Amanda" durch das Aufstoßen derselben auf ein unbekanntes, weder im Fahrwasser, noch auf der Seekarte bezeichnetes Felsenriff verursacht worden ist. Die Schiffsführung und namentlich das Segeln dicht unter der Küste ist durch die vom Schiffer dafür angegebenen Gründe als gerechtfertigt anzusehen. Wenn seitens des Reichscommissars dem Schiffer der Nichtgebrauch des Lothes als Mangel der in der Seekarte ihm empfohlenen Sorgfalt vorgehalten ist, so muß dem Schiffer darin beigetreten werden, daß auch die genaueste Lothung den Unfall nicht hätte vermeiden können, weil an jener Stelle keine Tiefen angegeben sind und die Klippe plötzlich emporsteigt. Mag daher, wie der Reichscommissar ferner hervorgehoben hat, die Peilung keine unbedingt richtige gewesen, namentlich statt der äußersten Spitze von Jiguero ein mehr landeinwärts gelegener Punkt gepeilt sein, so ist auch dieser Fehler für den Unfall bedeutungslos, da unmittelbar bei der Klippe 7½ Faden Wasser gefunden wurden, das Schiff also von der Küste noch vollkommen frei war. Liegt hiernach ein Verschulden des Schiffers oder Steuermannes nicht vor, so kann der Unfall ebensowenig auf Mängel in der Bauart, Beschaffenheit, Ausrüstung, Beladung oder Bemannung des Schiffes zurückgeführt werden. Die „Amanda" hat sich als ein vollkommen seetüchtiges, gut ausgerüstetes und bemanntes sowie ordnungsmäßig beladenes Schiff erwiesen, welches mit der Ladung von 400 Tons nicht überladen war. Die Zersplitterung des Stevens bei einem Auflaufen auf eine Felsklippe mit 5 bis 6 Knoten Fahrt konnte und mußte auch dem bestgebauten Schiffe widerfahren. Die Ursache des Unfalles ist lediglich in der mangelhaften Beschaffenheit und Bezeichnung des Fahrwassers, der Verlust des Schiffes aber, dessen Schaden sehr wohl auszubessern war, den ungenügenden Einrichtungen auf der Insel Porto Rico zuzuschreiben, welche in allen ihren Häfen keine Anstalten zur Ausbesserung von Schiffen besitzt. Daß die Untiefen zwischen den Caps Jiguero und Cadena nicht längst weggesprengt oder doch allgemein bekannt und kenntlich gemacht sind, ist um so mehr zu bedauern, da gerade durch diese Untiefen von Jahr zu Jahr erneute

Unfälle hervorgerufen sind und durch den Mangel der Ausbesserungseinrichtungen die Verurtheilung der beschädigten Schiffe als reparaturunfähig zur Folge gehabt haben. Der Mangel der für den Schiffsverkehr erforderlichen Einrichtungen auf einer zu den großen Antillen zugehörigen Insel wird der Abhülfe nicht auf die Dauer entbehren können.

26. Spruch des Seeamts zu Stralsund vom 25. Mai 1882, betreffend den Seeunfall der Brigg „Gräfin Behr-Negendank" von Stralsund.

Der Spruch des Seeamts lautet:

daß der Seeunfall, bei welchem die Brigg „Gräfin Behr-Negendank" am 26. März 1882 im Atlantischen Ocean auf der Reise von Barrow nach Galveston gesunken ist, durch einen Leck verursacht worden ist, dessen Entstehung nicht hat festgestellt werden können.

Gründe. Die Brigg „Gräfin Behr-Negendank" von Stralsund, Unterscheidungssignal JNVM, vermessen zu 250,72 britischen Register-Tons Netto-Raumgehalt, ist am 26. März 1882 auf der Reise von Barrow in Furneß nach Galveston auf ungefähr 17° nördlicher Breite und 60° westlicher Länge im Atlantischen Ocean gesunken.

Die Besatzung, aus dem Schiffer A. Scheel, dem Steuermann Peters und 6 Mann bestehend, hat sich in den beiden Schiffsbooten gerettet.

Das Schiff ist in den Jahren 1874/75 erbaut und gehörte einer Rhederei, bei welcher der Schiffer Scheel mit 29½/60 Parten betheiligt war.

Vor Antritt der letzten Reise ist die Brigg auf dem Patentslip zu Barrow nachgesehen, am Zinkboden reparirt und von den Experten des Bureau Veritas besichtigt worden. Von denselben ist der Schiffsboden in gutem Zustande befunden und dem Schiffe die vom Juli 1875 ab auf 15 Jahre bewilligte Classe 3/3 G. 1. 1. bestätigt worden.

Am 31. Januar 1882 hat die Brigg mit einer Ladung von 2319 Stück = 360 Tons Eisenbahnschienen die Reise in dichtem und dichtem Zustande angetreten. Auf der Reise haben sich nach dem sehr sorgfältig geführten Schiffsjournale bis kurz vor dem Unfalle keine Ereignisse von Bedeutung zugetragen. Die Ladung ist täglich nachgesehen, die Zurrings sind nachgekeilt und frische Trempel zwischen gesetzt und als beim heftigen Ueberholen des Schiffes am 9. März die Ladung losgekommen war, ist dieselbe sofort befestigt und getrempelt worden, wozu eine Reserve-Raa zerschnitten ist. Im letzten Drittel des Februar und im März hat das Schiff in den flauen Passatwinden und bei hoher meist nordwestlicher Dünung hart geschlingert und gestampft; fast täglich weist das Journal eine solche Bemerkung auf. Trotzdem hat sich das Schiff verhältnißmäßig dicht gehalten, ist auch bei zweimaligem täglichen Peilen der Pumpen, welches regelmäßig 7 oder 8 Zoll Wasserstand ergeben, sofort lenz gepumpt worden. Seit dem 23. März hat der Wasserstand bei den Pumpen allmälig zugenommen, bis endlich am 26. Morgens 4 Uhr 18 Zoll Wasser gepeilt worden sind. Die Wache wurde sofort geweckt und beide Pumpen in Gang gesetzt. Nach halbstündigem Pumpen war das Wasser auf 24 Zoll gestiegen und nahm bei anhaltendem Pumpen stetig zu. Es wurden die Achterraaen back geholt und das Schiff an den Wind gelegt. Schiffer, Steuermann und Zimmermann suchten im Raum nach dem Leck, hörten auch unterhalb der Ladung an Steuerbordseite das Wasser eindringen, konnten aber die Ladung nicht rühren und deshalb nicht zum Leck kommen. Um 5½ Uhr waren schon ungefähr 4 Fuß Wasser im Schiff. Bei Tagesanbruch kamen 2 Schiffe in Sicht, denen Nothsignale gemacht wurden, zugleich wurde nach einem derselben, einem nordwärts steuernden englischen Schooner abgehalten. Da das Wasser fortwährend stieg und schon über dem Kielschwein stand, so wurde im Schiffsrath einstimmig das Verlassen des Schiffes beschlossen und wurden beide Boote klar gemacht. Der Steuermann fuhr in dem einen Boote zu dem Schooner heran. Der Schiffer desselben verweigerte indeß aus nichtigen Gründen die Aufnahme der Schiffbrüchigen, commandirte, als der Steuermann dringend bat, bei dem sinkenden Schiffe zu bleiben, die Segel voll zu brassen und warf das Tau des Bootes vom Schiffe los, so daß 2 Mann von der Brigg, welche schon an Bord geklettert waren, eiligst wieder ins Boot zurückkehren mußten. Inzwischen war das Wasser in der Brigg schon bis auf ungefähr 3 Fuß über den Kielschwein gestiegen; es wurde deshalb Proviant in die Boote geschafft, der Steuermann verließ mit 4 Mann im Großboot das Schiff und nachdem endlich auch der Schiffer mit dem Rest der Mannschaft im anderen Boote eine kurze Strecke vom Schiff abgerudert war, sank dasselbe gegen 11 Uhr Vormittags vor den Augen der Besatzung in die Tiefe.

Die Boote kamen nach einstündigem Segeln bei SSW Curs in Sicht von Land und Abends gegen 10 Uhr in dessen Nähe. Die Besatzung konnte wegen der Brandung nicht landen, hielt die Nacht die Boote auf Riemen und landete am Nachmittage des 27. März in Point à Pitre auf Desiderade.

Nach diesem, auf Grund des Schiffsjournals und der beschworenen Aussagen des Schiffers und des Steuermanns festgestellten Thatbestande hat das Seeamt als Ursache des Seeunfalls das Leckwerden der Brigg erkennen müssen, die Ursachen des Leckwerdens dagegen nicht bestimmen können. Weder die bauliche Beschaffenheit des immerhin noch neuen Schiffes, noch die Größe oder Stauung der Ladung giebt hierfür eine Erklärung. Möglich, daß das andauernde Arbeiten des Schiffes bei geringem Segeldruck auf die Lockerung des ganzen Verbandes im Schiffskörper gewirkt hat, möglich aber auch, und nach der plötzlichen rapiden Zunahme des Wassers wahrscheinlicher, daß durch einen unglücklichen Zufall — Losspringen einer Planke, Oeffnen eines Bolzenloches oder dergl. — ein größerer Leck entstanden ist.

27. Spruch des Seeamts zu Hamburg vom 26. Mai 1882, betreffend den Seeunfall der Bark „Delphin" von Hamburg.

Schiff in Folge schlechten Wetters leck geworden, in der Elbmündung von der Besatzung verlassen und gesunken.

Das seit 1868 in Hamburg beheimathete und mit dem Unterscheidungssignal RBHG versehene Barkschiff „Delphin" war im Jahre 1834 in Vegesack bei Bremen erbaut worden und hatte früher unter hannöverscher Flagge den Namen „Sophie" geführt. Das Material des Schiffes bestand aus Eichenholz und war dasselbe mit unverzinktem Eisen verbolzt, auch mit einer Metallhaut nicht versehen. Der Netto-Raumgehalt war nach dem vollständigen Verfahren der Schiffsvermessungs-Ordnung zu 750,5 cbm oder 264,93 britischen Register-Tons ermittelt worden. Im Jahre 1868 wurde das Schiff, welches vordem zur Grönlandsfahrt benutzt worden war, nach Hamburg verkauft und von der neuen Rhederei vorwiegend zu Kohlenreisen zwischen England und der Elbe benutzt. Der zu 1/2 Part betheiligte Mitrheder Hans Block führte die Correspondentrhedergeschäfte und blieb zu der angegebenen Quote bis zum Verlust des Schiffes an dessen Eigenthum betheiligt, während die andere halbe Part im Jahre 1875 den Eigner wechselte. Das Schiff hatte keine Classe; auch pflegte die Rhederei Versicherungen auf dasselbe nicht zu schließen. So war insbesondere auch für die letzte Reise des Schiffes, auf der dasselbe verloren ging, weder auf das Casco noch auf Fracht oder Ausrüstung irgend etwas versichert worden. Diese seine letzte Reise trat der „Delphin" am 10. Mai 1882 Morgens von Shields mit einer für eine Cementfabrik bei Itzehoe bestimmten Ladung Kohlen an, um damit nach der Elbe und weiter in die Stör hinein zu segeln. Die Besatzung bestand außer dem Schiffer aus neun Personen, von denen ein Theil schon vordem Reisen mit dem Schiffe gemacht hatte, wie namentlich der Steuermann, seiner Erklärung zufolge, schon seit 16 Sommern auf dem Schiff gefahren hat. Der seiner Angabe zufolge im Jahre 1870 in Kiel examinirte und im Besitze eines bei dem Untergange des „Delphin" mit verloren gegangenen Befähigungszeugnisses zum Schiffer auf großer Fahrt befindliche Führer des Schiffes, Schiffer H. C. Hansen von der Insel Föhr, war erst vor der letzten Ausreise des Schiffes vom Correspondentrheder engagirt worden und hatte damit sein erstes Schiff als Schiffer erhalten. Schiffer und Steuermann sowie auch der größte Theil der übrigen Schiffsbesatzung sind über den Unfall zeugeneidlich vor versammeltem Seeamt vernommen worden und war ihrer im wesentlichen übereinstimmenden Darstellung der Begegnisse der letzten Reise das Folgende zu entnehmen. Die Reise ging anfänglich gut von Statten, obwohl der Wind schon am ersten Abend frisch aus nordwestlicher Richtung wurde und es auch an den folgenden Tagen aus derselben Richtung fortwährend hart wehte. Das Schiff machte zwar etwas Wasser, doch konnte dasselbe mit den in gutem Stande befindlichen nnd mit eisernen Schwungrädern versehenen Pumpen, die vorsichtshalber jede Stunde angesetzt wurden, immer leicht bewältigt werden. Die Pumpen schlugen jedes Mal, nach Angabe des Schiffers in ungefähr 40, nach Angabe des Steuermanns je nach dem geringeren oder heftigeren Arbeiten des Schiffes nach 50 bis 70 Schlägen lenz. Nach seitens der übrigen Mannschaft gemachten Angaben wäre anzunehmen, daß man stündlich etwa eine viertel Stunde brauchte, um lenz zu pumpen. Erst in der Nacht vom 13. auf den 14. Mai (Sonnabend auf Sonntag) wurde der Zustand des Schiffes besorgnißerregender. Am Nachmittag hatte Schiffer Hansen Norderney-Feuerthurm gepeilt und seinen Curs dann auf Helgoland zu gehalten, in der Hoffnung, auf diesem Wege einen Elblootsen zu bekommen, da er sich nicht genügend mit der Elbe vertraut glaubte, um allein einsegeln zu können. Noch um 12 Uhr war es gelungen, die Pumpen zu lenzen, wenn auch erst nach längerem, angestrengten Pumpen, dessen Zeitdauer der Steuermann auf ungefähr eine Stunde geschätzt hat. Schon vom Nachmittag des 13. an waren des schweren Wetters und des häufigen Arbeitens an den Pumpen halber beide Wachen an Deck gehalten worden. Da man bis Mitternacht kein Lootsenfahrzeug in Sicht erhalten hatte, so legte Schiffer Hansen jetzt nach dem Lenzpumpen sein Schiff unter gerefften Untermarssegeln und Fock über Steuerbordbug an den Wind, in der Absicht, den Tag abzuwarten. Der Wind war zu dieser Zeit von NW auf Nord umgelaufen, so daß die Bark nun ungefähr mit ONO Curs beim Winde segelte. Etwa um 1 Uhr wurden die Pumpen wieder angesetzt, das Schiff war nun aber so erheblich leck geworden, daß dieselben nicht mehr lenz schlagen wollten. Um 2 Uhr wurde die Steuerbordspumpe, welche sich zuvor schon verstopft hatte, durch einen Bruch im Pumpenschuh unbrauchbar und löste sich die Mannschaft nun ununterbrochen an der Backbordspumpe ab, welche gut functionirte. Trotzdem nahm das Wasser im Schiff immer mehr zu und sank dasselbe ersichtlich tiefer, so daß die Seen fortwährend über das Deck wegbrachen. Eine genauere Ermittelung des Wasserstandes im Schiff war bei dieser Sachlage ganz unthunlich, da es weder möglich war die Pumpen zu peilen, noch die Luken zu öffnen. Nach Anbruch des Tages kam der hamburger Lootsschooner Nr. 1 in Sicht, welcher auf die Signale der Bark an dieselbe heransegelte. Schiffer Hansen verlangte einen Lootsen; da aber der hohe Seegang das Absetzen eines Lootsen unmöglich machte, so erklärte der Führer des Lootsschooners, vorsegeln zu wollen. In Folge dessen steuerte Schiffer Hansen sein Schiff hinter dem voraussegelnden Lootsenfahrzeug her, indem er zugleich, um seinem Schiff möglichst viel Fahrt zu geben, Fock und Marssegel voll setzte, das Schiff sank aber mehr und mehr weg, so daß die Mannschaft sich nicht länger an Bord halten konnte und die Nothflagge heißen mußte. Der Lootsschooner setzte hierauf sein Boot zu Wasser und gelang es unter erheblichen Schwierigkeiten, die Besatzung vom Schiff ab und auf den Schooner zu bergen. Das war ungefähr 6½ Uhr Morgens. Etwa eine halbe Stunde später sah man die verlassene Bark vom Lootsschooner aus in die Tiefe sinken. Schiffer und Mannschaft der Bark hatten nur das nackte Leben retten können und büßten alle ihre an Bord befindliche Habe ein. Auch der größte Theil der Schiffspapiere und das Schiffsjournal blieben bei der nothgedrungenen Eile, mit welcher das Schiff bei der hohen See und der Gefährlichkeit des Rettungswerks verlassen werden mußte, an Bord zurück.

Der vorstehende Sachverhalt läßt darüber keinen Zweifel, daß die unmittelbare Ursache des Unterganges des „Delphin" darin zu erblicken ist, daß das Schiff in der Nacht vom 13. auf den 14. Mai in so erheblichem Grade leck wurde, daß die Pumpen das eindringende Wasser nicht mehr zu bewältigen vermochten und daß die Besatzung unter den obwaltenden Umständen mehr als geschehen zur Rettung des Schiffes nicht aufbieten konnte.

Die seeamtliche Untersuchung hatte hiernach ihr Augenmerk vorwiegend nur darauf zu richten, ob der „Delphin" sich bei Antritt seiner letzten Reise in einem zureichend seetüchtigen Zustande befunden hat oder ob die Annahme gerechtfertigt erscheint, daß Mängel in der baulichen Beschaffenheit oder auch in der Beladung des Schiffes zu dessen Untergang beigetragen haben. Zur Beantwortung der ersteren Frage schienen vor allen Dingen Ermittelungen über die in den letzten Jahren am Schiff vorgenommenen Reparaturen von Wichtigkeit. Der „Delphin" war nach Aussage des vom Seeamt zeugeneidlich vernommenen Werkführers Falkenhagen der Schiffbauer Wichhorst & Co. in Altona seit 1869 — daß ist seit der Zeit, zu welcher es hamburgisches Eigenthum geworden war — zu vier oder fünf verschiedenen Malen im Trockendock der genannten Firma und unter seiner Leitung reparirt worden. Zum letzten Male war das Schiff im Frühjahr vorigen Jahres gedockt worden und betrugen die damaligen Reparaturkosten, einschließlich des Verholens des Schiffes ins Dock und der Dockmiethe, laut der dem Seeamt vorgelegten bezüglichen Rechnung, 1278,25 M. Betont ist hierbei sowohl vom Zeugen Falkenhagen wie vom Rheder Block, daß diese Rechnung das verarbeitete Material an Holz, Nägeln u. s. w. nur theilweise enthalte, indem der Rheder wie gewöhnlich so auch bei dieser Gelegenheit das meiste Material zugeliefert habe. Die damalige Reparatur bestand hauptsächlich in einer vollständigen und gründlichen Kalfaterung des ganzen Schiffsbodens bis auf die Linie von 13 Fuß Tiefgang und zugleich in einer theilweisen Neuverbolzung, soweit sich bei Ueberholung des Schiffsbodens zeigte, daß die Bolzen schlecht geworden waren. Die letzte Reparatur am Schiff ist dann noch im letztvergangenen Winter schwimmend im Altonaer Hafen vorgenommen worden, wo das Schiff Winterlager zu halten pflegte, und bestand in einer Kalfaterung des Schiffsrumpfs über der Wasserlinie. Die Zahl der in der bezüglichen Rechnung des Schiffszimmerers Witt, welche dem Seeamt vom Rheder eingereicht wurde, aufgeführten Arbeitstagelöhne — im Ganzen 104 — läßt darauf schließen, daß auch diese Reparatur eine oberflächliche nicht gewesen sein kann. Hiernach war anzuerkennen, daß die am Rumpf des Schiffes vorgenommenen Reparaturen nach Art und Umfang dem Verdachte, daß die Rhederei sich aus übertriebener Sparsamkeit eine Vernachlässigung in der Instandhaltung des Schiffes habe zu Schulden kommen lassen, keinen Raum geben. Von nicht unwesentlicher Bedeutung für die vorangestellte Frage mußte vor allen Dingen aber auch das eigene Urtheil der Schiffsbesatzung erscheinen und kann es hier nicht unbeachtet bleiben, daß keiner der vernommenen Zeugen, von denen mehrere schon verschiedene Reisen auf dem Schiffe gemacht hatten, demselben die Seefähigkeit abgesprochen hat. Zwar ist von allen Zeugen übereinstimmend bekundet, daß das Schiff immer etwas leck gewesen sei; doch war das Quantum des eindringenden Wassers — das Schiff soll auch im beladenen Zustande bei Antritt seiner letzten Reise nur ungefähr 1¼ Zoll Wasser in der Stunde gemacht haben — nicht der Art, daß zu Bedenken Anlaß geboten gewesen wäre, wie insbesondere auch der von der Besatzung gleichfalls völlig übereinstimmend bezeugte Umstand, daß das Schiff auch auf der Ausreise, als es in der Nacht auf den 30. April außerhalb Helgoland einen orkanartigen Sturm durchmachte, nur unerheblich Wasser gezogen hatte, zu Gunsten des Schiffes ins Gewicht fallen mußte. Auch Schiffer Jantzen, welcher den „Delphin" auf seiner vorhergehenden Reise nach England, ausgehend mit einer leichten Ladung geringen Salzes, zurück mit Kohlen geführt hatte, hat sich bei seiner zu dieser Sache erfolgten Vernehmung vor dem Seeamt dahin ausgesprochen, daß er das Schiff, wenn es auch, nach Art alter Schiffe, immer etwas Wasser gezogen habe, doch für genügend stark gehalten habe, um zum Transport von Kohlenladungen noch ferner dienen zu können.

Endlich waren für die vorliegende Frage namentlich auch noch die Depositionen zweier Zeugen beachtlich, welche vor Allem für geeignet und befähigt gelten durften, über die bauliche Beschaffenheit und die Instandhaltung des Schiffes ein sachverständiges Urtheil zu fällen, die Depositionen nämlich des Werkführers bei Wichhorst & Co., Falkenhagen, welcher zu wiederholten Malen die am Boden des Schiffes vorgenommenen Reparaturen geleitet und beaufsichtigt hatte und des, gleichfalls zeugeneidlich vom Seeamt vernommenen, beeidigten Schiffsbesichtigers G. A. Möller aus Altona, welcher letztere das Schiff noch im März 1882 vor Antritt seiner letzten Reise im Altonaer Hafen in Gemeinschaft mit dem Schiffsbesichtiger Dircks einer Besichtigung unterzogen hatte. Beide Zeugen haben den „Delphin" als ein, wenn schon altes, so doch noch gut und stark verbundenes Fahrzeug geschildert und ist von dem ersteren Zeugen besonders noch hervorgehoben worden, daß das Schiff sich in den letzten Jahren, seit er es zuerst unter Händen gehabt habe, in der Kiellinie nicht oder doch nur ganz unmerklich begeben habe. Auch habe noch die letzte im Frühjahr 1881 vorgenommene Reparatur gezeigt, daß das Holz im Boden des Schiffes von gesunder Beschaffenheit gewesen sei, wie sich solches namentlich beim Klameien und Eintreiben neuer Bolzen habe beurtheilen lassen.

Was die erwähnte Besichtigung durch die Schiffsbesichtiger Dircks und Möller betrifft, so war noch zu betonen, daß, wenn schon dieselbe nach Art ihrer Vornahme — das Schiff lag schwimmend und theilweise beladen im Hafen — naturgemäß ein erschöpfendes Urtheil über dessen Seefähigkeit nicht gestatten konnte, derselben doch insoweit ein nicht unerheblicher Werth beigemessen werden darf, als — wie solches sowohl den mündlichen Bekundungen des Möller wie auch einem bezüglichen von ihm in Gemeinschaft mit dem Besichtiger Dircks ausgestellten schriftlichen Attest zu entnehmen war — sich jedenfalls der starke Verband des Schiffes bei dieser Besichtigung wohl erkennen ließ, wie auch irgend welche Mängel im Material bei der nach Sachlage ausführbaren Prüfung desselben nicht hervortraten.

Das Gewicht der Ladung konnte in der Verhandlung mit Sicherheit nicht festgestellt werden, indem der Schiffer, welcher die Connossemente in blanco gezeichnet haben will, auch das Connossementsgewicht nicht anzugeben, wie er auch, da er das Schiff zum ersten Mal führte, aus dessen Tiefgang sichere Schlüsse auf das Gewicht der Ladung nicht zu ziehen vermocht hat. Doch ist bezeugt worden, daß das Schiff, dessen Tiefgang auf der letzten Reise 17 Fuß hinten und 16½ Fuß vorne betrug, auf früheren Reisen schon bis 17½ bezw. 17 Fuß beladen worden war. Erwägt man nun, daß die Auswässerung des Schiffes — welche vom Steuermann auf ungefähr 3 Fuß veranschlagt ist — selbst bei einem noch etwas geringeren Maße in einem die Sicherheit des Schiffes gefährdenden Mißverhältniß zu dem angegebenen Tiefgang nicht gestanden haben würde, so lag zu einer Annahme dahin, daß das Schiff überladen gewesen sei, nach der Beweisaufnahme kein genügender Anhalt vor.

Wenn es nach vorstehenden Erwägungen schon objektiv an der genügenden Grundlage fehlte, um die Ursache des vorliegenden Unfalls auf eine Seeuntüchtigkeit oder Ueberladung des Schiffes zurückzuführen, so war noch hervorzuheben, daß jedenfalls der Schiffer persönlich nach Sachlage von aller Verantwortung in den fraglichen Beziehungen befreit erscheinen muß. Er machte seine erste Reise auf dem Schiff und es läßt sich nach den referirten Ermittelungen nicht annehmen, weder daß er aus der nach Sachlage thunlichen Orientirung über die Beschaffenheit des Schiffes vor bezw. bei Uebernahme desselben, noch nach den auf der Ausreise von ihm gemachten Erfahrungen Verdacht gegen dessen Seefähigkeit hätte schöpfen müssen, wie ihm namentlich auch in der Angabe Glauben beigemessen werden darf, daß er, als er das Schiff bei Antritt auf der Stör, insbesondere auch im Innern des Raumes untersuchte, wesentliche Mängel im Material nicht wahrgenommen hat. Dafür, daß er in der Beladung vorsichtig zu Werke gegangen ist, spricht der von ihm bezeugte Umstand, daß er, obwohl er aus Mittheilungen seines Rheders wußte, daß das Schiff auf früheren Reisen noch erheblich mehr Ladung angenommen hatte, einer weiteren Beladung des Schiffes als bis zu dem angegebenen Tiefgang entgegengetreten ist, wie er auch nach dem Zeugniß des Matrosen Korn sowohl auf der Ausreise wie in Shields erklärt hat, er wolle sein Schiff nicht zu tief beladen.

Das Seeamt hatte auf Grund des Beweisergebnisses und der obigen Erwägungen seinen Spruch dahin abzugeben:

> Der Untergang der Bark „Delphin" ist darauf zurückzuführen, daß das Schiff, als es in dem schweren Wetter heftig arbeitete, in so erheblichem Grade leck wurde, daß das eindringende Wasser mit den Pumpen nicht mehr bewältigt werden konnte.
>
> Wenn auch anzunehmen ist, daß das hohe Alter des Schiffes in Verbindung mit der schweren Ladung, die es zu tragen hatte, zur Herbeiführung des vorliegenden Unfalls wesentlich mit beigetragen hat, so war der Beweisaufnahme doch weder dafür, daß das Schiff seine letzte Reise in seeunfähigem Zustande angetreten habe, noch daß es auf dieser Reise überladen gewesen sei, Genügendes zu entnehmen.
>
> Schiffer und Mannschaft trifft ein Verschulden an dem Unfall nicht.

28. Spruch des Seeamts zu Brake vom 2. Juni 1882, betreffend den Seeunfall des Schooners „Erndte" von Elsfleth.

Schiff in Folge Brechens der Ankerketten bei der Factorei Rotonon an der Westküste Afrikas gestrandet und wrack geworden.

Der Schooner „Erndte", Unterscheidungssignal NDCG, aus Elsfleth, erbaut 1860 und vermessen zu einem Netto-Raumgehalt von 529,2 cbm oder 186,80 britischen Register-Tons, ist am 25. März 1882 an der Westküste Afrikas gestrandet und völlig verloren.

Das Ergebniß der Beweiserhebung, welche sich auf die Vernehmung des Schiffers und des Correspondentrheders in der Hauptverhandlung des Seeamtes und die Benutzung der am 1. April 1882 beim Kaiserlichen Consulat zu Lagos von der Besatzung abgelegten Verklarung, sowie eines daselbst über die Vernehmung der Besatzung aufgenommenen Protocolls beschränken mußte, ist Folgendes:

Das Schiff, welches nach einer Reparatur im Jahre 1881 beim Bureau Veritas die Classe 5/6 A. 1. 1. erhalten hatte und zu 20000 M. versichert war, war im November 1881 von Hamburg nach der Westküste Afrikas gesegelt und daselbst zum Löschen nach Rotonon beordert; am 22. März 1882 ging es auf der Rhede von Rotonon auf 7 Faden Wasser vor Anker. Geführt wurde es vom Schiffer Rüterbusch aus Elsfleth. In den nächsten Tagen wurde dieser durch Signale vom Lande wiederholt aufgefordert, seinen Liegeplatz näher dem Lande einzunehmen, doch war dies wegen hohen Seegangs nicht möglich. Am 25. März war das Wetter gut und da die früheren Signale mehrmals wiederholt wurden, wollte man der Aufforderung Folge leisten. Zuerst wurde der Backbordanker gelichtet und klar zum Fallen gehalten, die Mars- und Bramsegel wurden gesetzt, die Untersegel losgemacht; hierauf wurde die Steuerbordkette eingehievt; als diese auf und nieder war, brach sie plötzlich. Es gelang nicht, das Schiff zum Abfallen zu bringen und da der herrschende SW-Wind schräg auf die Küste stand, trieb dasselbe dem Lande zu. Man ließ deshalb sofort den Backbordanker wieder mit 30 Faden fallen, dann auch den dritten Anker. Das Schiff lag jetzt nur ungefähr 3 Kabellängen von der Brandung entfernt und wurde Alles bereit gemacht, um unter Segel zu kommen. Inzwischen nahm der Wind und namentlich der Seegang in erheblichem Maße zu, so daß das Schiff schwer arbeitete. Man hatte

45 und 25 Faden Kette aus, mehr konnte man wegen der Nähe der Brandung nicht stecken. Um 3 Uhr brach die Backbordkette, der Steuerbordanker kam ins Treiben und bevor noch die Segel gesetzt werden konnten, war das Schiff in der Brandung und stieß heftig auf. In wenigen Minuten war es durchgebrochen und füllte sich mit Wasser. Die Boote, die man nun auszusetzen versuchte, wurden sogleich von der Brandung zerschlagen. Aus der Cajüte, welche bereits größtentheils zertrümmert war, gelang es dem Schiffer Rüterbusch nur die Schiffspapiere zu retten; die Besatzung konnte sich nur mit Mühe auf dem Hinterdeck halten. Bald kam vom Lande ein, einer französischen Factorei gehöriges, mit Negern bemanntes Boot, welches die Besatzung aufnahm; der Schiffer und Steuermann wollten noch länger auf dem Schiffe aushalten, mußten aber, als gleich darauf das letztere sich völlig auf die Seite legte und die Brandung hoch darüber weg ging, ebenfalls in das Boot flüchten. Die Mannschaft hatte Einiges von ihren Effecten in 3 Säcken mitgenommen. Sobald das Boot sich von dem Schiffe entfernt hatte, fielen die Neger über die Schiffbrüchigen her und versuchten, ihnen die geretteten Sachen zu entreißen. Obwohl sie sich zur Wehr setzten, gelang es doch den Negern, sich der Sachen mit Gewalt zu bemächtigen; dabei wurde der Schiffer mit einem Riemen geschlagen und ein Matrose durch Bedrohung mit einem Messer gezwungen, die in einer Dose befindlichen Schiffspapiere herzugeben. Gleichzeitig versuchten die Neger, das Boot zum Kentern zu bringen, jedoch gelangte es durch die Brandung glücklich zum Strande. Hier angelangt erwarteten die Mannschaft hunderte von Negern, zum Theil mit Gewehren bewaffnet. Der Geschäftsführer der französischen Factorei und der französische Consular-Agent empfingen die Geretteten und brachten sie in Sicherheit, nachdem sie bei einem nochmaligen Versuche, ihre Sachen wieder zu erlangen, mit Gewalt von den Negern zurückgedrängt waren; auch wurde ihnen von dem Consular-Agenten bedeutet, daß weitere Versuche unnütz seien und ihre Gefangenhaltung zur Folge haben würde, da nach dem Landesgesetz sie aller Rechte an Schiff, Ladung und ihr Eigenthum verlustig seien. In derselben Weise wurde alles, was später vom Schiffe an den Strand trieb, von den Negern geraubt. Unter Beistand des Consular-Agenten gelang es nachträglich dem Schiffer Rüterbusch, nur noch einige wenige werthlose Sachen von den Effecten der Mannschaft zu erlangen.

In Betreff der auf dem Schiff befindlich gewesenen Ketten hat die Beweisaufnahme ergeben, daß nach der letzten Reparatur 105 Faden ältere Ketten, 1 1/8 Zoll stark, an Bord waren, welche vor der Classification besichtigt und gut befunden wurden, und daß dazu noch 80 Faden neue Kette, 1 1/16 Zoll stark, angeschafft sind.

Nach dem vorstehenden Sachverhalt wird es einer eingehenden Begründung nicht bedürfen, daß die Ursache der Strandung lediglich in elementaren Ereignissen, dem hohen Seegang, zu suchen ist, welcher das zweimalige Brechen der Ketten herbeiführte. Die Untersuchung hat nichts ergeben, was auf mangelhafte Beschaffenheit des Schiffes und seiner Ausrüstung, namentlich der Ketten schließen ließe, und auch die Führung des Schiffes bei den Maßregeln auf der Rhede giebt zu keinen Ausstellungen Anlaß, muß vielmehr in jeder Hinsicht als correct und den Umständen und Ereignissen entsprechend anerkannt werden.

Hiernach geht der Spruch des Seeamts dahin:

Die Strandung und der gänzliche Verlust des Schooners „Erndte", bei Rotonon an der Westküste Afrikas ist dem durch hohen Seegang verursachten Brechen der Ankerketten zuzuschreiben, und weder durch die Handlungsweise des Schiffers oder Steuermanns, noch durch Mängel in der Beschaffenheit oder Ausrüstung des Schiffes herbeigeführt.

29. Spruch des Seeamts zu Flensburg vom 6. Juni 1882, betreffend den Zusammenstoß des Schraubendampfers „Diana" von Flensburg mit dem britischen Schraubendampfer „Vernon".

Der Spruch des Seeamts lautet:

1. daß der Unfall dadurch veranlaßt ist, daß der britische Dampfer „Vernon", den Vorschriften zur Verhütung des Zusammenstoßens der Schiffe auf See zuwider, beim Ueberholen der „Diana" derselben nicht aus dem Wege gegangen ist,

2. daß dem Schiffer H. N. Lundbeck die Befugniß zur Ausübung seines Gewerbes zu belassen sei.

Gründe. Das im Jahre 1881 in Flensburg aus Eisen erbaute und dort heimathberechtigte Schraubendampfschiff „Diana", Unterscheidungssignal LKTQ, von 190 britischen Register-Tons Netto-Raumgehalt, mit einer Maschine von 40 nominellen Pferdekräften, geführt vom Schiffer H. N. Lundbeck, wurde am 15. April 1882 Morgens gegen 5½ Uhr auf der Libauer Rhede von dem englischen Dampfer „Vernon" von New-Castle angerannt. Es ist in Folge dessen gesunken und total verloren. In der über diesen Unfall eingeleiteten seeamtlichen Untersuchung wurden der Schiffer, der Steuermann, der erste Maschinist, ein Matrose, der Heizer und ein Leichtmatrose vernommen. Dieselben sind mit Ausnahme des Schiffers auf ihre Aussagen auch beeidigt. Das Ergebniß der Beweisaufnahme ist Folgendes:

Die „Diana" verließ mit Wasserballast am 12. April 1882 um 6¾ Uhr Abends Flensburg, um eine Ladung Getreide von Libau abzuholen; das Schiff war vorschriftsmäßig bemannt und ausgerüstet, die Maschine in bester Ordnung; die Besatzung bestand außer dem Schiffer und dem Steuermann aus zwei Maschinisten, einem Heizer, vier Matrosen und einem Koch. Das Schiff langte, ohne Unfall erlitten zu haben, am Sonnabend den 15. April kurz nach Mitternacht auf der Rhede von Libau an, wo es in der Peilung OSO des Libauer Feuers in 6 Seemeilen Abstand und 11 Faden Wassertiefe ankerte, um Tagesanbruch abzuwarten und dann in den Hafen einzudampfen.

Für die Nacht ging die Mannschaft Seewache, welche vom Schiffer bis 4 Uhr und darauf vom Steuermann befehligt wurde. Morgens 4½ Uhr wurde der Anker unter Commando des letzteren gelichtet; nach einer viertel Stunde dampfte das Schiff mit OSO Curs bei heller, klarer Luft, leichtem südlichen Winde und ruhiger See dem Hafen zu. Die Lootsenflagge wurde aufgeheißt und gleichzeitig mit der Dampfpfeife zweimal Signal gegeben, um die Lootsen aufmerksam zu machen.

Die Fahrt der „Diana" betrug 7 bis 8 Seemeilen in der Stunde.

Von luvwärts kam ein großer Dampfer unter Klüver sowie Gaffelsegel an beiden Masten aufgelaufen, dessen Curs ungefähr NOzO war, denn er befand sich 2½ bis 3 Strich achterlicher als dwars in ungefähr 1,5 Seemeilen Abstand von der „Diana".

Wie sich später herausstellte, war dieses der auf der Reise von Danzig nach Riga in Ballast befindliche Schraubendampfer „Vernon" aus New-Castle; selbiger lief ungefähr 10 bis 11 Seemeilen Fahrt.

Ein zweites Schiff, der schwedische Dampfer „Betty" von Stockholm, war ebenfalls in der Nähe und befand sich in nordöstlicher Richtung von der „Diana"; der Schiffer und Steuermann dieses Schiffes waren beide an Deck.

Gegen 5 Uhr kam der Schiffer Lundbeck an Deck und begab sich nun der Steuermann zum Kaffeetrinken in die Cajüte; bevor letzterer das Deck verließ, machte er den Schiffer auf das von hinten auflaufende Schiff aufmerksam.

Der Dampfer „Vernon" näherte sich rasch der „Diana". Schiffer Lundbeck behielt denselben fortwährend im Auge und nahm, weil er kein Manöver machte, um der „Diana" aus dem Wege zu gehen, an, daß er dieselbe ansprechen wollte, da er andernfalls vernünftiger Weise hätte ausweichen müssen.

An Bord der „Diana" wurden auf Deck des „Vernon" zuerst keine Leute bemerkt, nur später, als die Schiffe schon nahe bei einander waren, erschien ein Mann auf der Brücke, diesem winkte der Schiffer Lundbeck zu abzuhalten; dieses Manöver wurde jedoch nicht ausgeführt, sondern der „Vernon" behielt seinen Curs unverändert bei.

Die unausbleibliche Folge hiervon war, daß der letztere mit voller Kraft eben vor der Commandobrücke der „Diana" schräg von hinten in die Steuerbordseite hineinfuhr, worauf sich deren Vordertheil sofort mit Wasser füllte und senkte, während der Hintertheil sich so hob, daß die Schraube außer Wasser kam.

Der Dampfer „Vernon" saß nun in der „Diana" fest, welcher Moment von der ganzen Mannschaft des letzteren Schiffes benutzt wurde, um über die Commandobrücke desselben auf den „Vernon" überzuklettern. Als alle glücklich von der „Diana" herunter waren, ließ der „Vernon" die Maschine rückwärts gehen und kam so von der „Diana" frei. Von dem britischen Schiffe wurde sofort ein Boot zu Wasser gelassen, um wo möglich noch etwas von der „Diana" zu retten; ehe dasselbe jedoch bei diesem Schiffe anlangte, sank dasselbe gänzlich weg, so daß nur die Oberkante des Schornsteins noch wenige Zoll über dem Wasser hervorragte.

Die beiden Schiffe befanden sich bei der Katastrophe 2½ Seemeilen vom Lande in 5½ Faden Wassertiefe; Peilung des Feuerthurms von Libau magn. OSO; die „Diana" hatte ihren ursprünglichen Curs während der ganzen Zeit unverändert beibehalten.

Der Verlauf des Zusammenstoßes wurde vom Schiffer und Steuermann des vorher angegebenen Dampfers „Betty," welcher in der Nähe war, mitangesehen; nach einer dem Seeamt vorliegenden, von ihnen ausgestellten und vom Königlich schwedischen Viceconsulat in Libau unterschriftlich beglaubigten Bescheinigung bezeugen dieselben, daß der „Vernon" achterlicher als dwars der „Diana" aufgelaufen sei.

Der Dampfer „Vernon", der nur wenigen Schaden an seinem Bug erlitten hatte, landete die Mannschaft der „Diana" noch an demselben Morgen in Libau.

Das Wrack wurde später verschiedene Male von Tauchern untersucht. Nach ihrer Angabe war der Schornstein umgefallen und nur noch der Top des großen Mastes nebst der Gaffel über Wasser zu sehen, das Unterschiff selbst in der Mitte vor dem Maschinenraum quer durchgebrochen und lag das Vordertheil quer vor dem Achtertheil, letzteres aufrechtstehend, ersteres auf Backbordseite gekentert, das Deck und die oberen Theile des Schiffes waren stark zertrümmert, von der ganzen Schiffslänge fehlten ungefähr 3 Faden, nämlich dasjenige Stück, wo der Durchstoß erfolgt war; außerdem war der Vordertheil auf einen Stein gekommen, welcher Platten und Spanten zerdrückt hatte.

Da unter solchen Umständen an ein Lichten und Repariren des Dampfers mit Vortheil nicht zu denken war, weil auf jeden Fall die Hebungs- und Reparaturkosten den Werth des Wracks weit übersteigen würden, ist dasselbe condemnirt worden. Vom Inventar ist auch nur wenig durch die Taucher gerettet, zwei Anker und einige wenig werthvollere Gegenstände, ferner einige dem Steuermann und ersten Maschinisten gehörende Kleidungsstücke.

Der Reichscommissar hat in Anbetracht dessen, daß der Schiffer Lundbeck kein Warnungssignal mit der Dampfpfeife gegeben und solches Signal geeignet gewesen sein könnte, den Unfall abzuwenden, für den Fall, daß ersteres als Verschulden anzurechnen sei und letzteres zutreffe, beantragt, daß dem Schiffer Lundbeck die Befugniß zur Ausübung des Schiffergewerbes entzogen werden möge.

Es war, wie geschehen, zu erkennen und zwar aus folgenden Gründen:

Auf den vorliegenden Fall finden zunächst die Artikel 20 und 22 der Vorschriften zur Verhütung des Zusammenstoßens der Schiffe auf See Anwendung. Ersterer besagt, daß ohne Rücksicht auf irgend eine andere Vorschrift jedes Schiff, einerlei ob Segel- oder Dampfschiff, beim Ueberholen eines anderen dem letzteren aus dem Wege gehen muß.

Diesem Artikel zufolge mußte Dampfer „Vernon" dem Dampfer „Diana" ausweichen, weil ersterer achterlicher als dwars und zwar ungefähr 3 Strich der „Diana" von hinten auflief, welche nur mit einer Geschwindigkeit von 7 bis 8 Seemeilen in der Stunde fuhr, wogegen der Dampfer „Vernon" eine solche von 10 bis 11 hatte. Der andere Artikel bestimmt, daß in allen Fällen, wo nach den bezüglichen Vorschriften eins von zwei Schiffen dem andern auszuweichen hat, dieses letztere seinen Curs beibehalten muß. Es war also auch gerechtfertigt, daß die „Diana" ihren Curs beibehielt. Nun besagt zwar Artikel 23, daß ein Abweichen von den gegebenen Vorschriften, wenn es zur Abwendung einer unmittelbaren Gefahr dient, gestattet sei. Jedoch kann dem Schiffer Lundbeck nicht die Außerachtlassung dieser Artikel vorgeworfen werden, denn er ging von der freilich irrigen, aber doch berechtigten Ansicht aus, der Dampfer „Vernon" wolle ihn ansprechen und mußte zu diesem Zwecke ihn nahe an sich herankommen lassen. Nachdem er sich von seinem Irrthum überzeugt, war es für ein Ausweichen seinerseits zu spät und die Collision unvermeidlich, wenn der Dampfer „Vernon" nicht aus dem Wege ging. Hätte die „Diana" irgend ein Manöver gemacht, z. B. Steuerbordruder gegeben, so wäre der Zusammenstoß in der Weise erfolgt, daß die „Diana" am Heck getroffen wäre, wogegen bei Backbordruder der Stoß in der Nähe des Fockmastes erfolgen mußte.

Es bleibt somit nur noch Artikel 24 übrig, welcher bestimmt, daß keine der erlassenen Vorschriften den Führer eines Schiffes von den Folgen der Versäumniß irgend einer Vorsichtsmaßregel befreit, welche durch die gewöhnliche seemännische Praxis, oder durch die besonderen Umstände des Falles geboten wird. In dieser Beziehung ist es allerdings nicht zu billigen, daß der Schiffer Lundbeck erst dann, nachdem er einen Mann an Deck des „Vernon" gesehen, sich damit begnügte, demselben zu winken, um ihn zu veranlassen abzuhalten bezw. aus dem Wege zu gehen, statt, was schon viel früher hätte geschehen müssen, ein Warnungssignal mit der Dampfpfeife zu geben, damit er den „Vernon" auf seine gefährliche Nähe aufmerksam machte und ihn so veranlaßte, aus dem Wege zu gehen. Weil sich indeß die Vorgänge am Bord des „Vernon" der näheren Feststellung entziehen, und demnach auch nicht zu sagen ist, ob ein Warnungssignal mit der Dampfpfeife dort entsprechende Beachtung gefunden hätte, kann die Unterlassung desselben nicht als eine Ursache des Unfalls angenommen werden. Als solche bleibt lediglich das Verhalten des britischen Dampfers bestehen, welcher als das überholende Schiff der „Diana" hätte ausweichen müssen.

30. Spruch des Seeamts zu Hamburg vom 28. März 1882 und Entscheidung des Kaiserlichen Ober-Seeamts vom 10. Juni 1882, betreffend den Seeunfall des Schraubendampfers „St. Pauli" vom Hamburg.

Der in Hamburg beheimathete eiserne Schraubendampfer „St. Pauli", Unterscheidungssignal RGBD, wurde am 2. März 1882 auf einer Reise von Antwerpen nach Rosario im Canal in schwer leckem Zustande von der Besatzung verlassen, welche letztere sich an Bord der britischen Bark „British Monarch" begab und von diesem Schiff am 9. März in Dundee gelandet wurde. Nachdem dort vom Schiffer des „St. Pauli" unter Zuziehung der Steuerleute, des ersten Maschinisten und des Zimmermanns vor einem Notar Verklarung über den Unfall belegt worden war, kehrte die Mannschaft nach Deutschland zurück.

In der seeamtlichen Untersuchung sind außer dem Schiffer und denjenigen Mitgliedern der Schiffsmannschaft, von denen vorzugsweise zur Aufklärung des Sachverhalts und zur Ermittelung der Ursachen des Unfalls dienliche Aussagen erwartet werden durften, auch der Rheder des Schiffes und dessen Schiffs- und Maschinen-Inspector, sowie endlich der Schiffbauvormann der Schiffbauerfirma Blohm & Voß, auf deren Werft der „St. Pauli" vor Antritt seiner letzten Ausreise reparirt worden war, vernommen worden und zwar sämmtliche bezeichneten Personen, mit Ausnahme des Schiffers, gegen welchen abseiten des Reichscommissars ein Antrag auf Entziehung der Gewerbebefugniß eingebracht wurde, unter Ableistung des Zeugeneides. Diesen Depositionen, sowie dem sonst zu den Acten gelangten Beweismaterial — darunter namentlich auch der in Dundee, sowie einer vordem in Holland belegten, einen früheren Unfall des Schiffes betreffenden Verklarung — war der folgende Sachverhalt zu entnehmen:

Der „St. Pauli" war ein erst im Jahre 1881 in Sunderland bei Short Brothers, nach dem Bracket-System erbautes, eisernes Schraubendampfschiff mit einer Compound-Maschine von 200 Pferdekräften nominell und als Schooner getakelt. Das Schiff hatte drei Kohlenbunker, zwei an der Seite des Maschinen- und Kesselraums sich erstreckende Längsbunker und einen vor dem Kesselraum befindlichen Querbunker.

Die Gesammttragfähigkeit des Schiffes ist auf ungefähr 2100 Tons deadweight veranschlagt worden, ein Ladungsgewicht, welches unter

Zurechnung des Eigengewichts des Schiffes, nach der von den Erbauern aufgestellten Deplacementsscala ein Deplacement von 3200 Tons ergeben würde. Vermessen ist das Schiff hier in Hamburg nach dem vollständigen Verfahren der Schiffsvermessungsordnung zu 3187 cbm oder 1125,01 britischen Register-Tons Netto-Raumgehalt. Nach dieser Vermessung betrug die Länge des Schiffes 79,30, die Breite 11,18 und die Tiefe 4,77 Meter. Classificirt war dasselbe beim Liverpool Lloyd zur ersten Classe (20 A in roth) auf 20 Jahre.

Nachdem das Schiff unter Führung des Schiffers Eckert eine Reihe von Reisen, darunter eine transatlantische, vorwiegend aber Kohlenreisen zwischen Sunderland und Hamburg, glücklich zurückgelegt hatte, erlitt dasselbe im December 1881 auf der Elbe eine schwere Havarie durch Zusammenstoß mit einem französischen Dampfschiff. Das Schiff war damals verchartert nach Grimsby zu versegeln, um dort eine Ladung Eisenbahnschienen nach Rosario zu laden, mußte dann aber zunächst nach Hamburg zurückkehren, um die schweren, durch den Zusammenstoß erlittenen Beschädigungen zu repariren. Das bei der Collision gestoßene Loch befand sich an Steuerbordseite vor und hinter dem hinteren Maschinenschott und erstreckte sich ungefähr vier Fuß in den Längsbunker an Steuerbordseite hinein. Die Reparatur, welche im Schwimmdock der Schiffbauer Blohm & Voß vorgenommen wurde, erstreckte sich, soweit erforderlich, auf das ganze Schiff, nach übereinstimmender Bekundung des mit Leitung der Reparatur betraut gewesenen Schiffbauvormannes der Firma Blohm & Voß und des Inspectors der Rhederei waren aber mit Ausnahme des direkt durch die Collision verursachten Schadens nur sehr unbedeutende Beschädigungen wahrnehmbar, insbesondere zeigte es sich, daß auch nur einige wenige Nieten und zwar nahe an der Collisionsstelle nachgegeben hatten. Beide eben genannten Zeugen haben überdies ausgesagt, daß das Material des Schiffes, soweit man solches an den Bruchstellen habe beurtheilen können, ein außerordentlich gutes gewesen sei, indem die beschädigten Platten nicht stumpf gebrochen, sondern in Streifen ausgeschält und stark verbogen gewesen seien. Nach ordnungsmäßig vollendeter Reparatur gab der hiesige Lloyds-Besichtiger dem Schiffe das Attest, daß die Reparatur gehörig beschafft und das Schiff wieder in vollkommen seefähigen Zustand versetzt sei.

Sodann nahm das Schiff seine unterbrochene Reise wieder auf. Die Besatzung bestand aus 21 Köpfen im ganzen, darunter 2 Steuerleute und 2 Maschinisten. Als Schiffer fungirte jetzt der mit einem Befähigungszeugniß zum Schiffer auf großer Fahrt versehene

J. P. von Helms, welcher früher während mehrerer Jahre Schiffe der Hamburg-Südamerikanischen Dampfschiffahrts-Gesellschaft geführt hatte.

Nachdem das Schiff in Grimsby Eisenbahnschienen nebst dem erforderlichen Zubehör geladen hatte, deren Gesammtgewicht laut des dem Seeamt vorgelegten Connossements und Ladungsmanifests ungefähr 1653 ½ Tons deadweight betrug, und welche in allen vier Laderäumen, jedoch so vertheilt waren, daß der hintere und vordere Laderaum (1 und 4) zusammen nur ungefähr 650 Tons enthielten, setzte er seine Reise zunächst nach Antwerpen fort und nahm dort, der geschlossenen Charter gemäß, noch zwei Lokomotiven nebst Tendern und Zubehör an Bord, im Gesammtgewicht von ungefähr 83 Tons. Verstaut wurden Lokomotiven und Kessel im Laderaum 2. Der obere Theil der Tender und ein Theil des Zubehörs hinter dem Maschinenraum im Laderaum 3. Außerdem war das Schiff noch in allen drei Bunkern mit Kohlen in Gesammtgewicht von ungefähr 286 bis 290 Tons versehen, so daß die ganze jetzt an Bord befindliche Ladung ein Gewicht von ungefähr 2 020 Tons Schwergut repräsentirte. Der Tiefgang des Schiffes war 18 Fuß 5 Zoll hinten und 17 Fuß 1 Zoll vorne, die Auswässerung betrug 21 ½ Zoll an der niedrigsten Stelle dicht vor der Brücke.

Am Morgen des 19. Februar 1882 verließ das Schiff Antwerpen und ging Mittags in See. Am Nachmittag arbeitete das Schiff bei zunehmendem Winde so schwer, daß die Lokomotivkessel sich los arbeiteten und große Löcher in das Deck an Backbordseite stießen. Da das Schiff unter solchen Umständen seine Reise nicht fortsetzen konnte, zumal auch durch die über Deck wegbrechenden Sturzseen viel Wasser in den Raum drang, so wurde beschlossen nach Vlissingen zurückzukehren und das Schiff dann im dortigen Dock in den nächsten Tagen schwimmend reparirt, auch die Ladung neu gestaut und befestigt. Nach dem gerichtlich ernannte sachverständige Besichtiger die ordnungsmäßige Ausführung der erforderlichen Reparaturen, die gehörige Stauung und Wiederbefestigung des losgekommenen Theiles der Ladung und die Wiederherstellung des Schiffes in seefähigen Zustand attestirt hatten, wurde die unterbrochene Reise am 27. Februar Morgens wieder aufgenommen. Am 28. Morgens 6 Uhr wurde das Feuer von St. Catharines Point in NNO per Compaß passirt und von da mit WSW ½ W Curs von der englischen Küste abgesteuert. Der Wind nahm am Nachmittage an Stärke immer mehr zu, lief Abends von SSW nach WNW um und wehte dann während der

Nacht sturmartig mit sehr hoher See, so daß Schiffer von Helms schon von 9 Uhr Abends an nicht mehr Curs steuerte, sondern das Schiff bei langsam arbeitender Maschine mit dem Bug thunlichst auf Wind und See halten ließ. Auch am 1. März blieb das Schiff bei schwerem Sturm aus WNW beigedreht liegen und arbeitete in der sehr hohen unregelmäßigen See so heftig, daß das Deck fortwährend vom Wasser überfluthet wurde. Schiffer von Helms insbesondere hat bezeugt, daß das Schiff den Bug so tief zu Wasser gesetzt habe, daß die See bis an den Fockmast übergespült sei.

Nach dem Mittagsbesteck befand man sich auf 48° 51′ nördlicher Breite und 5° 46′ westlicher Länge. Um 12½ Uhr Nachmittags bemerkte man plötzlich, daß das Schiff leck war. Der zweite Maschinist, welcher an jenem Tage von 12 Uhr ab die Wache im Maschinenraum hatte, hat bezeugt, er habe, als er ungefähr um die angegebene Zeit nach dem Bedienen der Maschine in die Bilge hinuntergesehen habe, dort und zwar an Steuerbordseite außergewöhnlich viel Wasser bemerkt, welches zu dieser Zeit schon ungefähr 1½ Fuß hoch gestanden habe. Noch 1 bis 2 Stunden zuvor hatte der Zimmermann die bis auf den Ballasttank hinunterreichende, dicht vor der Brücke befindliche Röhre gepeilt und kein Wasser im Schiff gefunden. Nachdem der zweite Maschinist zunächst den vergeblichen Versuch gemacht hatte, mit der Maschinenpumpe lenz zu pumpen, rief er den ersten Maschinisten herbei, welcher von dieser Zeit an persönlich die Leitung im Maschinenraum übernahm. Nachdem man sich dann bis 9 Uhr Abends vergeblich bemüht hatte, des in das Schiff eindringenden Wassers mit Hülfe der Dampfpumpen Herr zu werden — es wurden hierzu sämmtliche Pumpen, mit Ausnahme der Circulationspumpe, darunter auch eine zum Auspumpen der Ballasttanks dienende große Centrifugalpumpe, verwandt — entschloß Schiffer von Helms sich seinen Curs nach der englischen Küste zurückzunehmen, um das Schiff womöglich in einen Nothhafen einzusteuern und wurde nun von 9 Uhr an mit voller Kraft ONO½O Curs gesteuert, indem es bei der hohen See und dem fortdauernden Sturm aus WNW nicht möglich war einen westlicheren Curs zu halten, da das Wasser im Schiff immer mehr wuchs; obwohl, seitdem die Maschine mit voller Kraft arbeitete, auch die Circulationspumpe das Wasser aus dem Schiff herauswarf, so wurde von 10½ Uhr an die ganze Mannschaft angestellt, das Wasser mit Eimern aus dem Raum auszuschöpfen, auch die an Deck befindlichen Handpumpen in Gang gesetzt. Um 3 Uhr Morgens am 2. März kam eine mitsteuernde Bark der „British Monarch“ in Sicht, welche man durch Nothsignale auf sich aufmerksam machte. Um 4 Uhr Morgens spülte das Wasser schon über den Fußboden im Maschinenraum weg und stand im Heizraum so hoch, daß die Feuer nur noch mit Mühe unterhalten werden konnten. Bei dieser Sachlage und da man sich noch ungefähr 50 Seemeilen von der englischen Küste entfernt schätzte, entschloß Schiffer von Helms sich zum Verlassen des Schiffes und begab sich die ganze Besatzung in den eigenen Böten an Bord der „British Monarch". Es wurden hierzu außer dem an Bord befindlichen Rettungsboot auch die anderen beiden Boote benutzt, welche letzteren aber längsseits der englischen Bark zertrümmerten. Das Rettungsboot war mit zwei Mann der Besatzung wieder von der Seite des „British Monarch" weggetrieben und wurde erst nach Tagesanbruch von dem zur Aufsuchung desselben ausgesandten Boot des britischen Schiffes aufgefunden. Es war mit dem britischen Schiffer die Abrede getroffen worden, daß am Morgen nach Tagwerden eine Untersuchung des „St. Pauli" stattfinden solle, um je nach dem Ausfall dieser Untersuchung Versuche zum Einschleppen des Schiffes in einen Hafen zu unternehmen; diese Verabredung konnte aber nicht mehr ausgeführt werden, da der „St. Pauli" schon wegsank, ehe das zunächst mit der Aufsuchung des verschlagenen Rettungsboots beschäftigt gewesene Boot des „British Monarch" noch in die Nähe des „St. Pauli" gelangen konnte. Das Sinken des Schiffes erfolgte um 9 Uhr 30 Minuten Vormittags; nach dem Besteck des „British Monarch" auf 49° 33′ nördlicher Breite und 4° 34″ westlicher Länge. Die Schiffspapiere wurden vom Schiffer gerettet, während das Schiffsjournal, mit dessen Bergung der Schiffer den ersten Steuermann beauftragt hatte, von letzterem zwar von Bord des „St. Pauli" in das Steuerbordsboot gelegt worden, nachher aber beim Zertrümmern dieses Bootes verloren gegangen ist. Ein gleiches Schicksal widerfuhr dem Maschinenjournal. Die zu den Akten gereichte schriftliche Darstellung des Unfalls, welche der in England belegten Verklarung zu Grunde gelegt wurde, ist nach der vom Schiffer als richtig bestätigten Angabe des zweiten Maschinisten von diesem nach ihm übergebenen schriftlichen Notizen des Schiffers verfaßt und niedergeschrieben worden. Die englische Verklarung ist eine nahezu wortgetreue Uebersetzung dieser Darstellung. Ihrem Inhalt war, abgesehen von einer, nach Angabe des Schiffers durch ein Versehen in dieselbe aufgenommenen irrigen Cursangabe, im Einklang mit den bezüglichen Zeugenaussagen, das Wesentliche des vorstehend mitgetheilten Sachverhalts zu entnehmen.

Für die Beurtheilung der Frage, wo das Leck des Schiffes seinen

Sitz gehabt hat und welchen Ursachen dessen Entstehung zuzuschreiben ist, haben die Zeugenaussagen noch insbesondere Folgendes ergeben:

Nach übereinstimmendem Zeugniß der beiden Maschinisten sammelte sich das Wasser zunächst vorzugsweise in der Bilge an Steuerbordseite, während die Backbordbilge sich erst zu füllen anfing, als das Wasser aus der Steuerbordbilge über die unteren Flurplatten des Maschinenraumes trat und nun auf die andere Seite überlief. Mit der Zunahme des Lecks gewann das Schiff, welches vordem nahezu auf ebenem Kiel gelegen hatte — Schiffer von Helms hat das Ueberneigen des Schiffes nach Steuerbordseite auf nur etwa 1 Zoll geschätzt — immer mehr Schlagseite nach Steuerbord, so daß dasselbe am Morgen, als es verlassen wurde, mit der Steuerbordregeling unter Wasser lag. Die sämmtlichen Pumpen wurden bei dieser Sachlage vorzugsweise in der Steuerbordbilge angesetzt. Da nun sehr viel Kohlen mit in die Bilge eindrangen, so daß die Pumpen sich immer wieder verstopften und die Saugkörbe nur mit Mühe rein gehalten werden konnten, so haben Schiffer von Helms und die Maschinisten ihre Vermuthung übereinstimmend dahin ausgesprochen, daß das Leck in einem der Kohlenbunker an Steuerbordseite entstanden sein müsse.

Diese Vermuthung, welche schon nach dem bisher Vorgetragenen für wahrscheinlich angesehen werden muß, ist durch folgende Umstände noch bestärkt worden, direkt durch die namentlich vom zweiten Maschinisten bezeugte Wahrnehmung, daß aus dem Schott des Querbunkers beim Austrimmen der Kohlen Wasser durchgesickert sei, indirekt durch die Thatsachen, daß irgend welche Schäden an den Ausgußröhren, welche nach dem Zeugniß des darüber befragten Maschinisten an Bord des „St. Pauli" sämmtlich frei lagen, also namentlich auch nicht durch die Kohlenbunker führten, nicht zu erkennen gewesen sind, so daß also ein Eindringen des Wassers auf diesem Wege ausgeschlossen erscheint, ferner daß in den Laderäumen des Schiffes, soweit eine Peilung derselben möglich war, Wasser nicht wahrgenommen worden ist. Eine Annahme dahin, das Wasser sei weiter vorne oder hinten ins Schiff gedrungen und habe sich erst von dort aus in dem Maschinenraum gesammelt, muß übrigens zumal auch um deswillen unwahrscheinlich erscheinen, weil die in den Schotten zwischen Maschinen- und Laderäumen befindlichen Schleusenventile, soweit ermittelt, zur Zeit der Entdeckung des Lecks geschlossen waren und es wenigstens anfänglich auch noch blieben, etwa in den Laderäumen angesammeltes Wasser also keinen Zutritt in den Maschinenraum hätte finden können.

Was sodann die Entstehungsursache des Lecks anlangt, so konnte das Ergebniß der Beweisaufnahme hier im wesentlichen nur ein negatives sein. Für ausgeschlossen muß namentlich die Annahme gelten, daß das Leckwerden des Schiffes in irgend einer Weise durch die frühere Havarie, welche das Schiff durch Collision auf der Elbe erlitten hatte, verursacht sein könnte. Denn die damals erlittenen Schäden sind nach Allem was vorliegt, durch die hier in Hamburg vorgenommene Reparatur in vollem Umfange beseitigt worden, wie auch nicht außer Acht bleiben kann, daß der vermuthliche Sitz des Lecks — im Querbunker der Steuerbordseite — von der Stelle der früheren Collision, welche die Platten zu beiden Seiten des hinteren Maschinenschotts betroffen und den Längsbunker nur in Ausdehnung von ungefähr 4 Fuß beschädigt hatte, örtlich ganz getrennt sein würde.

Da nun des Weiteren auch keine genügende Veranlassung zu Zweifeln in der Richtung vorliegt, daß die Leckage, welche die Rückkehr des Schiffes nach Vlissingen nothwendig machte, durch die dort vorgenommenen Reparaturen vollkommen beseitigt worden ist und daß das Schiff somit, dem Atteste der dortigen Besichtiger entsprechend, Vlissingen in vollkommen seefähigem Zustande verlassen hat, wie sich namentlich auch vor dem plötzlichen Leckwerden des Schiffes am Nachmittag des 1. März nach Allem, was bezeugt ist, irgend welche Undichtigkeit desselben nicht bemerkbar gemacht hatte, so bleibt nur die Annahme übrig, daß sich in dem schweren Wetter und der überaus hochgehenden See einige Nieten von der Beplattung des Schiffes gelöst haben werden und daß hieraus die plötzliche Entstehung der Leckage zu erklären ist. Diese Annahme wird auch mit der muthmaßlichen Stelle des Lecks, nämlich im Kohlenbunker, sehr wohl vereinbar erscheinen, da der Verband des Schiffes gerade in dem in der Mitte belegenen Maschinenraum in Rücksicht auf die schwere Ladung, welche auf beiden Enden des Schiffes lastete, bei dem heftigen Arbeiten des mit dem Bug auf der See liegenden Schiffes am meisten gefährdet erscheinen konnte. Läßt sich somit die Vermuthung nicht von der Hand weisen, daß die überaus schwere Ladung Eisenwaaren, welche das Schiff zu tragen hatte, deren Gewicht unter Zurechnung des Gewichts der Kohlen beim Verlassen Vlissingens nahe an das Maximum der Tragfähigkeit des Schiffes heranging, in Verbindung mit dem stürmischen Wetter und Seegang ungünstig auf den Verband des Schiffes gewirkt und zu dessen Leckwerden beigetragen haben mag, so konnte andererseits doch eine Annahme, daß Schiffer von Helms sein Schiff schuldvoller Weise überladen habe, nicht gerechtfertigt erscheinen; denn, wenn er auf der einen Seite im Anhalte an alle bezüglichen

Atteste, welche ihm vorlagen, auf die vollkommene Seetüchtigkeit seines erst im vorigen Jahre erbauten Schiffes zu vertrauen hatte, so wird andererseits auch anzuerkennen sein, daß ihm eine volle Ausnutzung der Tragfähigkeit des Schiffes nach Sachlage nicht bedenklich erscheinen mußte. Namentlich wird auch das anscheinende Mißverhältniß zwischen dem Tiefgange des Schiffes — im Mittel 17 Fuß 9 Zoll und der Auswässerung desselben an der niedrigsten Stelle 21½ Zoll — dadurch ausgeglichen, daß das Schiff vorne und hinten beträchtlichen Sprung von ungefähr 4 Fuß im Durchschnitt hatte, ein Umstand, welcher der Tragfähigkeit des Schiffes sehr zu Statten kommen mußte. Wird somit das Leckwerden des Schiffes in keiner Richtung auf ein Verschulden des Schiffers zurückgeführt werden können, so handelt es sich bei Beurtheilung seines Verhaltens des Weiteren darum, ob er auch nach der Entdeckung des Lecks als gewissenhafter und vorsichtiger Schiffer gehandelt hat. Der Reichscommissar hat hier dem Schiffer in doppelter Beziehung eine Pflichtversäumniß vorgeworfen, und unter der ferneren Begründung, daß derselbe durch die gerügte Handlungsweise den Verlust seines Schiffes herbeigeführt habe, den Antrag gestellt, dem Schiffer die Befugniß zur ferneren Ausübung des Schiffergewerbes zu entziehen. Zunächst sei dem Schiffer daraus ein Vorwurf zu machen, daß er erst um 9 Uhr Abends den Entschluß gefaßt habe, einen Nothhafen aufzusuchen, obwohl doch bei dem lecken Zustand des Schiffes diese Maßnahme weit eher durch die Vorsicht geboten gewesen wäre, ferner habe er auch insofern unüberlegt bezw. unvorsichtig gehandelt, als er nicht auf die von seinem damaligen Bestecksort nächst erreichbare französische Küste, wo ihm in Brest ein sehr guter Nothhafen geboten gewesen sei, sondern auf die weiter entfernte englische Küste zugehalten habe. Das Seeamt hat bei Prüfung des Antrages des Reichscommissars Folgendes erwogen:

Was zunächst die Wahl des Zufluchtsortes anlangt, so ist freilich anzunehmen, daß von dem muthmaßlichen Standort des Schiffes am Abend des 1. März — der Schiffer hat die von Mittag bis 9 Uhr Abends zurückgelegte Distanz, da er das Schiff während der ganzen Zeit mit langsam oder halbe Kraft arbeitender Maschine mit dem Bug gegen Wind und See gehalten habe, wohl annähernd richtig auf nur 16 Seemeilen geschätzt, würde sich also um 9 Uhr Abends unfähr auf 48° 51′ nördlicher Breite und 6° 10′ westlicher Länge befunden haben — die Entfernung bis Brest nicht unwesentlich kürzer gewesen wäre, als bis zu dem nächsten englischen Hafen Falmouth. Wenn Schiffer von Helms aber trotzdem die weitere und gegen den

Wind liegende Route nach der englischen Küste einschlug, so konnte das Seeamt der hierfür von ihm selbst geltend gemachten Erwägung nur beipflichten. Die Ansteuerung der durch unzählige Klippen gesperrten französischen Küste wäre in der dunkeln Nacht und bei dem schweren, gerade in den Meerbusen von Biscaya hineinsetzenden WNWest-Sturm ein höchst gefährliches Unternehmen gewesen, während die englische Küste rein war, der Schiffer auch, wenn er seinen Curs dorthin setzte, hoffen konnte, bei dem herrschenden Winde Schutz vom Lande zu erhalten. Er handelte somit nur der Vorsicht entsprechend, wenn er der entfernteren Route nach der englischen Küste vor dem näheren Weg nach Brest den Vorzug gab und kann ihm daraus ein Vorwurf keinenfalls erwachsen.

Was sodann den ferneren Vorwurf des Reichscommissars anlangt, so hat der unglückliche Ausgang freilich gezeigt, daß Schiffer von Helms objektiv unrichtig gehandelt hat, wenn er so lange wie geschehen mit dem Abhalten zögerte; wie es insbesondere auch für unwahrscheinlich nicht angesehen werden kann, daß bei früherem Abhalten die Rettung des Schiffes zu erzielen gewesen wäre, da dessen Sinken in einem Abstand von nur ungefähr 35 Seemeilen von Lizard erfolgte, einige Stunden Vorsprung also vermuthlich das Schiff in der kritischen Zeit dem Lande wenigstens so weit genähert haben würden, daß sich dem nothleidenden Schiffe die Assistenz passirender oder vom Lande zu Hülfe herbeikommender Dampfer geboten hätte. Gleichwohl hat sich das Seeamt auf Grund einer sorgfältigen Abwägung aller Umstände, welche in der relevanten Zeit auf die Entschließung des Schiffers einwirken mußten, nicht dahin entscheiden können, daß demselben aus dem verspäteten Abhalten ein ernstlicher Vorwurf zu machen sei.

Freilich wurde das Aufsuchen eines Nothhafens in dem Augenblick zur nicht länger abzuweisenden Nothwendigkeit, als sich die Unmöglichkeit herausstellte, eine fernere Zunahme des Wassers vermöge der Pumpen zu verhüten. Die Beweisaufnahme hat aber nicht genügend dargethan, daß sich dem Schiffer die Ueberzeugung, daß sein Schiff in so erheblichem Grade leck sei, zu einer beträchtlich früheren Zeit als um 9 Uhr Abends, als er umkehrte, aufdrängen mußte.

Er selbst hat in dieser Beziehung angeführt, daß es noch um 5 Uhr Nachmittags gelungen sei, das Schiff ungefähr lenz zu bekommen und daß man das Wasser auch dann noch eine Zeit lang mit nur einer Pumpe habe bewältigen können. Erst Abends sei ihm von dem an Deck kommenden ersten Maschinisten die Meldung gemacht worden, daß die Pumpen in Folge fortwährender Verstopfung den Dienst versagten und man des Wassers im Raum nicht mehr Herr zu werden vermöge. In Veranlassung dieser Meldung sei er dann zu dem Entschlusse gekommen, umzukehren, wie dieselbe Meldung ihn auch zu dem Befehl bestimmt habe, die Schleusenventile der Laderäume zu öffnen, um so dem Wasser Abzug vom Maschinenraum zu verschaffen und den Maschinisten dadurch ein besseres Reinhalten der Pumpen möglich zu machen.

Dem gegenüber hat der erste Maschinist vorgetragen, er habe ein Oeffnen der vom Maschinenraum in die angrenzenden Laderäume 2 und 3 führenden Schleusen schon am Nachmittag, ungefähr um 3 Uhr für nothwendig erachtet, um das Wasser in die Laderäume abzuleiten und dadurch besser an die Saugkörbe gelangen zu können. Er habe das zwar gethan ohne einen Befehl des Schiffers dazu erhalten zu haben, dem letzteren aber nachträglich und zwar noch am Nachmittag, noch während es hell gewesen sei, von dem Geschehenen Mittheilung gemacht. Letzteres ist vom Schiffer bestritten worden. Nach Aussage beider Maschinisten wäre ferner, abweichend von der Darstellung des Schiffers, ein Lenzpumpen seit der Entdeckung des Lecks überall nicht mehr gelungen, doch habe man bis um 5 Uhr Nachmittags noch ungefähr ein Steigen des Wassers im Schiff verhindern können, während dasselbe von dieser Zeit an immer mehr zugenommen habe. Eine befriedigende Vereinigung dieser einander widersprechenden Angaben hat sich nicht herbeiführen lassen. Doch wird man zu der Annahme gedrängt, daß der Schiffer, welchem das Commando des Schiffes mit kurzen Unterbrechungen auf die Brücke fesselte, über die Vorgänge im Maschinenraum und insbesondere den Zuwachs des Wassers im Schiff nicht genügend unterrichtet gewesen ist und daß dieser Umstand ihn an einem früheren Erkennen der vollen Gefahr, in der sein Schiff sich befand, verhindert hat. Daß Schiffer von Helms sich ohne den Empfang häufiger Rapporte aus dem Maschinenraum über den Zustand seines Schiffes leicht täuschen konnte, beweist der von ihm bezeugte Umstand, daß er noch um 8 Uhr Abends bei einer von ihm selbst vorgenommenen Peilung des dicht vor der Brücke befindlichen, in den zweiten Laderaum bis auf die Oberkante des Tanks hinunterreichenden Peilrohrs kein Wasser im Schiff fand, ein Umstand, der freilich, da das Schiff Schlagseite hatte und das Peilrohr sich mitschiffs befand, objektiv nichts bewies, den Irrthum des Schiffers, das Schiff sei in den Laderäumen noch lenz und das Wasser somit durch die Maschinenpumpen noch zu bewältigen, aber doch erklärlich und verzeihlich erscheinen läßt. Uebrigens wird hier auch der Umstand nicht unbeachtet bleiben dürfen, daß die Gefahr erst durch das andauernde Verstopfen der Pumpen zu einer unmittelbar drohenden wurde und daß Schiffer von Helms wenigstens anfänglich die Hoffnung hegen durfte, daß es gelingen werde, diesen Uebelstand mehr und mehr zu beseitigen und daß dann die Pumpen, welche, wie nach allgemeiner Bekundung anzunehmen, in vorzüglicher Beschaffenheit waren, im Stande sein würden, wenn nicht lenz Schiff zu machen, so doch eine weitere Zunahme des Wassers zu verhüten.

Freilich wird der Schiffer insoweit nicht von aller Verschuldung befreit erscheinen können, als es seine Aufgabe gewesen wäre, sich über die Vorgänge im Maschinenraum besser als geschehen informirt zu halten und kann in dieser Beziehung nur angenommen werden, daß er es entweder unterlassen hat, dafür Sorge zu tragen, daß ihm regelmäßige und genaue Meldungen von dort überbracht wurden, oder daß er den ihm wirklich gemachten Meldungen nicht die genügende Beachtung schenkte. Jede der beiden Alternativen würde aber ihm zur Last fallen. Gleichwohl wird der dem Schiffer hieraus zu machende Vorwurf für ein so schwerwiegender nicht erachtet werden können, daß um deßwillen die Entziehung der Gewerbebefugniß gerechtfertigt wäre. Auch nach Darstellung der Maschinisten wurde der Zuwachs des Wassers im Maschinenraum erst von 5 Uhr ab zu einem die Sicherheit des Schiffes gefährdenden, und erst damit wurde auch die Nothwendigkeit herbeigeführt, einen Nothhafen zu suchen; denn so lange sich mit Hülfe der Pumpen nur eine beträchtliche Zunahme des Wassers im Schiff verhüten ließ, konnte Schiffer von Helms immer noch auf die Möglichkeit rechnen, seine Reise fortzusetzen, zumal er, sobald er südlicher kommen würde, auf eine Besserung des Wetters und darauf rechnen konnte, daß es ihm dann gelingen werde, durch Umtrimmen der Kohlen an das an Steuerbordseite befindliche Leck zu gelangen und eine Dichtung desselben zu versuchen. Daß der Schiffer auch in der Zeit nach 5 Uhr den nun allerdings durch die Umstände gebotenen Entschluß zur Umkehr nicht sofort faßte, wird auch abgesehen von den oben besprochenen Momenten, welche ihn auch da noch an einem klaren Erkennen der gefahrdrohenden Zunahme des Wassers verhindert haben werden, bei gerechter Würdigung der ganzen Verantwortung, welche auf ihm lastete, nicht unverzeihlich erscheinen können. Es wird hier zu seinen Gunsten namentlich die Erwägung Platz greifen müssen, wie schwer ihm naturgemäß der Entschluß fallen mußte, mit einem Schiffe, dessen Führung ihm erst seit wenigen Wochen anvertraut war, nun schon zum zweiten Mal in Havarie einzulaufen. Vergegenwärtigt man sich, daß der Schiffer befürchten mußte, durch eine solche Maßnahme möglicherweise seine Lebensstellung aufs Spiel zu setzen, wenn nämlich der spätere Erfolg nicht zeigen würde, daß dieselbe durch die dringendste Nothwendigkeit geboten gewesen war, so wird man es nicht unverzeihlich finden können, wenn er auch bei drohender Gefahr noch eine Zeit lang gezögert und abgewartet haben sollte.

Das Seeamt glaubte bei Besprechung des vorliegenden Seeunfalls endlich noch einen Umstand besonders betonen zu sollen, von dem sich annehmen läßt, daß er zu dem Schicksal des Schiffes in hohem Grade beigetragen hat. Die Beweisaufnahme hat ergeben, daß die Saugkörbe oder Brausen der Pumpen an Bord des „St Pauli" unten in der Bilge am untersten Ende der Röhren angebracht waren. Der gegenwärtige Unfall hat aber klar gelegt, wie wenig zweckentsprechend diese Anlage ist, da den Maschinisten dadurch ein Reinhalten der Pumpen sehr erschwert, ja wenn das Wasser in der Bilge zunimmt, fast unmöglich gemacht wird. Wären die Reinigungskästen auf dem „St. Pauli" der richtigeren und jetzt auch meist gebräuchlichen Anlage gemäß oberhalb des Fußbodens angebracht gewesen, so würde der Fall, daß die Pumpen zeitweilig in Folge Verstopfung ganz den Dienst versagten, unmöglich gewesen, also auch eine viel bessere Beseitigung des durch den Leck eindringenden Wassers zu erzielen gewesen sein.

Die vorstehenden Erwägungen führten zu folgendem Spruch:

> Das plötzliche Leckwerden des Dampfers „St. Pauli", welches das Sinken und den Verlust des Schiffes zur Folge hatte, kann nach dem Ergebniß der Beweisaufnahme lediglich auf das schwere Stampfen und Arbeiten des Schiffes in dem stürmischen Wetter und das dadurch muthmaßlich herbeigeführte Losspringen einiger Nieten in den im Querkohlenbunker oberhalb des Wassertanks belegenen Plattengängen zurückgeführt werden. Eine unmittelbare Gefährdung des Schiffes wurde aber erst dadurch herbeigeführt, daß die Bilgepumpen durch die in die Bilge eindringenden Kohlen verstopft wurden und zeitweilig den Dienst völlig versagten, indem anzunehmen ist, daß die Pumpen andernfalls das durch den Leck eindringende Wasser zu bewältigen vermocht hätten.
>
> Eine Annahme dahin, daß Mängel in der Beschaffenheit des Schiffskörpers oder der Stauung vorgelegen haben, erscheint nach der Beweisaufnahme nicht gerechtfertigt. Doch waren

die Saugrohre der Pumpen insofern fehlerhaft angelegt, als dieselben nicht freilagen, sondern zu weit nach unten mit Saugkörben versehen waren, ein Umstand, der das Klarhalten der Pumpen bedeutend erschweren mußte.

Ein Vorwurf, sein Schiff überladen zu haben, kann den Schiffer nach Sachlage nicht treffen, wenn sich auch nicht verkennen läßt, daß die sehr schwere, bis an die Grenze der Tragfähigkeit des Schiffes herangehende Eisenladung dessen Verband bei außergewöhnlich hartem Wetter und hoher See gefährden konnte.

Anzunehmen ist, daß der Untergang des Schiffes möglicherweise verhütet worden sein würde, wenn Schiffer von Helms sich zu einem früheren Abhalten nach der englischen Küste entschlossen hätte. Da aber nach den bezüglichen Ermittelungen nicht angenommen werden kann, daß der Schiffer nach Maßgabe der von ihm gemachten Wahrnehmungen den Zustand des Schiffes schon zu einer wesentlich früheren Zeit, als zu der Zeit, wo er sich zum Abhalten entschloß, für einen gefahrdrohenden halten mußte, so wird ihm aus seiner Handlungsweise ein ernstlicher Vorwurf nicht zu machen sein. Doch giebt das Verhalten des Schiffers insofern zu einem begründeten Tadel Anlaß, als er es versäumt hat, sich nach dem Leckwerden eine andauernde und genaue Kenntniß über die Vorgänge im Maschinenraum zu verschaffen, zumal anzunehmen ist, daß er solchenfalls die Zunahme des Wassers und die dadurch herbeigeführte unmittelbare Gefährdung des Schiffes eher erkannt hätte.

Dem Antrag des Reichscommissars, dem Schiffer von Helms die Berechtigung zur ferneren Ausübung des Schiffergewerbes zu entziehen, konnte nicht stattgegeben werden.

Die Entscheidung des Ober-Seeamts lautet:

daß der Spruch des Seeamts in Hamburg vom 28. März 1882 zu bestätigen und die baaren Auslagen des Verfahrens außer Ansatz zu lassen.

Gründe. Die Beschwerde nimmt an, daß der Schiffer durch Leichtsinn den Untergang des „St. Pauli" verschuldet habe. Sie macht ihm zum Vorwurf, daß er, nachdem das Schiff leck geworden, nicht schon am Nachmittag, sondern erst am Abend des 1. März 1882 um 9 Uhr seine Reise aufgegeben und sich dem Lande zugewendet habe, und sie legt ihm zur Last, daß er die nicht mehr zu erreichende englische Küste aufgesucht habe, anstatt auf die Küste der Bretagne abzuhalten und nach dem Hafen von Brest zu steuern, in welchen das Schiff noch vor dem Zeitpunkt, in welchem es gesunken ist, hätte gelangen können.

Die Annahme, daß der Schiffer schon am Nachmittag des 1. März die Unmöglichkeit, mit seinem Schiff Rosario zu erreichen, hätte erkennen sollen, ist durch das Ergebniß der Verhandlungen zweiter Instanz entkräftet worden. Die Menge des Wassers, welches damals durch den Leck in das Schiff eindrang, war nicht so erheblich, daß sie nicht durch die Pumpen hätte bewältigt werden können. Obwohl die Thätigkeit der letzteren zeitweise durch Kohlen, welche in deren Saugkörbe eindrangen, gehemmt war, ergab sich, da während der hierdurch bedingten Unterbrechung des Pumpens die Mannschaft mit dem Ausschöpfen des Wassers beschäftigt war, keine bedenkliche Zunahme des letzteren vor 9 Uhr Abends. Der Schiffer hat sich von der ersten Meldung des Lecks an wiederholt in den Schiffsraum begeben; aber noch um 8 Uhr 10 Minuten Abends fand er den Stand des Wassers in demselben so wenig beunruhigend, daß er die Hälfte der Mannschaft schlafen gehen ließ. Niemand von der Besatzung hat zu dieser Zeit irgend eine Besorgniß gehegt; auch nachher, als das Wasser in Folge der bei dem heftigen Sturm nicht mehr zu beseitigenden Verstopfung der Saugkörbe stark zunahm, hat kein Mitglied der Schiffsmannschaft Bedenken gegen die Fortführung der Reise laut werden lassen, sondern der Schiffer ist der erste gewesen, welcher nunmehr die Lage des Schiffes für gefährdet hielt und deshalb es für geboten erachtete, nach Land abzuhalten. Unter solchen Umständen wäre es Mangel an Muth gewesen, wenn der Schiffer die Reise früher, als geschehen, hätte unterbrechen wollen.

Zu der Zeit, in welcher der Schiffer sich entschloß, Land aufzusuchen, befand er sich der französischen Küste näher als der englischen. Unter den damaligen Verhältnissen wäre es indessen mehr als gewagt gewesen, der ersteren zuzusteuern. Die Küste der Bretagne ist von zahlreichen Klippen umgeben, welche die Ansegelung schon unter sonst günstigen Verhältnissen erschweren. In der Nacht vom 1. zum 2. März 1882 herrschte dort ein heftiger Sturm aus WNW. Unter der Einwirkung desselben hätte der „St. Pauli" vor jener Küste mit einer Brandung zu kämpfen gehabt, welcher er bei seiner ungünstigen Bauart und bei seiner schweren Beladung nicht gewachsen gewesen wäre, sondern in welcher er sicher seinen Untergang gefunden hätte.

Eine solche Gefahr drohte ihm an der englischen Küste nicht. Selbst wenn er diese nicht zu erreichen vermochte, bot sich dem Schiffer doch die Möglichkeit dar, auf dem Wege dorthin zunächst in ruhigeres Wasser zu gelangen und in diesem die Räumung der verstopften Saugkörbe und dann vielleicht auch noch die Dichtung des Lecks zu versuchen. Auch dies ist zwar durch die Ungunst der Umstände vereitelt worden; aber jedenfalls ist anzuerkennen, daß der Schiffer vollen Grund hatte, die Fahrt nach der englischen Küste dem Versuch des Einlaufens in den Hafen von Brest vorzuziehen.

Den Schiffer trifft hiernach kein Vorwurf; er hat den Verlust des „St. Pauli" nicht verschuldet; es fehlt mithin jeder Anlaß, ihm die Befugniß zur Ausübung des Schiffergewerbes zu entziehen.

Die baaren Auslagen des Verfahrens bleiben außer Ansatz, weil die Beschwerde vom Reichscommissar eingelegt ist.

31. Spruch des Seeamts zu Stettin vom 19. Juni 1882, betreffend den Seeunfall des Schraubendampfers „Kätie" von Stettin.

Der Spruch des Seeamts lautet:

Der Unfall, welcher am 25. November 1881 und an den folgenden Tagen bis zum 29. December 1881 das Schraubendampfschiff „Kätie" auf der Reise von New York nach Stettin durch Bruch eines Steuerreeps des Handsteuer-Apparats und des Ruders selbst betroffen hat, ist verursacht durch schweres Wetter und den Druck der See auf das Ruder, in seinen Folgen aber erschwert durch die Bauart des Schiffes, da in dem Tiefdeck zwischen Poop und Hochdeck sich das überstürzende Wasser sammelte und das Schiff beschwerte. Das Verhalten des Schiffers, der Steuerleute und Maschinisten ist durchaus musterhaft gewesen.

Gründe. Der dem Kaufmann Karl Heinrich Samuel Schultz unter der Firma des Stettiner Lloyd gehörige Schraubendampfer „Kätie", Unterscheidungssignal JDSV, Heimathshafen Stettin, ist auf der Fahrt von New York nach Stettin in der Zeit vom 25. November bis 29. December 1881 nach Verlust des Steuers umhergetrieben und nach den größten Mühen und Gefahren in Queenstown eingebracht.

Die Untersuchung des Seeunfalls ist durch Verfügung des Herrn Reichskanzlers vom 18. Februar 1882 angeordnet worden, weil die Gefahr, in welcher sich die Passagiere und die Besatzung der „Kätie" während jener Zeit befunden hätten, so schwer sei, daß es im öffentlichen Interesse für geboten erachtet werde, festzustellen, ob Handlungen bezw. Unterlassungen des Schiffers, der Steuerleute, der Maschinisten oder Mängel in der Beschaffenheit, Ausrüstung pp. des Schiffes den Unfall herbeigeführt haben.

Die „Kätie" ist 1880 auf der Werft der Handelsgesellschaft Al. Stephen et Sons zu Govan erbaut, laut Flaggenattest vom 29. October 1880. Durch Vertrag vom 29. October 1880 Eigenthum des Kaufmanns und Gesellschafts-Directors Karl Heinrich Samuel Schultz zu Stettin, eines Angehörigen des Deutschen Reichs, geworden und demnächst in das Stettiner Schiffsregister eingetragen nebst einer Verpfändung für 775000 M. Restbaugelder zu 6% und 7% Zinsen. Das Schiff ist ein eiserner Schraubendampfer, mit 2 Masten als Schooner getakelt und mit einer Dampfmaschine von 240 Pferdekraft nominell, während die Zahl der effectiven Pferdekräfte der Maschine 1200 beträgt. Laut des auf Grund des vollständigen Verfahrens ausgestellten Meßbriefes vom 8. April 1881 hat die „Kätie"

1. eine Länge von 97,69 Meter,
2. „ Breite „ 12,44 „
3. „ Tiefe „ 8,00 „
4. „ Länge des Maschinenraums von 20,50 Meter,
5. Netto-Raumgehalt 5838,5 cbm = 2060,93 britischen Register-Tons.

Vom Heck bis 24 Fuß nach vorn geht das Hochdeck, der Poop, dann kam früher ein Tiefdeck von 120 Fuß Länge mit dichter Schanzkleidung von 4 Fuß Höhe und Klappenöffnungen zum Ablaufen des Wassers. Jetzt ist auch dieser Theil des Schiffes zwischen der Poop und dem vordern Hochdeck mit einem Hochdeck oder Sturmdeck versehen, so daß das Schiff vom Heck bis zum Steuerhause ein glattes Hochdeck hat. Das vordere Hochdeck mit einer Länge von 59 Fuß nach vorne zu trägt die Commandobrücke und das Steuerhaus. Das Ruder ist von Eisen, der Schaft hat jetzt, wie früher, einen Durchmesser von 7 7/8 Zoll und steht über dem Koker in eisernen Schloßkeilen, die in Eisenguß mit Pockholzausfüllung gehen. Unterhalb des Kokers geht der Schaft durch eine eiserne Hülse, welche über den Achtersteven hinübergreift und quer durch denselben verbolzt ist. Das Ruder, welches früher etwas breiter war, als jetzt, hängt in 5 Fingerlingen und steht unten in einer Spur. Die Handhabung des Ruders ist eine doppelte, vom vordern Steuerhause aus mit Dampf und Hand und durch den Handsteuerapparat auf der Poop. Die Ruderpinne, mit einem Segment versehen, war zur Zeit des Unfalls mit dem Steuerhause durch Ketten und Drahttaue verbunden, während jetzt an die Stelle der Drahttaue Stangen getreten sind. Von der Pinne liefen auf der Poop an jedem Borde 37 Fuß Ketten, dann folgten 114 Fuß Drahttau von 3½ Zoll Umfang aus 6 Litzen à 7 Drähten schottischen Eisendrahtes gedreht. Die Drahttaue liefen, in der Höhe der Poop und des vordern Hochdecks gleichmäßig fortlaufend, über dem tiefen Deck über Rollblöcke auf Stützen, welche oben in Blockform ausgeflacht, der geraden Führung wegen etwas nach innen gebogen waren und durch die Hauptregeling hindurch in eisernen, am Schanzkleid festgenieteten Sockeln standen. Nach vorne zu waren die Drahttaue wie jetzt die Stangen wieder an Ketten befestigt, welche an jeder Seite 20 Fuß längs Bord und dann 16 Fuß querüber in das Steuerhaus auf die Welle der dortigen Steuereinrichtung gehen. Letztere erhält ihren Dampf aus dem Maschinenkessel. Im Steuerhause befindet sich an gußeiserner Welle ein großes Handrad und ein Schieber, durch welchen mit einem Ruck durch Ausrücken oder Einrücken die Dampfsteuerung in Handsteuerung und umgekehrt umgesetzt werden kann. Ueber dem Steuerhause steht auf der oberen Commandobrücke ein zweites kleines Steuerrad, welches nur mit Dampf arbeitet. Es hat einen Zeiger vor sich, der nach jeder Drehung des Rades die dadurch herbeizuführende Lage der Ruderpinne vorwärts betrachtet in Graden angiebt. Sobald das Ruder diese so bezeichnete Lage erreicht hat, rückt die von der Drehung des Steuerrades in Thätigkeit gesetzte Dampfmaschine aus und das Ruder bleibt liegen, bis wieder gedreht wird. Der Dampfsteuerapparat ist so eingerichtet, daß durch die Drehung des Steuerrades eine Ventilspindel in Bewegung gesetzt wird und durch die Einwirkung des Dampfes auf die Welle das Ruder wendet. Die hintere Handsteuervorkehrung befindet sich unmittelbar am Ruder auf der Poop und ist jetzt die gewöhnliche doppelarmige. Zur Zeit des Unfalls befand sich auf dem Steuerschaft eine schwere 5 Zoll starke gußeiserne Scheibe mit Nute, in welcher ein Führungsklotz hin und her glitt. Die Welle des Steuerrades lag mittschiffs über der Scheibe und schraubte eine Mutter hin und her, welche seitwärts eine Bolzenoese trug. Durch diese und den Führungsklotz wurde zur Einkoppelung des Handsteuers behufs Verbindung mit der Ruderpinne ein bereit hängender Bolzen gesteckt. Diese Einrichtung hatte nur einen Hebelarm, der bedeutend kürzer war als die beiden

Arme des jetzigen Apparates. Die ganze Einrichtung war zum Zwecke bessern Aussehens von einer gußeisernen Trommel mit einem Einschnitte für die Ruderpinne umgeben und dieser Einschnitt ließ die Ruderpinne nach Backbord oder Steuerbord genau so weit herumgehen, bis das Ruder unten mit den Stopperklötzen am Achtersteven zu liegen kam. Die „Kätie" ist vom Büreau Veritas in ✻ I 3/3 S. 1. 1. erste Classe, ihre Maschine erste Classe mit Stern eingeschätzt.

Am 18. November 1881 ging die „Kätie" mit einer aus Mais, Harz, Kleesaat und anderen Gegenständen bestehenden Ladung von 2900 Tons und 16 Passagieren von New York nach Stettin in See. Das Schiff hatte hinten 21¾ Fuß, vorn 21½ Fuß Tiefgang und eine Auswässerung von 5½ Fuß, war gut und in allen Theilen seetüchtig, die Luken mit doppelten Persennings versehen. Die Besatzung zählte 46 Köpfe, nämlich Schiffer Weiß, Steuerleute Petrowsky, Topp und Fischer, Maschinisten Peters, Sassenhagen und Graffunder, dazu 2 Assistenten, 10 Heizer, 2 Bootsleute, 2 Zimmerleute, 3 Stewards, 2 Köche, 1 Kochsmaat, 1 Bäcker, 1 Heilgehülfe, 1 Lampentrimmer, 10 Matrosen, 2 Jungmänner, 2 Decksjungen. Bis zum 20. November ging die Reise bei gutem Wetter und mit Benutzung des günstigen südwestlichen Windes ohne Störung vor sich und erwies sich das Schiff als völlig dicht, so daß vom Pumpen im Journal nichts vermerkt ist. Es war beabsichtigt, auf demselben Wege nördlich von Schottland heimzukehren, auf welchem die Hinreise bewirkt war. Die vom Schiffer Weiß überreichte Tourenkarte ergiebt, daß in den ersten Tagen mehr östlich, dann aber nordöstlich gesteuert wurde, so daß die „Kätie" vom 19. bis 22. November ganz nahe an ihrem Heimwege und demselben gleichlaufend zurückfuhr. Inzwischen hatte sie bereits vom 20. bis 21. November 1881 einen starken Sturm aus WNW zu bestehen, während dessen die Fock zerriß, viel Wasser über Deck kam, ohne jedoch weiteren Schaden anzurichten oder den Gebrauch der Pumpen zu erfordern. Das Schiff blieb vielmehr auch jetzt völlig dicht. Nachdem das Wetter etwas besser gewesen war, erhob sich am 22. November ein orkanartiger Sturm aus NW, vor welchem die „Kätie" mit voller Dampfkraft, Untermarssegel und gerefften Vor- und Achtersegeln lenste und mehrere schwere Sturzseen von hinten übernahm, so daß mehr abgehalten werden mußte und das Tiefdeck voll Wasser lief. Das Geländer der oberen Commandobrücke und 2 Treppen wurden losgeschlagen, die Backbordrettungsboote im Boden beschädigt, sonst aber kein Schaden angerichtet. Es blieb, wenn auch hin und wieder etwas abflauend, bis zum 24. November stürmisches Wetter mit hoher durcheinanderlaufender See, die fortwährend viel Wasser über Deck brachte. Am 24. November begann es wieder orkanartig aus SSW zu wehen, so daß das dicht gereffte Vorgaffelsegel zerriß; die See lief aus allen Richtungen, das Hinterdeck lag beständig unter Wasser, welches die Luken einzuschlagen drohte. Es wurde mit Dampf gesteuert. Am 25. November 1881 Morgens 3 Uhr 50 Minuten, während der Schiffer an Deck, der wachthabende Obersteuermann Petrowsky mit dem dritten Steuermann Fischer auf der Commandobrücke war, wurde an einem Rucke und dem Losgehen der Steuerketten bemerkbar, daß am Ruder etwas in Unordnung gerathen sei. Petrowsky telegraphirte sofort: „Maschine langsam!“ und schickte den Untersteuermann Fischer und den Zimmermann Thiele nach achter, wohin auch der vor der Maschine auf Deck stehende erste Ingenieur Peters eilte. Sie fanden nach einigem Suchen, daß das Backborddrahtsteuerreep in der Mitte zwischen 2 Stützen und etwa 50 Fuß von hinten entfernt gebrochen war und zwar an einer Stelle, die nicht bis zu den Rollblöcken kam und nicht gescheuert war. Das Tau war gerissen und wurde später weggespült. Das heftig schlagende Ruder wurde mit den Steuertaljen festgelegt und der hintere Handsteuerapparat durch Einsetzen des Bolzens so schnell in Thätigkeit gesetzt, daß der auf Deck eilende zweite Steuermann Topp die Arbeit bereits gethan fand. Um 4½ Uhr Morgens war der Handsteuerapparat klar zum Gebrauch und wurde mit 4 Mann am Ruder das Schiff, welches in den Wind geschossen war und sehr gefährlich lag, wieder vor den Wind gebracht. Man befand sich um diese Zeit in 48° 10′ nördlicher Breite und 39° 41′ westlicher Länge von Greenwich. Der Barometerstand wechselte von 30,60 bis 29,38. Der Sturm wehte den ganzen 25. November und steigerte sich bis zu orkanartiger Heftigkeit. Um 10 Uhr 40 Minuten Abends brach der Handsteuerapparat, indem die gußeiserne Scheibe auseinandersprang. Das Schiff legte sich sofort wieder dwars in die See, die fortwährend darüber wegbrach. Das Ruder, dessen Stopperklötze bereits weggebrochen waren, riß nun mit der Pinne auch den Einschnitt der Trommel auseinander und arbeitete mit solcher Gewalt von Bord zu Bord, daß das ganze Heck erzitterte und der Achtersteven sich aus den Nuten zu lösen drohte. Unter der größten Gefahr, von den stets über das Achterdeck brechenden Sturzseen weggespült zu werden, gelang es nach stundenlanger Arbeit, das Ruder mit Ketten und Taljen zu befestigen, während gleichzeitig das große Sturmsegel und das gereffte große Stagsegel beigesetzt waren. Mit Mühe und Noth gelangte die Mannschaft vom Achterdeck wieder bis zur Brücke; drei Leute, die sich auf der Poop festgehalten hatten und verloren geglaubt waren, kamen erst am andern Tage wieder zum Vorschein. Der Sturm tobte auch jetzt noch und bis zum 26. November mit unverminderter Heftigkeit fort. Eine gewaltige Sturzsee riß das Großsegel aus den Lieken und zerbrach den großen Baum. Sämmtliche Boote an der Backbordseite und die an Steuerbordseite befindliche Gig wurden weggerissen und zerschlagen, die Schanzkleidung auf beiden Seiten wurde aus ihrer Lage gebracht und theilweise zertrümmert, Regelingsstützen waren weggebrochen, die Achterladeklappen aufgeschlagen, so daß Wasser in das Zwischendeck kam. Das große Marssegel flog aus den Lieken, dann brachen auch die Trossen und Ketten des Ruders um 5 Uhr Morgens am 26. November und das Ruder war wieder der Gewalt der See preisgegeben, da nicht sogleich hinzukommen war, denn das Schiff lag derartig unter Wasser, daß dieses über die hohen Schwellen in die Kammern eindrang. Erst um 1 Uhr Mittags, nachdem die großen Katt- und Fischblöcke der Anker mit schwerer und gefahrvoller Arbeit nach hinten gebracht waren, wurde das Ruder wieder festgelegt. Auch dabei wurden die Leute durch überbrechende Sturzseen und das Schlagen der Ruderpinne, die den Steuermann Fischer auf ein Haar getroffen hätte, im höchsten Grade gestört und gefährdet. Mit dem Ruder Steuerbord gelegt und langsam gehender Maschine lag das Schiff etwas besser auf der See, zu welchem Zwecke auch bereits Kabel und Leine mit je 15 Faden Kette ausgestochen waren. So trieb die „Kätie" vor dem anhaltenden schweren Sturm bis zum Morgen des 27. November. Die Trümmer des großen Baumes und der zerschlagenen Boote waren beseitigt, nachdem man die großen Dirken und Schooten, Bootstaljen und Zurrings gekappt hatte. Inzwischen begann das Schiff immer schwerfälliger in der wilden See sich zu bewegen. Es war zwar noch immer dicht und fest, bekam aber von oben soviel Wasser, daß die Dampfpumpe unablässig arbeitete, um lenz zu halten, und das Tiefdeck beständig mit einer Wassermenge ganz gefüllt war, weil durch die Speigatte nicht soviel und so schnell ablaufen konnte, als überkam. Um ins Zwischendeck zu gelangen, wurde vom Steuerbordlazareth aus eine eiserne Thür gesprengt und Mais und Kleesaat auf diesem Wege, der zum Kohlenbunker führte, über Bord geworfen, da man nur so zu dem bei den abgebrochenen Regelingsstützen und Bolzen eingedrungenen Wasser gelangen konnte. Erst am Vormittag des 27. November wurde der Sturm so viel mäßiger, daß man auf Deck arbeiten, dasselbe verdichten und vor allen Dingen die Steuerleitung nach vorn herstellen konnte. Es war davon sogleich nach dem Bruch des Backbordsteuerreeps gesprochen worden, aber in der furchtbaren Brandung auf Deck nicht möglich gewesen, an der dem Andrange der Wellen aufs höchste ausgesetzten Bruchstelle zu arbeiten. Jetzt wurden die beiden gebrochenen Drahttaue durch Ketten ersetzt und um 1 Uhr Mittags die Verbindung mit dem vordern Steuerapparat hergestellt. Die ausgestochenen Ankerketten wurden eingehievt, die Leinen gekappt und man ließ die Maschine vorwärts gehen, sah aber zugleich, daß das Schiff auch jetzt dem Ruder nicht gehorchte, vielmehr die Steuertaue nach einem unbedeutenden Ruck loskamen. Eine sofortige Untersuchung ergab, daß das Ruder etwa 1½ Fuß unterhalb des Kokers, sowie der eine Schraubenflügel gebrochen war. Es wurde der eintretenden Dunkelheit wegen nur mit den Sorgleinen und Ketten befestigt, wodurch ein starkes Schlagen nicht verhindert wurde. Am andern Morgen war der untere Theil des Ruders nebst beiden Sorgleinen verschwunden und die „Kätie" steuerlos. Das Wetter war jetzt soviel mäßiger, daß die Luken 2, 3 und 4 geöffnet werden konnten, aus denen von der Mannschaft und den Passagieren Ladung geworfen wurde, um besonders das Achterschiff zu erleichtern. Dabei kam jedoch viel Wasser in das Zwischendeck, welches mit Gefäßen wieder ausgeschöpft werden mußte. Die beiden Leute, die mit Persennings an den Luken bereit standen, wurden von überkommenden Wellen häufig fortgerissen, auch mußte die Arbeit zeitweise wegen Ermattung der Mannschaft eingestellt werden. Man trieb nun mit Maschine und Segel über den Ocean der europäischen Küste zu. Verschiedene Versuche, ein Nothruder herzustellen, erwiesen sich als nutzlos oder wurden durch neu hereinbrechende Stürme vereitelt. Schon am 29. November wehte es wieder orkanartig aus NW und trieb die „Kätie" nach OSO, wobei das Barometer bis auf 29,18 Zoll sank. Ein ostwärts vorbeisteuerndes Schiff sah oder beachtete der eignen Noth wegen das Nothsignal des bedrängten Dampfers nicht. Das Stagsegel, welches statt des großen Sturmsegels untergeschlagen war, zerriß; der Versuch, neue Segel unterzuschlagen, wurde von Sturm und See ebenso wie die Herstellung einer Nothsteuervorrichtung gehindert. Der Curs nördlich von Schottland wurde aufgegeben; man suchte den nächsten Hafen zu erreichen und hielt sich thunlichst in östlicher Richtung. Am 1. December befand sich die „Kätie" nach Tagebuch und Reisezeichnung in 49° 23' nördlicher Breite und 32° westlicher Länge von Greenwich. Sie war von dem Curse nördlich von Schottland bereits um 5°

nach Süden abgetrieben. Am 1. und 2. December war das Wetter etwas ruhiger, doch machte das Schiff mehr Wasser als gewöhnlich, weshalb die Pumpen unter steter Aufsicht blieben und vorn wie hinten Ladung geworfen wurde. Um das quersees treibende Schiff einigermaßen lenken zu können, wurde zunächst ein neues Untermarssegel und Großsegel untergeschlagen und beigesetzt; dann wurden die 90 Faden Ankerkette, die nach dem Verlust des Ruders aus jeder Klüse ausgestochen waren, um den Bug gegen die See zu halten, eingehievt, weil sie gefährlich gegen den Steven und Bug schlugen; die mit einer Trosse befestigte, mit 15 Faden Kette beschwerte und über den Bug ausgeworfene Bramraa half ebensowenig, als das Nachschleppen der Ladebäume. Man laschte Spieren auf das Achterdeck, befestigte die Ladebäume quer über die Poop, versuchte mit Schlepp, Steuerleine und Hahnenpfote ein Nothruder herzustellen, welches aber gekappt werden mußte, weil es der Schraube und den Cajütenfenstern gefährlich und bei wiederbeginnendem Sturme unbrauchbar sich erwies. Vom Morgen des 3. December an wehte es wieder hart und erreichte von SSW über NW nach NNW herumgehend bei schnellem Fallen und Steigen des Barometers am 5. December die Stärke eines Orkans, der die völlig preisgegebene dwarstreibende „Kätie" dem Untergange nahe brachte. Das Schiff bekam eine Schlagseite nach Backbord, die jedoch durch Ueberstauen der Ladung nach Steuerbord wieder ausgeglichen wurde. Ein in Sicht kommendes Segelschiff legte auf das Nothsignal des Dampfers bei, segelte aber bald weiter. Es kam ein Augenblick, da die ganze Schiffsbesatzung des Unterganges gewärtig sich um ihre Offiziere auf der Commandobrücke versammelte und die Passagiere sich mit Chloroform versehen zu Bette legten. Das Schiffstagebuch sagt hierüber: „Der Sturm wuchs zum Orkan und tobte mit furchtbarer Kraft und Geschwindigkeit; keine halbe Schiffslänge weit war zu sehen, Alles ein Dampf von Seewasser. Das neue Voruntermarssegel flog aus den Lieken, lagen jetzt ohne jegliches Segel, es war auch unmöglich ein solches zu setzen. Achterdeck war fortwährend mit Seewasser angefüllt. Barometer fiel um 9 Uhr auf 29,20 Zoll und stieg dann wieder. Der Orkan erreichte bei diesem Barometerstand seine höchste Kraft, schien aber um 9½ Uhr gebrochen zu sein. Es war nicht möglich, etwas thun zu lassen. Die Laternen brannten nicht, platzten theilweise. Das Schiff machte starke zitternde Bewegungen, die durch die von verschiedenen Seiten laufende See verursacht wurden und das Schiff zum Sinken zu bringen drohten. Mußten beständig die Pumpen im Gange halten.“ Man fürchtete, daß Vorschiff und Achterschiff auseinanderbrechen würden und hatte, um das Schlingern des Schiffes zu mäßigen, das große Stagsegel und das Untermarssegel gesetzt, von denen jedoch das letztere, wie oben erwähnt, wegflog. Am 6. December ging der Wind nördlicher und wurde dann mäßiger, so daß das Schiff abermals durch Werfen von Ladung erleichtert endlich von Sturzseen frei wurde und bis zum 12. December ohne besondere Unfälle weiter trieb. Ein Versuch des spanischen Dampfers „Barenquen“, die „Kätie“ ins Schlepptau zu nehmen, endete mit dem Verluste einiger Trossen und einer Lothleine. Eine abermalige Schlagseite nach Backbord wurde durch Trimmen der Ladung nach Steuerbord aufgehoben, der naß gewordene Mehlvorrath durch Entnahme von der Ladung ersetzt, auch noch einmal ein Nothruder mit Hülfe der letzten Ladeketten und Drahttaue gebaut und am 21. December, nachdem der seit dem 17. December wehende Sturm wieder nachgelassen hatte, an der Schiffsseite hinter dem großen Want angebracht, aber gleich wieder eingenommen, weil es von neuem zu stürmen anfing. Man mußte sich darauf beschränken, mit Segel und Maschine soviel möglich vorwärts zu kommen; doch begann die Sternbuxe durch das Langsamgehen der Maschine zu leiden, was sich durch die Spähne von Pockholz bemerkbar machte, aber nicht vermieden werden konnte, wenn man aus dem Gebiete der Stürme heraus wollte. Mit Segeln, Maschine und dem ab und zu über Bord gesetzten Nothruder kam man etwa 4 Seemeilen in der Stunde vorwärts, trieb aber, sobald es zu stürmen begann, dwars in der See. Man bemerkte, daß es mit Schraube und Segel, obwohl nur mit geringer Fahrt, doch immerhin möglich war, Curse von allen Compaßstrichen gut zu machen. Wehte es aufs Land, so ließ man die Maschine mit ganzer Kraft vorwärts gehen, indem das Schiff alsdann in und durch den Wind und bis auf 2 Strich an demselben hin und hergierte. Wehte es vom Lande, so ließ man die Maschine langsam gehen und trieb so von selbst ab. In dieser Weise konnte die „Kätie“ nahe der Einfahrt eines Hafens sicher vor Anker gebracht werden. Sie war durch die Stürme vom 4. bis 6. December noch weiter südöstlich getrieben und befand sich am 8. December in observirter nördlicher Breite von 48° 23′ und nach todter Stechung in 25° 41′ östlicher Länge von Greenwich. Von da ab trieb das Schiff der irischen Küste zu, bis zum 50.° nördlicher Breite hinaufgehend, auf diesem zwischen dem 22. und 23. December hintreibend und dann dem Hafen von Queenstown in nordöstlicher Richtung zu haltend.

Schon am 13. December kam der englische nach Glasgow bestimmte Schooner „Lucie March" so nah, daß Obersteuermann Petrowsky an Bord gehen und Briefe übergeben, auch den Schiffer um Meldung bitten konnte. Es war in 48° 39' nördlicher Breite und 20° 12' westlicher Länge von Greenwich. Andere Schiffe segelten achtlos vorüber; die westlichen Stürme vom 17. bis 21. December, bei denen die „Kätie" sehr arbeitete und viel Wasser einnahm, mußten noch ohne fremde Hülfe bestanden werden. Am 22. December stürmte es zur Abwechselung einmal aus Ost, dann ging der Wind über Süd nach West und wurde zur leichten Brise mit schönem Wetter. Am 27. December wurden mit mehreren Segelschiffen Signale gewechselt und einer schwedischen Bark Briefe nach Queenstown mitgegeben. Dann trieb man in Sicht von Fastnedrock-Feuer, welches OzN gepeilt wurde. Die Nothsignale riefen den Lootsenkutter herbei, der eine Depesche nach Crookhaven mitnahm; dann kam bei Kap Cloar ein Lootse an Bord. Die „Kätie" trieb mit leichter südlicher Brise längst der Küste, machte Nothsignale mit Raketen und Flammen und sandte den 2. Steuermann an Land, um einen Dampfer zu holen.

Ein erster Schlepper mühte sich 5 Stunden vergebens ab, die „Kätie" vorwärts zu bringen, wobei das Schlepptau brach. Mit Segel und Maschine näherte sich die „Kätie" dem Hafen von Queenstown, in welchen sie am 29. December 1881 von 3 Schleppern eingebracht wurde und um 8 Uhr Abends vor Anker ging. Das Schiff hatte schwer gelitten.

Die Nachtragsverklarung vom 14. März 1882 enthält in den Anlagen I und II außer den Ladungsverlusten ein umfassendes Verzeichniß der Beschädigungen des Schiffes und seines Inventars, darunter Durchbiegen von zwölf Deckplatten und Raumbalken im Zwischendeck, Bruch des Hinterstevens, Verlust des Ruders und des Patentsteuer-Apparats, umfassende Beschädigung der Schanzkleidung, der Gangwegsthüren, der Regelingsstützen, der Steuertaue und ihrer Leitungsstützen, der Bootsdavids, der Rohrleitung, der Ventilatoren, der Boote, große Verluste an Segeln und Tauwerk 2c.

Dies Alles ist festgestellt durch Vorlegung und Einsicht des Schiffstagebuches, der Verklarungen vom 10. Februar und 14. März 1882, der Tourenkarte, des Classifikationsattestes und des Auszuges aus dem Schiffsregister, Besichtigung der „Kätie", eidliche Vernehmung des Ingenieurs Marquardt als Gutachters und des Zimmermanns Thiele als Zeugen, sowie durch die uneidliche aber vollkommen glaubwürdige Aussage des Schiffers Weiß, der Steuerleute Petrowsky, Topp, Fischer und des ersten Ingenieurs Peters. Der festgestellte Thatbestand giebt die Ueberzeugung, daß seitens der Schiffsoffiziere wie der Mannschaft das Aeußerste gethan ist, um in dem Kampfe gegen die übermächtigen Naturkräfte des Windes und Wassers durch treueste und unbedingteste Pflichterfüllung den Untergang des Schiffes abzuwenden. Jedermann ist auf seinem Posten und zu den übermäßigen Anstrengungen stets bereit und zur Hand gewesen. Alle dachten und waren bereit zu handeln wie der 2. Steuermann Topp, den eine Sturzsee gegen die Schiffswand geworfen und ihm die Brust gequetscht hatte, so daß er halb ohnmächtig in der Koje lag, aber sofort nach oben eilte, als der Schiffer Weiß seine Anwesenheit für nothwendig erklärte. Handlungen oder Unterlassungen des Schiffers, der Steuerleute oder Maschinisten, die den Unfall oder dessen Folgen verschuldet hätten, sind in keiner Weise nachgewiesen. Namentlich kann dahin nicht gerechnet werden, daß die Herstellung der Verbindung zwischen der Ruderpinne und der vorderen Steuereinrichtung nicht sofort nach dem ersten Bruch des Backbordsteuerreeps in Angriff genommen wurde. Einerseits ergeben die Aussagen aller Betheiligten, daß es bis zum 27. November wegen des furchtbaren Seegangs nicht möglich war, an der Bruchstelle zu arbeiten, indem man weder die nöthigen Maßnahmen treffen noch die Ketten ansetzen konnte, andererseits aber hatte man keine Ursache, den hinteren Handsteuerapparat für weniger ausreichend und sicher zu halten, als die vordere Steuereinrichtung. Daß der Druck der See auf das Ruder so schwer werden würde, um die fünfzöllige massivgußeiserne Führungsscheibe zu sprengen, war bei der größten Aufmerksamkeit und Sachkunde nicht vorauszusehen, an und für sich der nachgiebige Handsteuerapparat dem unnachgiebigen Dampfsteuer vorzuziehen.

Was nach dem Verluste des Ruders zur Steuerung des Schiffes versucht wurde, sind bekannte und hergebrachte seemännische Aushülfen, von denen aber das Ausstechen von Tauen und Ketten im tiefen Wasser sich auch jetzt wieder als zwecklos erwiesen hat. Ob ein Schleppschirm in Form eines Logscheids das Schiff besser an die See gehalten hätte, ist vom Reichscommissiar selbst dahingestellt worden und kann auch vom Seeamt nicht als unbedingt sicher angenommen werden. Am wirksamsten hat sich das Manövriren mit Schraube und Segeln erwiesen, aber auch als im hohen Grade anstrengend für die Maschine.

Was sodann die Bauart, Beschaffenheit, Ausrüstung, Beladung

und Bemannung des Schiffes betrifft, so ist dabei nur das frühere Tiefdeck zwischen der Poop und dem Vorderhochdeck als fehlerhaft zu tadeln, weil es zu einem vollständigen Wasserbehälter wurde, der nicht nur den Verkehr zwischen Vorderdeck und Poop erschwerte und gefährdete, sondern auch durch eine Last von mehreren hundert Tons Wasser das Achterschiff beschwerte und dadurch die Folgen des Unfalles verstärkte, indem es das Schiff schwerfälliger machte und ein größeres und eiligeres Auswerfen von Ladung erforderte, um das Schiff zu heben und das Durchbiegen des Kiels abzuwenden. Im übrigen hat sich die Bauart des Schiffes als höchst sachgemäß und seetüchtig erwiesen. Nur ein Schiff, welches in jeder Beziehung gut und fest gebaut war, konnte in solcher Lage und unter solchen Drangsalen von Wind und Wasser, wie die „Kätie" vom 20. November bis 29. December 1881 auszuhalten hatte, über Wasser bleiben und wieder zu Land und Leuten kommen.

Die Bemannung von 46 Köpfen war ausreichend, die Ladung nicht übermäßig. Ueber das Verhältniß des Ruders zum Schiffe ist durch die Aussagen der Steuerleute soviel festgestellt, daß die „Kätie" sehr gut steuerte und dem Ruder auf das Beste gehorchte. Auch die Maschine arbeitete sehr gut. Die Drahttaue waren von gutem Material, vor dem Gebrauch genau besichtigt und geprobt. Mängel sind weder an den Bruchstellen noch sonst wahrgenommen. Die Bruchstelle der Führungsscheibe des Handsteuerapparats zeigte das reinste fehlerlose Gußeisen; ebenso war der Ruderschaft, bei dessen Schweißen der Ingenieur Peters zugegen war, von guter Beschaffenheit. Eine Untersuchung seiner Bruchstelle ist jetzt dadurch vereitelt, daß das an Bord gebliebene obere Ende des Ruderschaftes vor der letzten Heimreise in New York zurückgelassen ist. Eine im März 1882 durch den Reichscommissar und den jetzigen Vorsitzenden des Seeamts vorgenommene Besichtigung ergab, daß die Bruchstelle des Ruderschaftes ganz glatt und zu zwei Drittheilen mit Oelfarbe überstrichen war. Den früheren Handsteuerapparat hat der Gutachter Marquardt nicht eben für den besten, aber immerhin für brauchbar erklärt.

Betreffs der unmittelbaren Veranlassung des Unfalls mag es dahin gestellt bleiben, ob, wie der Reichscommissar meint, die eisernen Drahttaue zu steif waren und Stahltaue mit 170 feinen und dehnbaren Drähten oder die Ledertaue der Kriegsschiffe besser gewesen wären. Jedenfalls war das Material nicht schlecht und seine Anwendung durchaus üblich. Daß die Spannung der Steuertaue in Folge eines vom Schwanken verursachten Durchbiegens des Schiffes gesteigert wäre, kann nicht angenommen werden, da das Schiff sonst hätte auseinanderbrechen müssen. Ebensowenig ist es für nachtheilig erachtet, daß die Steuertaue frei über das Tiefdeck auf Stützen liefen, vielmehr ist nach dem Gutachten des Sachverständigen Marquardt anzunehmen, daß hierbei jedes Verschlingen, Verschleißen oder sonstige Beschädigung sofort wahrzunehmen war. Es bleibt nur dem Gutachten des Ingenieurs Marquardt gemäß die Annahme übrig, daß der furchtbare Druck der See von hinten her das Steuerreep zerrissen hat, als das Ruder mit dem Dampfsteuerapparat Steuerbord gelegt werden sollte, indem die Wassermasse, welche sich zwischen die Ruderfläche und die Backbordseite des Hecks drängte, für das Steuertau nicht mehr zu bewältigen war, während die Dampfkraft auch diesen Widerstand überwältigte, so daß der schwächste Theil, nämlich das Steuerreep, zerreißen mußte.

Für den späteren Bruch des Ruderschaftes ergiebt sich als die natürlichste Erklärung, daß der untere breite Theil des Ruders nach Verlust der Stopperklötze von der See weiter herumgedreht wurde, als der obere Schaft, da die Ruderpinne zuerst noch vom Einschnitt der Trommel festgehalten wurde. Auf diese Weise ist der untere Theil des Ruders von dem oberen Schaft förmlich abgewürgt worden.

Hiernach rechtfertigt sich die ergangene Entscheidung.

32. Spruch des Seeamts zu Hamburg vom 12. April 1882 und Entscheidung des Kaiserlichen Ober-Seeamts vom 23. Juni 1882, betreffend den Seeunfall der Bark „Amelie" von Hamburg.

Die in Hamburg beheimathete, zu 501,48 britischen Register-Tons Netto-Raumgehalt vermessene Bark „Amelie", Unterscheidungssignal RCWQ, wurde am 2. August 1881, als das Schiff sich auf einer Reise von Hamburg nach San Francisco im stillen Ocean in ungefähr 12° 55′ Südbreite und 98° 38′ Westlänge von Greenwich befand, von dem Unfall betroffen, einen zur Besatzung gehörigen Mann, den als Segelmacher angemusterten Carl Herm. Elias Kossow aus Stralsund, durch Ueberbordfallen zu verlieren. Geführt wurde das Schiff von dem mit einem Befähigungszeugniß zum Schiffer auf großer Fahrt versehenen J. P. F. Hönerloh. Die angemusterte Besatzung des

Schiffes bestand außer dem Schiffer aus elf Personen, nämlich zwei Steuerleuten, einem Zimmermann, einem Koch, einem Segelmacher, vier Matrosen und zwei Jungleuten. Nach Ankunft des Schiffes in San Francisco brachten die vier Matrosen auf dem dortigen deutschen Consulat den Vorfall zur Anzeige und maßen dem Schiffer insofern ein Verschulden an dem Verluste des Mannes bei, als letzterer in Folge einer fehlerhaften Beschaffenheit der Takelage über Bord gefallen, auch nicht genügende Maßnahmen zu seiner Rettung getroffen worden seien. Das Seeamt wurde durch abschriftliche Mittheilung der consularischerseits stattgehabten bezüglichen Ermittelungsverhandlungen von dem Sachverhalt in Kenntniß gesetzt und wurde nach Rückkehr des Schiffes hier in die Untersuchung des Unfalles eingetreten. Vernommen wurden außer dem Schiffer der erste Steuermann, der Zimmermann, die vier Matrosen und der Koch und zwar alle zeugeneidlich, mit Ausnahme des Schiffers, dessen Beeidigung schon aus dem Grunde unterbleiben mußte, weil der Reichscommissar am Schlusse der Beweisverhandlungen einen Antrag auf Entziehung der Gewerbebefugniß gegen ihn einbrachte. Von einer Vernehmung auch der übrigen zur Zeit des Unfalls an Bord befindlich gewesenen Leute und insbesondere des zweiten Steuermanns, deren Erscheinen zur Hauptverhandlung sich nicht hatte herbeiführen lassen, konnte abgesehen werden, da der thatsächliche Hergang nach der im wesentlichen übereinstimmenden Darstellung der übrigen Betheiligten für genügend aufgehellt erachtet werden konnte. Das Ergebniß der Beweisaufnahme war das folgende:

Am 2. August Vormittags steuerte die „Amelie" bei lebhafter östlicher Brise einen nordwestlichen Curs. Sämmtliche Segel, auch die Oberbram- und Leesegel standen und machte das Schiff acht bis neun Seemeilen Fahrt in der Stunde. Es war Wache des ersten Steuermanns, doch befand sich auch der Schiffer an Deck. Ungefähr um 9½ Uhr ertönte plötzlich ein Hülferuf und zeigte es sich, daß der Segelmacher ins Wasser gefallen war. Derselbe hatte, wie von mehreren der vernommenen Zeugen beobachtet, kurz zuvor noch auf der Back des Schiffes gestanden und war dann von dort aus übergestiegen, muthmaßlich um sich auf die in Lee befindliche Achtergei des Stampfstocks zu begeben und dort seine Nothdurft zu verrichten. Seit dem Uebersteigen bis zum Augenblick, wo der Hülferuf gehört wurde, ist der Verunglückte, soweit ermittelt, von Niemanden beobachtet worden, indem sich vorne auf der Back zur fraglichen Zeit Niemand befand. Der erste, welcher auf den Unfall aufmerksam wurde, ist, soweit ermittelt, der Zimmermann gewesen, welcher an der Leeseite mittschiffs an Deck arbeitete, und als er auf den gehörten Hülferuf über Bord sah, den Segelmacher ungefähr beim Besahnswant in Lee des Schiffes im Wasser treiben sah. Auf den Ruf „Mann über Bord" kam sofort auch die auf Freiwache befindliche Mannschaft an Deck. Die erste Hülfe, welche dem Verunglückten gebracht wurde, bestand in dem Zuwerfen von zwei Rettungsbojen, welche lose unter dem Boot lagen und vom Zimmermann und zweiten Steuermann so rasch wie möglich vom Heck aus weggeworfen wurden. Daß der Verunglückte, welcher im Augenblick des Zuwerfens schon achteraus getrieben war, eine der Bojen zu erfassen vermocht hätte, ist von keinem der Zeugen wahrgenommen worden, wohl aber will der erste Steuermann, welcher noch eine geraume Zeit, nach seiner Schätzung ungefähr zehn Minuten lang, vom Heck des Schiffes aus den Ueberbordgefallenen im Auge behielt, während die übrige Mannschaft nach vorne eilte, beobachtet haben, daß Kossow, welcher ein tüchtiger Schwimmer gewesen sei, in der Richtung auf das Schiff und eine der im Wasser treibenden Bojen zugeschwommen sei. Der Abstand des Kossow von einer der Bojen wird von diesem Zeugen in dem Augenblick, als er zuletzt auf ihn achtete, aber noch auf etwa 1½ Schiffslängen geschätzt. Die übrige Mannschaft machte sich unter Leitung des Schiffers, welcher das Commando übernahm und selbst mit nach vorne eilte, eilends daran, die leichten Segel zu bergen, um dadurch die Fahrt des Schiffes zu mindern, während der Matrose Swensson, welcher am Ruder stand, ohne einen Befehl dazu abzuwarten, dasselbe sofort in Lee legte. Das Ueberlegen des Ruders erfolgte nach dem Zeugniß dieses Mannes allmälig und in vorsichtiger Weise, anfänglich nur so weit, daß die Leesegel lebendig wurden und erst nach dem Wegnehmen der leichten Segel so weit, daß das Schiff jetzt dicht an den Wind luvte. Nachdem die leichten Segel, auch beide Klüver und Stagsegel weggenommen waren, ließ Schiffer Hönerloh die Großraaen backbrassen und das Schiff nun beigedreht treiben. Sobald die Arbeit an den Segeln beendigt war, wurde die Mannschaft zum Klarmachen der Gig beordert. Dieselbe lag umgekehrt auf dem Halbdeck und mußten, wie von mehreren Zeugen erhärtet, erst eine Anzahl Bretter, welche theilweise auf den Klampen, theilweise aber auch auf den Duchten des Boots lagen, entfernt werden, ehe das Boot zu Wasser gesetzt werden konnte. Dasselbe wurde zur größeren Beschleunigung an der der Lage des Boots nächsten, nämlich der Luvseite, und ohne Zuhülfenahme der Davitstaljen vermöge eines

Marsfalles und eines losen Tauendes zu Wasser gefiert. Obwohl alle diese Arbeiten so rasch wie möglich ausgeführt wurden, waren doch nach dem übereinstimmenden Zeugniß der Betheiligten zwanzig Minuten bis eine halbe Stunde vergangen, bevor das Boot im Wasser war.

Dasselbe wurde mit dem zweiten Steuermann, einem Matrosen und einem Leichtmatrosen bemannt und kehrte nach zweistündiger Abwesenheit ohne Erfolg zum Schiff zurück. Schiffer Hönerloh hatte sich, sobald das Boot zu Wasser war, selbst in die Sahling des Besahnmastes begeben, um womöglich das Boot mit den Augen zu verfolgen und demselben die zu steuernde Richtung anzugeben, konnte aber zu dieser Zeit von dem Verunglückten nichts mehr entdecken, wie er auch das Boot schon nach kurzer Frist in der hochlaufenden See aus den Augen verlor. Der Matrose Ahlf, der einzige von den zur Bootsbesatzung gehörig gewesenen Leuten, welcher vom Seeamt vernommen werden konnte, hat ausgesagt, daß man sich bei Steuerung des Boots nach der Windrichtung und der Lage des Schiffes, welches letztere man fortwährend im Auge behalten, gerichtet habe und ungefähr eine Stunde vom Schiffe weggerudert sei, daß man aber von dem Verunglückten oder den ausgeworfenen Bojen nichts habe entdecken können. Nach Wiedereinnahme des Bootes ließ Schiffer Hönerloh wieder Segel setzen und nahm darauf bald nach Mittag seine unterbrochene Reise wieder auf.

Die Beweisaufnahme hat endlich noch ergeben, daß bei Gelegenheit des geschilderten Unfalls auch das Schiff selbst in seinen Bestandtheilen eine, wenn auch an sich nicht erhebliche Havarie erlitten hatte. Als nämlich die Mannschaft die Klüver niederholte, wurde bemerkt, daß die eine der als Achtergei des Stampfstocks dienenden eisernen Ketten und zwar diejenige an Backbordseite gebrochen war. Diese Kette hatte, wie ferner erwiesen, schon kurze Zeit vorher, am 24. Juli, als man bei unruhigem, böigen Wetter den Wind von Backbord einhatte, einen Bruch erlitten, wobei auch der Klüverbaum durchgebrochen war. Nach jenem Unfall war aber der Klüverbaum durch einen völlig neuen Reservebaum ersetzt, die Kette hingegen durch Einfügung eines Nothschäkels reparirt worden. Bei näherer Untersuchung des abermaligen Bruches zeigte es sich, daß der eingefügte Nothschäkel fehlte, so daß das Zerreißen der Kette aller Wahrscheinlichkeit nach durch Brechen des Nothschäkels erfolgt sein mußte.

Dem vorstehenden Beweisergebniß war zunächst dafür, daß das Ueberbordfallen des Segelmachers durch den Bruch des Stampfstockachtergeis herbeigeführt sein müsse, Genügendes nicht zu entnehmen. Wenngleich es für in hohem Grade wahrscheinlich erachtet werden muß, daß Kossow sich zur Verrichtung seiner Nothdurft gerade auf die Backbordkette hinausbegeben hatte, da diese sich damals in Lee befand, so fehlt es doch zur Annahme eines ursächlichen Zusammenhangs zwischen dem erst später wahrgenommenen Bruch dieser Kette und dem Ueberbordfallen des Mannes schon insoweit an der nothwendigen Voraussetzung, als nicht einmal das gleichzeitige Eintreten dieser beiden Unfälle erwiesen erscheint. Freilich ist insbesondere vom ersten Steuermann bezeugt, daß gerade in dem Augenblick, als Kossow übergestiegen war, eine ziemlich steife Bö einfiel, welche zur Folge hatte, daß die Vorsegel preß voll standen, doch wird man der Kraft dieser Bö, zumal die in Frage stehende Kette sich in Lee befand, weniger Wirkung beizumessen geneigt sein, als dem Umstande, daß gleich nach dem Ueberbordfallen und, wie vom Schiffer Hönerloh bezeugt ist, noch vor dem Herunterholen der Klüver angeluvt wurde, indem hierdurch naturgemäß, sobald der Wind mehr von vorne einfiel, auch auf die Backbordkette mehr Druck kommen mußte.

Aber auch unter der Voraussetzung, daß wirklich der Bruch der Kette zu der Zeit, als der Segelmacher sich auf derselben befand, erfolgt und dadurch dessen Ueberbordfallen herbeigeführt sein sollte, hat das Seeamt die Annahme eines Verschuldens des Schiffers an dem traurigen Ereigniß abgelehnt. Es wurde hier das Folgende erwogen: Schiffer Hönerloh hat bekundet, daß er der zureichenden Haltbarkeit der Kette vertraut habe und die Beweisaufnahme hat Genügendes nicht ergeben, was dieses Vertrauen als ein unberechtigtes oder leichtsinniges zu kennzeichnen geeignet wäre. Zwar war die Kette auf dieser Reise schon einmal gebrochen, Schiffer Hönerloh hatte aber Sorge getragen, daß die Reparatur in sicherer und ordnungsmäßiger Weise beschafft wurde. Der dazu benutzte Nothschäkel war ein ganz neuer und wie das vorgewiesene Modell und die Angaben der Zeugen bestätigen, durchaus haltbar, auch von derselben oder doch nahezu gleicher Stärke wie die Kettenglieder. Die Nietung des Schäkels war durch den Matrosen Ahlf unter Aufsicht des Zimmermanns in einer Weise beschafft worden, welche sowohl diese beiden Leute wie der erste Steuermann als haltbar und ordnungsmäßig bezeichnet haben. Die Kette war dann mit einer vierscheibigen Talje auf einem Taljereep angesetzt worden und hatte hierbei zweifellos einen bedeutenden Druck auszuhalten gehabt. Freilich ist vom ersten Steuermann bezeugt worden, daß er unerachtet der Reparatur die Anbringung eines möglichst starken Reservegeis aus Drahttau zur Unterstützung der Kette für wünschenswerth gehalten, auch den Schiffer hierauf aufmerksam gemacht habe, wie auch einige der Leute ein gleiches Anliegen durch Vermittelung des Steuermanns beim Schiffer vorgebracht haben wollen. Das Seeamt hat sich aber nicht davon überzeugt, daß dem Schiffer hieraus Bedenken an der Haltbarkeit der Kette erwachsen mußten. Vielmehr überwog die Ansicht, daß der Schiffer, nachdem die Kette die Stürme bei Cap Horn auszuhalten vermocht hatte, sich gegründeter Weise darauf verlassen konnte, daß dieselbe nach beschaffter Reparatur in dem vorwiegend ruhigen Passatwetter um so mehr halten werde und daß somit die Anbringung eines Reservegeis dem Schiffer nicht durch die Vorsicht geboten erscheinen mußte. Auch der vom ersten Steuermann zur Sprache gebrachte Umstand, daß die Kette vor dem ersten Brechen durch ein Reservegei unterstützt gewesen war, schien nicht geeignet, der obigen Erwägung Abbruch zu thun, denn es ist vom Schiffer vorgetragen und vom Steuermann als richtig bestätigt, daß jenes Reservegei nur aus einem alten schwachen Hanftau bestand, so daß hieraus der Kette also eine wirkliche Stütze gar nicht erwachsen sein kann.

Nach vorstehenden Erwägungen hielt das Seeamt eine Annahme dahin, daß eine dem Schiffer zum Vorwurf gereichende mangelhafte Instandhaltung des Schiffsinventars und insbesondere der Backbordachtergeikette des Stampfstocks zu dem Unfalle beigetragen haben könne, für ausgeschlossen.

Aber auch das vom Schiffer nach dem Unfall beobachtete Verhalten und die zur Rettung des Verunglückten ergriffenen Maßnahmen boten dem Seeamt zu wesentlichen Ausstellungen keinen Anlaß.

Das Seeamt hat sich hier durch folgende Erwägungen bestimmen lassen:

Wenngleich die „Amelie" alle Segel voll führte, so ist doch sowohl nach den direkten Bezeugungen der Betheiligten, wie auch nach Maßgabe der von dem Schiffe gelaufenen Fahrt — welche dem Journal zufolge in den letzten 1 ½ Stunden über 10 Seemeilen betragen hat — zu folgern, daß die Brise eine recht lebhafte gewesen sein muß. Sofort nach dem Unfall mit vollen Segeln zu wenden, mußte hiernach dem Schiffer zum mindesten gewagt erscheinen, da bei solchem Manöver das Brechen der Stengen zu befürchten gewesen wäre, ein Ereigniß, welches das Schiff wenigstens zeitweilig manövrirunfähig gemacht und damit die Möglichkeit aller weiteren Rettungsmaßnahmen benommen haben würde. Die Vorsicht gebot also dringend, zunächst die leichten Segel wegzunehmen, so daß es sich nur um eine Prüfung in der Richtung handeln konnte, ob Schiffer Hönerloh richtig verfuhr, wenn er, nachdem solches geschehen, das Schiff durch Backbrassen der Großraaen möglichst außer Fahrt brachte und hierauf, wenn auch in beträchtlicher Entfernung von der Unglücksstelle, sein Boot zu Wasser brachte, oder ob er nach Wegnahme der leichten Segel richtiger und zweckentsprechender zunächst gewendet und erst, nachdem er über den andern Bug liegend der Stelle des Unfalls wieder näher gekommen sein würde, das Boot zu Wasser gesetzt hätte. Das Seeamt hat geglaubt, das Berechtigte der Erwägungen, welche den Schiffer von letzterem Manöver abhielten, nicht verkennen zu sollen. Um wenden zu können, hätten vorerst wieder mehr Segel gesetzt werden müssen, und würde es zum Führen der Klüver erforderlich gewesen sein, zunächst dem Klüverbaum an Stelle der gebrochenen Kette durch Anbringen einer Nothtalje eine anderweitige Stütze zu verleihen, Vorkehrungen, die mit beträchtlichem Zeitverlust verknüpft gewesen wären und das Aussetzen des Bootes erheblich verzögert haben würden. Ueberdies durfte Schiffer Hönerloh auch die Möglichkeit nicht unbeachtet lassen, daß sein Schiff die Wendung versagen oder nach dem Bruch des Stampfstockachtergeis in der böigen Brise beim Wenden noch weitere Schäden an der Takelage erleiden konnte, beides Eventualitäten, welche das Rettungswerk erheblich erschwert, wenn nicht unmöglich gemacht hätten.

Wenn Schiffer Hönerloh aber auch nach dem Aussetzen des Bootes nicht wendete, vielmehr sein Schiff bis zur Rückkehr desselben beigedreht treiben ließ, so schien dem Seeamt das Verhalten des Schiffers auch in dieser Beziehung Tadel nicht zu verdienen aus folgenden Erwägungen: Es ist nach der Richtung des Windes, in Verbindung mit dem bis dahin von der „Amelie“ gesteuerten Curse nicht anzunehmen, daß das Schiff den entgegengesetzten Curs hätte zurücksteuern können. Denn es ist bezeugt, daß der Wind nur bei einfallenden Böen aus ONO kam, sonst aber noch raumer war und daß die „Amelie“ wegen ihrer breiten Bauart und der Beschaffenheit ihrer Raaen nicht scharf, sondern nur auf 6¾ bis 7 Strich am Winde segeln konnte, so daß das Schiff also über den andern Bug unter Hinzurechnung der Abtrift ungefähr SzW hingegangen wäre. Schiffer Hönerloh hätte also, um dem Boot zu folgen und wieder möglichst nahe an die Unglücksstelle, von der man sich nach seiner Schätzung beim Aussetzen des Bootes schon 3 bis 4 Seemeilen entfernt hatte, zurückgelangen zu können, aufkreuzen müssen, ein Unternehmen, welches die „Amelie", wenn überall, doch ohne Zweifel zu spät an den Punkt der Gefahr gebracht haben würde. Ueberdies durfte Schiffer Hönerloh auch annehmen, dem ausgesandten Boot ein Wiederauffinden des Schiffes dadurch am besten zu ermöglichen, daß er dasselbe beigedreht treiben ließ und dadurch möglichst auf derselben Stelle hielt.

Endlich schien dem Seeamt auch der Umstand, daß Schiffer Hönerloh, nachdem das Boot unverrichteter Sache zurückgekehrt war, ohne nun noch weitere Rettungsversuche anzustellen, um Mittag seine Reise fortsetzte, zu einem Vorwurf genügenden Anlaß nicht zu bieten. Es wurde hier erwogen, daß ein nun noch unternommener Versuch, mit dem Schiffe aufzukreuzen, nur unter der Voraussetzung irgend welche Aussicht auf Erfolg bieten konnte, daß es dem Verunglückten gelungen sein sollte, eine der ihm nachgeworfenen Bojen zu ergreifen, daß der Schiffer aber nach Sachlage Grund hatte, das Gegentheil anzunehmen. Die Distanz des Mannes vom Schiff in dem Augenblick, als die Bojen nachgeworfen wurden, ist von den Augenzeugen auf 1½ Schiffslängen veranschlagt worden und als der erste Steuermann, welcher den Mann, soweit ermittelt, am längsten im Auge behalten hat, ihn zuletzt sah, hatte derselbe noch keine der Bojen zu erreichen vermocht, war vielmehr nach Angabe dieses Zeugen noch 1½ Schiffslängen von einer derselben entfernt. Das Seeamt hat nun erwogen, einmal, daß das Schiff bei der beträchtlichen Fahrt, welche es lief, und in Berücksichtigung der Zeit, welche bis zum Holen und Zuwerfen der Bojen nothwendig verflossen sein muß, schon in dem Augenblick des Nachwerfens der Bojen jedenfalls weiter als 1½ Schiffslängen von dem Verunglückten entfernt gewesen sein muß, und ferner, daß die spätere Schätzung des Steuermanns über den Abstand zwischen dem Verunglückten und einer der Bojen, wegen der weiten Strecke, um welche das Schiff sich da schon von der Unglücksstelle entfernt hatte, eine ganz unzuverlässige und jedenfalls viel zu geringe war. Hiernach mußte das Seeamt dem Schiffer in der Ansicht beipflichten, daß die Möglichkeit, es sei dem Verunglückten doch noch das Ergreifen einer der Bojen gelungen, nach Lage der Sache ausgeschlossen erschien. Für wahrscheinlich mußte es vielmehr erachtet werden, daß der Verunglückte, sobald er aus dem Kielwasser der „Amelie" heraustrieb, durch den Schlag einer See betäubt worden und hierauf gesunken ist.

Mißbilligung verdient dagegen der Umstand, daß Schiffer Hönerloh es verabsäumt hat, zur Beobachtung des Verunglückten einen Mann in die Takelage zu schicken. Nur von einem erhöhten Standpunkt aus wäre es möglich gewesen, den Verunglückten längere Zeit im Auge zu behalten, und kann auch nicht verkannt werden, daß Schiffer Hönerloh hiermit eine Maßnahme außer Acht gelassen hat, wie sie bei derartigen Vorkommnissen nach seemännischer Praxis allgemein üblich ist. Andererseits kann aber nicht unbeachtet bleiben, daß diese Maßnahme nach Sachlage kaum etwas zur Rettung des Verunglückten hätte beitragen können, da anzunehmen ist, daß das Schiff schon vor dem Aussetzen des Bootes so weit weggetrieben war, daß man auch vom Mast aus den Verunglückten hätte aus Sicht verlieren müssen. Auch wird die in Frage stehende Versäumniß des Schiffers aus dem Gesichtspunkt nicht unverzeihlich erscheinen könnnen, weil bei der herrschenden Erregung und dem Bestreben, raschmöglich die Fahrt des Schiffes zu vermindern und ein Boot zu Wasser zu bringen, eine wenn auch nicht unwesentliche Nebenmaßnahme nur zu leicht übersehen werden konnte.

Daran, daß Schiffer Hönerloh es bei Ausführung der von ihm für richtig gehaltenen Rettungsmaßnahmen an der erforderlichen Energie und Entschlossenheit nicht hat fehlen lassen, kann nach der Beweisaufnahme ein gegründeter Zweifel nicht obwalten, wie auch die Zeit, innerhalb welcher das Boot zu Wasser gebracht wurde, nämlich zwanzig Minuten bis eine halbe Stunde, für eine unter den obwaltenden Umständen mäßige erachtet werden muß.

Auf Grund aller vorstehenden Erwägungen hatte der Spruch des Seeamts dahin zu lauten:

1. Es ist als erwiesen anzusehen, daß der Segelmacher Kossow am Vormittag des 2. August 1881, als er sich zur Verrichtung seiner Nothdurft auf eine der Achtergeiketten des Stampfstocks begeben hatte, von dort ins Wasser fiel und daß derselbe seinen Tod in den Wellen gefunden hat.
2. Welchen Ursachen das Ueberbordfallen zuzuschreiben ist, ist nicht ermittelt worden, insbesondere kann es nicht für erwiesen gelten, daß dieser Unfall mit dem bald nachher wahrgenommenen Bruch der Backbordachtergeikette des Stampfstocks in ursächlichem Zusammenhang steht, indem vielmehr der Bruch der Kette wahrscheinlicher erst später durch das Anluven des Schiffes verursacht worden ist.
3. Schiffer Hönerloh hatte nach Sachlage keinen genügenden Grund, der Haltbarkeit der Kette zu mißtrauen und kann ihm somit der dennoch eingetretene Bruch derselben und das Ueberbordfallen

des Segelmachers, falls letzteres durch den Bruch herbeigeführt worden sein sollte, nicht zum Verschulden angerechnet werden.

4. Schiffer Hönerloh hat bei den zur Errettung des Verunglückten ergriffenen Maßnahmen nach bester Ueberzeugung und, wenn er auch insofern fehlte, als er keinen Mann zur Beobachtung des Ueberbordgefallenen in die Takelage schickte, doch im übrigen unter den obwaltenden Verhältnissen richtig und zweckentsprechend gehandelt.

5. Der Antrag des Reichscommissars, dem Schiffer Hönerloh die Befugniß zur ferneren Ausübung des Schiffergewerbes zu entziehen, wird abgelehnt.

Die Entscheidung des Ober-Seeamts lautet:

daß der Spruch des Seeamts zu Hamburg vom 13. April 1882 zu bestätigen und die baaren Auslagen des Verfahrens außer Ansatz zu lassen.

Gründe. Gegen die Auffassung des Seeamts, daß der Schiffer Hönerloh den Tod des am 2. August 1881 von der „Amelie" über Bord gefallenen Segelmachers Kossow nicht verschuldet habe, macht die Beschwerde geltend:

1. Es sei zu tadeln, daß der Schiffer sich, nachdem Kossow ins Meer gefallen war, bei dem Bergen der leichteren Segel persönlich betheiligt habe, anstatt sich auf die Leitung des Manövers zu beschränken und sich dadurch den Ueberblick über die Situation zu wahren. In Folge dessen sei es verabsäumt worden, einen Mann in den Topp zu schicken, und durch diese Unterlassung sei die Rettung des Verunglückten vereitelt worden. Eine fernere Folge des Verhaltens des Schiffers sei es gewesen, daß der Mann am Ruder keinen Befehl zum Anluven erhalten habe; derselbe habe zwar aus eigener Bewegung das Ruder etwas in Lee gelegt, aber die außerordentlich lange Zeit, welche verflossen sei, bis das Schiff an den Wind gebracht worden, sei auf den Mangel eines energischen Commandos zurückzuführen. Der Wind sei nur etwa einen Strich achterlicher als dwars gewesen und zuweilen so eingekommen, daß alle Vorsegel vollgestanden hätten; es wäre daher zweckentsprechend gewesen, sofort, nachdem das Schiff an den Wind geluvt war, mit der dann noch ziemlich großen Fahrt zu wenden, um den Verunglückten in der Nähe des Unglücksorts möglichst lange im Auge zu behalten.

Die Annahme der Beschwerde, daß der Schiffer seine Pflicht

verletzt habe, indem er nicht nur Anordnungen zur Rettung des Verunglückten traf, sondern zugleich bei deren Ausführung persönlich Hand anlegte, kann nicht getheilt werden. Die „Amelie" hat einen Netto-Raumgehalt von 1420,6 cbm; ihre Mannschaft bestand, nachdem Kossow über Bord gefallen war, aus 10 Personen. Auf Schiffen von so mäßiger Größe und Besatzung ist es nicht nur üblich, sondern auch unbedenklich, daß sich der Schiffer nicht ausschließlich mit der Ertheilung der erforderlichen Befehle befaßt; die Erfüllung der Pflichten, welche ihm in dieser Beziehung obliegen, wird dadurch nicht gehindert, daß er im Falle der Noth, wie ein solcher hier vorlag, durch seine eigene Thätigkeit zur schnelleren Vollziehung eines von ihm ertheilten eiligen Befehls beiträgt. Es kann deshalb dem Schiffer daraus, daß er bei dem Bergen der leichteren Segel geholfen hat, kein Vorwurf gemacht werden.

Allerdings ist, nachdem Kossow über Bord gefallen war, die wichtigste Vorkehrung zu seiner Rettung versäumt worden; allein die wesentliche Schuld hieran trifft nicht den Schiffer, sondern den Steuermann Strackholder. Erfahrungsgemäß ist die Aussicht darauf, einen über Bord Gefallenen zu retten, nur so lange vorhanden, als man ihn vom Schiffe aus im Auge behalten kann; nur so lange ist die Möglichkeit gegeben, ihn in den Wellen aufzufinden; es ist deshalb, wenn die Rettung gelingen soll, ganz unerläßlich, daß der Verunglückte, damit er so lange als möglich in Sicht bleibe, vom Mast aus mit den Augen verfolgt werde. Strackholder hat bei der Hauptverhandlung erster Instanz ausgesagt, er habe den über Bord gefallenen Kossow vom Achterdeck aus ungefähr 10 Minuten lang hinter dem Schiffe im Wasser schwimmen sehen und dann den Schiffer darauf aufmerksam gemacht, daß es gerathen sei, jemand nach oben zu schicken, um den Verunglückten im Auge zu behalten; hierauf habe er vom Schiffer den Befehl dazu empfangen, den letzteren aber in der herrschenden Erregung unausgeführt gelassen. Hätte Strackholder den Befehl des Schiffers sofort befolgt und einen Mann in den Mast geschickt, so hätte dieser die Beobachtung des Verunglückten fortsetzen können, bis es gelungen wäre, demselben Hülfe zu bringen; da aber der Steuermann den ertheilten Befehl vergaß, so wurden dadurch alle nachherigen Rettungsversuche vereitelt.

Zu tadeln ist der Schiffer in einer anderen Beziehung. Nach den Aussagen der vernommenen Zeugen sind 20 bis 30 Minuten vergangen, ehe das Boot, welches den Verunglückten aufsuchen sollte, ins Wasser gelangte. Wenn aber die Beschwerde die Ursache dieser Verzögerung darin findet, daß der Schiffer die Ertheilung des Befehls zum Anluven unterlassen hat, so ist dieser Auffassung nicht beizutreten. Der Mann am Ruder hat aus eigener Bewegung, ohne einen Befehl abzuwarten, das Ruder in Lee gelegt, sobald dies nöthig war; es ist also in dieser Hinsicht nichts versäumt worden. Die Pflichtvernachlässigung, welche dem Schiffer zur Last fällt, ist eine andere. Das Klarmachen des Boots ist wesentlich dadurch verzögert worden, daß zunächst eine Anzahl Bretter entfernt werden mußte, welche theils auf den Klampen, theils auf den Duchten des Bootes lagen. Dies war gegen die Ordnung, welche auf einem Schiffe herrschen soll. Ein solches kann in jedem Augenblick von einem Unfall betroffen werden, welcher die sofortige Benutzung des Boots erheischt; dieses muß deshalb so aufgestellt sein, daß es zu jeder Zeit ohne Aufenthalt verwendet werden kann. Indem der Schiffer zuließ, daß auf der „Amelie" Bretter in einer Weise hingelegt wurden, welche die Bewegung des Bootes hinderten, hat er gegen die Pflicht, für gehörige Ordnung auf dem Schiffe zu sorgen, gefehlt.

Die Annahme der Beschwerde, daß der Schiffer sofort, nachdem die „Amelie" an den Wind geluvt war, mit der dann noch beträchtlichen Fahrt hätte wenden sollen, um zur Aufsuchung des Verunglückten das Schiff in die Nähe des Unglücksorts zurückzubringen, ist schon deshalb bedenklich, weil dies Manöver das Schiff leicht hätte gefährden können. Wie die Beweisaufnahme erster Instanz ergeben hat, befanden sich die Stengen des Schiffes zum Theil in sehr abgenutztem und schadhaftem Zustand; bei einer schnellen Wendung des Schiffes war unter dem Einfluß des herrschenden Windes zu besorgen, daß die Stengen brachen. Erwägt man die möglichen Folgen eines solchen Ereignisses, so muß es gebilligt werden, daß der Schiffer das fragliche Manöver vorsichtig vermieden hat.

2. Die Beschwerde macht dem Schiffer zum Vorwurf, daß er nach der Rückkehr des Boots die Reise fortgesetzt hat, ohne einen weiteren Rettungsversuch zu unternehmen.

Dieser Vorwurf würde den Schiffer mit voller Schwere treffen, wenn zur Zeit der Rückkehr des Boots noch irgend welche Aussicht vorhanden gewesen wäre, den Verunglückten aufzufinden; denn es versteht sich von selbst, daß, so lange man noch hoffen darf, ein gefährdetes Menschenleben zu retten, alles aufgeboten werden muß, was dazu irgend dienlich sein kann. Allein die Möglichkeit der Rettung war, als das Boot nach zweistündiger Abwesenheit zur „Amelie" zurückkehrte, völlig geschwunden. Das Schiff war mehrere Meilen weit von der Stelle des Unglücks entfernt; es war ganz ungewiß, in welcher Richtung die Bewegung der Wellen den Verunglückten, falls er nicht inzwischen bereits gesunken war, fortgetrieben hatte; es ließ sich also in keiner Weise der Ort bestimmen, an welchem man ihn noch weiter hätte suchen sollen. Unter diesen Umständen wäre es völlig erfolglos gewesen, die bisherigen Nachforschungen fortzusetzen; der Schiffer hat deshalb mit Recht die Fortsetzung der Reise nicht weiter unterbrochen. Das Gegentheil zu thun, hätte ihm nur dann obgelegen, wenn die Besatzung des Boots nach dessen Rückkehr eine die Möglichkeit der Rettung offen lassende Beobachtung hätte melden können; aber auch dies ist nicht der Fall gewesen.

Der Schiffer hat es hiernach nicht verschuldet, daß die Rettung des Segelmachers Kossow mißlungen ist; es liegt deshalb kein Anlaß vor, ihm die Befugniß zur Ausübung des Schiffergewerbes zu entziehen.

Die baaren Auslagen des Verfahrens bleiben außer Ansatz, weil die Beschwerde vom Reichscommissar eingelegt ist.

33. Spruch des Seeamts zu Bremerhaven vom 1. April 1882 und Entscheidung des Kaiserlichen Ober-Seeamts vom 24. Juni 1882, betreffend den Seeunfall des Schraubendampfers „Roland“ von Bremen.

Schiff an der holländischen Küste bei Terschelling gestrandet und wrack geworden.

Der Spruch des Seeamts lautet:

Die Strandung und der Verlust des Dampfers „Roland“ ist dadurch verursacht, daß der in der letzten Zeit vor der Strandung das Commando führende Steuermann Grahn, indem er sich auf die Richtigkeit des von ihm und dem Schiffer Gretzmann aufgemachten Bestecks zu sehr verließ und dem Durchwandern des von ihm erblickten Feuers nicht hinreichend Beachtung schenkte, das Terschelling-Feuer für dasjenige von Kijkduin hielt, daß derselbe ferner die nach dem Lande zu setzende Strömung nicht genügend in Berücksichtigung zog und in Folge dieser Umstände einen Curs steuerte, bei welchem das Schiff auf den Außengründen von Terschelling auf Strand gerieth.

Dem Antrage des Reichscommissars, dem Steuermann Grahn die Berechtigung zur Ausübung des Schiffer- und Steuermannsgewerbes zu entziehen, wird nicht stattgegeben.

Gründe. Der in Bremen heimathberechtigte Schraubendampfer „Roland“, Unterscheidungssignal QDHF, von 403,82 britischen Register-Tons Netto-Raumgehalt, im Jahre 1878/79 in Flensburg erbaut und im Büreau Veritas 2te Division (erste Classe) classificirt, ist am 21. Februar 1882 gegen 6 Uhr Morgens, während er auf einer Reise von Libau nach Rotterdam mit einer Ladung Hafer begriffen war, auf den Außengründen von Terschelling gestrandet und vollständig verloren gegangen.

Die Mannschaft ist, nachdem sie mehrere Stunden in der Takelage gesessen hatte, durch ein Lootsenfahrzeug gerettet. Von dem Schiffsinventar, der Ladung, den Effekten der Besatzung und den Schiffspapieren ist nichts gerettet. Führer des Schiffes war Schiffer A. Gretzmann, jedoch hatte zur Zeit der Strandung der Steuermann H. Grahn das Commando. Beide haben die Berechtigung als Schiffer für große Fahrt.

Von der Schiffsbesatzung, welche aus 13 Personen bestand, sind vor dem Seeamt nur Schiffer Gretzmann und Steuermann Grahn vernommen. Außerdem ist die in Terschelling von einem Theile der Besatzung gerichtlich abgelegte Verklarung requirirt und bei der Verhandlung zur Verlesung gebracht. Die Vorladung anderer Personen der Schiffsbesatzung zur Seeamtssitzung, namentlich derjenigen, welche zur Zeit des Unfalls am Ruder und auf Ausguck waren, ist nicht ausführbar gewesen.

Nach den Aussagen des Schiffers und des Steuermanns sowie nach der Verklarung ist der nähere Sachverhalt der folgende:

Die fragliche Reise war angetreten am 11. Februar 1882 und verlief Anfangs günstig. Unter Skagen mußte das Schiff wegen eingetretenen schweren Wetters schutzsuchend vor Anker gehen und blieb dort drei Tage liegen. Am 17. Februar wurde die Reise fortgesetzt und nachdem Skagen passirt war, bei hohem Seegange und nördlichem Winde längs der Küste gesteuert.

Am 18. Februar Morgens 5 Uhr befand sich das Schiff querab von Hantsholm in 7 bis 8 Seemeilen Entfernung. Eine genaue Abstandsbestimmung durch Peilung und Lothung von Hantsholm wurde nicht vorgenommen. Es wurde dann noch eine halbe Stunde lang SW½S und darauf SW¾S gesteuert. Der Wind lief am 18. Februar von SW durch West nach NW um. Es stürmte sehr hart und in der hohen und wilden See arbeitete das Schiff sehr schwer.

In der Nacht zum 19. Februar wurde durch die See das eine Boot fortgeschlagen und ein Dampfleitungsrohr an Deck losgebrochen, auch ging das Patentlogg verloren. Die Ladung, welche lose eingeschüttet, durch Längsschotten abgetheilt und dann zweimal getrempelt worden war, ging bei dem starken Arbeiten des Schiffes nach Backbord über. Die Schlagseite betrug etwa 10 Grad. Um das Schiff, so gut es ging, auf See zu halten, wurde dasselbe an den Wind gelegt.

In der Nacht zum 20. Februar konnte wieder Curs gesteuert werden und zwar S 28 bis 29° W (wahrer Curs), welches etwa dem gesteuerten Curse SWzS entsprach. Der Wind war NW und mäßig. Die See lief sehr hoch.

Am Mittag des 20. Februar konnte eine sehr gute Breite genommen werden und befand sich nach derselben das Schiff auf 54° 50′ Nordbreite. Zu dieser Zeit wurde gestoppt und gelothet. Es ergaben sich 22 Faden und feiner Sand, und wurde danach sowie nach dem bisher gesteuerten Curse die Länge auf 6° 2′ Ost ermittelt. Die erwähnte Observation wurde vom Schiffer gemacht, das Lothen dagegen vom Steuermann vorgenommen.

Am 20. Februar von Mittags an hatte zunächst der Schiffer bis 8 Uhr Abends und dann der Steuermann bis 12 Uhr Nachts die Wache. Von Mitternacht bis 4 Uhr Morgens am 21. Februar hatte wieder der Schiffer und von 4 Uhr an der Steuermann die Wache.

Am Nachmittag des 20. Februar wurde der Versuch gemacht, das Schiff wieder auf ebenen Kiel zu bringen, indem man dasselbe über Steuerbordbug legte und alle Segel setzte, jedoch ohne Erfolg. Abgesehen von der hierdurch veranlaßten Cursänderung wurde der oben angegebene Curs ununterbrochen beibehalten.

Geloggt wurde nicht, da, wie hervorgehoben, das Patentlogg, welches sonst immer benutzt worden war, in der Nacht zum 19. Februar weggeschlagen, das an Bord befindliche Handlogg aber nicht zu gebrauchen war, da keine Leine dazu vorhanden war.

Es befanden sich 3 Compasse an Bord, von denen jedoch nur 2 aufgestellt waren, der eine auf der Brücke, der andere als Steuercompaß. Das Steuerrad des Schiffes befand sich vorn unter der Brücke. Der Steuercompaß hatte stets starke Deviation. Eine in Flensburg für denselben angefertigte Deviationstabelle war nicht mehr brauchbar, jedoch hat der Schiffer seiner Angabe zufolge die Deviation stets selbst beobachtet und bei der Berechnung berücksichtigt. Auf dem gesteuerten Curse betrug die Deviation 1 bis 1¼ Strich Ost. Die

Mißweisung ist nach Angabe des Schiffers zu 1 3/4 Strich, nach der des Steuermanns zu 1 1/2 Strich angenommen. Der Brückencompaß hatte wenig Deviation, wie viel dieselbe betrug haben Schiffer und Steuermann nicht anzugeben vermocht. Nach dem Steuercompaß wurde gesteuert, auch wurden die Landpeilungen meistens mit demselben vorgenommen; die Sonne und der Nordstern wurden nach dem oberen Compaß gepeilt. Ein Chronometer befand sich an Bord; derselbe war nach Angabe des Schiffers Gretzmannn sehr zuverlässig.

Es wurde beobachtet, daß die Schlagseite einen kleinen Einfluß auf den Krängungsfehler ausübte. Auf letzteren wurde bei den Berechnungen Rücksicht genommen.

In der Nacht vom 20./21. Februar wurde seitens des Schiffers der Nordstern gepeilt; die Peilung war nach Versicherung des Schiffers eine durchaus zuverlässige. Ferner wurde um Mitternacht gestoppt und sodann gelothet. Die Lothung wurde in Gegenwart des Schiffers vom Steuermann vorgenommen und ergab 21 Faden Sand und Schlick. Nach erfolgter Lothung begaben sich Schiffer und Steuermann in das Navigationszimmer und setzten gemeinschaftlich den zurückgelegten Curs auf der Karte ab. Letztere war eine dänische Karte in kleinerem Maßstab (s. g. Segelkarte). Außer dieser Karte befanden sich noch eine deutsche Specialkarte von der deutschen Bucht und eine holländische Specialkarte von der holländischen Küste an Bord, beide sind jedoch nicht benutzt worden.

Bei dem Absetzen des Curses nahmen Schiffer und Steuermann die von Mittag bis Mitternacht zurückgelegte Distanz zu 70 Seemeilen an. Sie schätzten dies, da nicht mehr geloggt worden war, nach den Umdrehungen an der Maschine ab, indem sie annahmen, daß bei den gemachten 68 Umdrehungen unter Berücksichtigung, daß Segel beigesetzt gewesen seien, die Fahrt per Stunde 7 Seemeilen betragen habe. Daß trotzdem der von Mittag bis Mitternacht zurückgelegte Curs nicht auf $12 \times 7 = 84$ Seemeilen, sondern nur auf 70 Seemeilen abgeschätzt ist, erklärt der Schiffer mit dem Aufenthalt, welchen der Versuch, das Schiff wieder gerade zu legen, verursacht hat, während der Steuermann dies außerdem hauptsächlich darauf zurückführt, daß die Maschine während des Reinigens langsamer gehe und daß ferner ziemlich hoher Seegang die Fahrt etwas gemindert habe.

Auf Grund der Nordsternpeilung, der Lothung sowie der abgeschätzten Distanz wurde der Schiffsort um Mitternacht auf 53° 47′ Nordbreite und 5° 5′ Ostlänge festgestellt. Der Richtigkeit dieser

Berechnung war der Schiffer seiner Angabe zufolge, da er Mittags eine gute Observation und Nachts eine gute Peilung des Nordsterns gehabt hatte, sich vollständig sicher. Derselbe besprach dann mit dem Steuermann, daß der alte Curs noch weiter fortgesetzt werden solle. Zugleich setzte er auf der Karte ab, wo das Schiff bei Fortsetzung des Curses sich um 4 Uhr Morgens befinden würde.

Mit dem sodann weiter verfolgten Curse SWzS wurden bis 4 Uhr Morgens 27 Seemeilen zurückgelegt. Das Wetter war klar und sichtig. Der Schiffer, welcher die Wache hatte, erwartete während derselben ein Feuer, schickte auch zweimal einen Mann in den Top, um nach Feuern auszusehen, jedoch wurde nichts bemerkt.

Um 4 Uhr Morgens übernahm der Steuermann das Commando. Der Schiffer äußerte gegen denselben, es sei sonderbar, daß noch kein Feuer zu sehen sei, sie müßten zu weit westlich stehen. Der Steuermann stimmte dem bei. Der Schiffer gab dann den Befehl, einen Strich südlicher und, wenn um 6 Uhr noch kein Feuer in Sicht gekommen sei, einen weiteren Strich südlicher zu steuern. Ferner gab er Anweisung ihn zu wecken, wenn etwas Besonderes vorkomme.

Hiernach wäre, wenn 1 Strich südlicher als SWzS gesteuert worden wäre, der neue Curs SSW gewesen, dagegen hat der Steuermann den von 4 Uhr an gesteuerten Curs bei seiner Vernehmung vor dem Seeamt auf SzW angegeben. Wahrscheinlich beruht diese Angabe auf einem Irrthum des Steuermanns, der dadurch entstanden ist, daß derselbe bei dem bereits zum wahren Curse umgewandelten Curse noch wieder einen Strich östliche Deviation in Rechnung gebracht hat. Der Schiffer hat den von 4 Uhr an gesteuerten Curs auf SSW angegeben. In der Verklarung ist der nämliche Widerspruch enthalten.

Der Steuermann stand während seiner Wache auf der Brücke; der Matrose Thede befand sich auf dem Ausguck, der Matrose Schumann am Ruder.

Um 4 Uhr 20 Minuten wurde 3 Strich an Backbord voraus ein festes Feuer erblickt. Der Steuermann peilte dasselbe nach dem Steuercompaß und hielt es für dasjenige von Kijkduin. Hierbei ging er, da die Luft gut sichtig war, von der Voraussetzung aus, daß das Feuer beim ersten Erblicken desselben sich im äußersten Gesichtskreise befunden habe.

Der Gedanke, daß das in Sicht gekommene Feuer möglicherweise dasjenige von Terschelling sein könne, ist dem Steuermann seiner Angabe zufolge zwar gekommen, jedoch hat er sich auf Grund der angestellten Berechnungen und bei der Sichtigkeit der Luft so sicher gefühlt, daß er angenommen hat, selbst für den Fall, daß das beobachtete Feuer dasjenige von Terschelling sei, den gesteuerten Curs unbedenklich beibehalten zu können. Den Umstand, daß Terschelling-Feuerschiff gar nicht gesehen war, hat der Steuermann dahin gedeutet, daß dasselbe vertrieben sein könne oder östlich außer Sichtweite liege.

Nachdem um 4 Uhr 20 Minuten das Feuer in Sicht gekommen war, wurde vom Steuermann die Karte eingesehen. Auch nachher peilte er das Feuer noch wiederholt und nahm dann Einsicht von der Karte. Der gesteuerte Curs führte hiernach sowohl in dem einen wie dem anderen Falle frei von der Küste. Auf der benutzten dänischen Karte waren die Feuer von Terschelling und Kijkduin verzeichnet.

Bei Terschelling war am fraglichen Tage um 11 Uhr Hochwasser. Diesen Umstand hat der Steuermann, wie er angiebt, bei seinen Berechnungen berücksichtigt. Gelothet ist in dieser Zeit von Mitternacht bis zur Strandung nicht. Schiffer und Steuermann haben dies wegen der sichtigen Luft nicht für erforderlich gehalten, meinten auch, daß das bei dem westlichen Sturm nach Osten getriebene Wasser jetzt zurücklaufe und eher westliche als südliche Stromversetzung anzunehmen sei.

Um 5 Uhr 35 Minuten Morgens stieß das Schiff plötzlich auf. Bis dahin war nichts vorgekommen, was den Steuermann in seinen Annahmen bedenklich gemacht hatte. Auch dann, als das Schiff aufstieß, glaubte er nicht gleich, daß das fragliche Feuer dasjenige von Terschelling sei.

Nach dem Stoß sprang der Steuermann sofort zum Ruder, um dasselbe umzulegen. Zu derselben Zeit kam auch schon der Schiffer an Deck. Derselbe befahl ebenfalls das Ruder hart Backbord zu legen, doch hatte das Rudermanöver keinen Erfolg mehr, zumal dem ersten Aufstoßen des Schiffes rasch ein zweites folgte, welches so gewaltig war, daß man das Springen der Platten hören konnte. Nach der Maschine waren keine Befehle gegeben worden. Gleich nach dem zweiten Stoß wurde gemeldet, daß das Wasser in den Maschinenraum eingedrungen sei. Um einer Explosion vorzubeugen, befahl der Schiffer das Sicherheitsventil zu öffnen und zugleich, daß alle Mann an Deck kommen sollten. Eine Rettung des Schiffes schien vollständig ausgeschlossen.

Nachdem alle Mann an Deck gekommen waren, befahl der Schiffer die Boote klar zu machen. Das Boot an der Backbordseite wurde durch die über das Schiff hinbrandenden Seen gleich voll Wasser geschlagen. Da das Aussetzen der Boote wahrscheinlich ein Zertrümmern derselben zur Folge gehabt haben würde, so beschloß der Schiffer, das Aussetzen bis zum äußersten Nothfall hinauszuschieben. Das Schiff begann bald zu sinken, weshalb die Leute sich in die Takelage flüchteten. Vorher war ein Blaulicht abgebrannt. Nachdem die Besatzung etwa 2½ Stunden in der Takelage zugebracht hatte, wurde sie durch ein Lootsenboot aus Terschelling gerettet. Der Dampfer befand sich um diese Zeit schon unter Wasser.

Der Wind war zur Zeit der Strandung westlich und nicht sehr stark, dagegen war der Seegang auf den Bänken sehr erheblich. Der Strandungsort befindet sich nach Angabe von Schiffer Gretzmann und Steuermann Grahn auf den Westgründen ungefähr 7 Seemeilen WzN von Terschelling-Feuer entfernt. Schiffer Gretzmann hat den Strandungsort später noch wieder aufgesucht und bemerkt, das das Schiff vollständig durchgebrochen war.

Der Steuermann führt den Unfall auf eine außergewöhnliche Stromversetzung zurück, zu welcher der vorhergegangene Sturm beigetragen habe. Er ist der Ansicht, daß das Schiff ohne eine außergewöhnlich starke Stromversetzung von dem Feuer, einerlei ob Kijkduin- oder Terschelling-Feuer hätte frei laufen müssen.

Bei Prüfung des vorstehend dargelegten Sachverhalts und Ermittelung der Ursachen des fraglichen Seeunfalls war Folgendes in Betracht zu ziehen.

Zunächst muß hervorgehoben werden, daß das am 20. und 21. Februar gemachte Besteck ein zuverlässiges nicht sein konnte. Es kommt in dieser Beziehung in Betracht, daß bereits die am 20. Februar Mittags erfolgte Bestimmung des Schiffsortes, soweit die Länge in Betracht kam, nur eine bedingt richtige war, indem die Länge lediglich auf Grund einer Lothung und des gesteuerten Curses bestimmt wurde, in Bezug auf letzteren aber eine genaue Feststellung ausgeschlossen war, weil beim Passiren von Hanstholm am 18. Februar letzteres nicht genau gepeilt, weil ferner das Schiff am 19. Februar wegen des herrschenden Sturmes eine Zeit lang an den Wind gelegt worden war und außerdem wegen Verlustes des Patentloggs und des tadelnd hervorzuhebenden Fehlens der Leine zum Handlogg vom 19. Februar an nicht geloggt werden konnte. Eine Schätzung der zurückgelegten Distanz lediglich nach den Umdrehungen der Maschine konnte ein sicheres Resultat nicht ergeben und war bei der Fahrt vom 20. Februar Mittags an namentlich auch deshalb nicht zuverlässig, weil nach eigener Angabe des Schiffers und Steuermanns mehrere außerordentliche

Umstände in Betracht gezogen und in Folge derselben das Gesammtergebniß der zurückgelegten Distanz erheblich reduzirt werden mußte. Die Unsicherheit in den Berechnungen wurde noch dadurch vermehrt, daß die Schlagseite nicht völlig ohne Einfluß auf die Deviation war.

Unter den angegebenen Umständen konnte auch die am 20./21. Februar Mitternachts erfolgte Bestimmung des Schiffsorts trotz der vorhergegangenen Peilung des Nordsterns als eine zuverlässige nicht angesehen werden.

Die angeführten Gründe, welche gegen die Zuverlässigkeit des Bestecks sprachen, mußten Schiffer und Steuermann sich klar machen. Daß sie sich dessen auch einigermaßen bewußt gewesen oder doch geworden sind, erhellt daraus, daß sie um 4 Uhr Nachts (21. Februar) darüber, daß das Ausbleiben von Feuern auffallend sei, gesprochen und dann als wahrscheinlich angenommen haben, daß sie zu weit westlich gekommen seien.

Zu der letzteren Annahme lag übrigens sehr wenig Grund vor, denn es war in Berücksichtigung zu ziehen, daß Wind und Seegang aus NW kamen und daher das Schiff eher nach Ost bezw. Süden als nach Westen versetzt worden sein würde, daß außerdem bekanntlich bei Terschelling in Folge der Einwirkung des Zuider Zee beim Eintritt der Fluth eine starke Strömung nach dem Lande zusetzt.

War nun nach dem Gesagten das Besteck als ein zuverlässiges nicht zu betrachten, so mußte in um so erhöhtem Maße auf alle Umstände geachtet und jede sich darbietende Gelegenheit, sich über den Schiffsort zu orientiren, benutzt werden. Als ein Feuer in Sicht kam, mußte namentlich der die Wache führende Steuermann mit allen Mitteln dahin streben, das erblickte Feuer sicher zu bestimmen, dies umsomehr, als er ja selbst es als möglich ansah, daß es nicht Kijkduin- sondern Terschelling-Feuer sei. Ganz besonders mußte bei der Erwägung, welches Feuer das erblickte sei, der Umstand ins Gewicht fallen, daß Terschelling-Feuerschiff nicht gesehen und nicht ohne weiteres anzunehmen war, daß es vertrieben oder außer Sichtweite sei.

Daß das beobachtete Feuer durch Lothen zu bestimmen gewesen wäre, nimmt das Seeamt nicht an, wenngleich bei der herrschenden Unsicherheit es jedenfalls namentlich auch schon vor dem Erblicken des Feuers am Platze gewesen sein würde, durch häufiges Lothen möglichst eine Controle über die angestellten Berechnungen auszuüben. Dagegen hätte der Steuermann aus dem Durchwandern des Feuers ermitteln können, daß seine — zwar mit dem aufgemachten Besteck stimmende — Annahme, das bemerkte Feuer sei dasjenige von Kijkduin und dasselbe habe sich beim ersten Sehen im äußersten Gesichtskreis befunden, unrichtig sei.

Wäre nämlich die letzterwähnte Annahme richtig gewesen, so hätte das erblickte Feuer, da Kijkduin-Feuer eine Sichtweite von 20 Seemeilen hat, in der Zeit von dem Erblicken bis zur Strandung auf dem gesteuerten Curse unter Berechnung einer Fahrt von etwa 9 Seemeilen innerhalb 1 1/4 Stunden höchstens 2 Strich an Backbord auswandern können. In Wirklichkeit muß dagegen das Feuer innerhalb des bezeichneten Zeitraums mindestens 5 bis 6 Strich ausgewandert sein und sich im Augenblick des ersten Aufstoßens etwa 1 Strich achterlicher als dwars befunden haben.

Daß der Steuermann dem letzteren Umstande nicht genügend Beachtung geschenkt, deshalb seinen Irrthum in Betreff des gesehenen Feuers nicht bemerkt und in Folge dessen die Strandung des Schiffes herbeigeführt hat, verdient scharfen Tadel, jedoch sind die nachstehenden Umstände mildernd für das Verhalten des Steuermanns in Betracht zu ziehen.

Die Verantwortung für die Richtigkeit des Bestecks traf in erster Linie den Schiffer, es wäre deshalb auch Sache desselben gewesen, den Steuermann auf die gegen die Zuverlässigkeit der Berechnungen vorliegenden Bedenken aufmerksam zu machen. Indem der Schiffer dies tadelnswerther Weise unterließ und vielmehr durch die Angabe, sie seien zu weit westlich gekommen, den Steuermann gerade in falschen Annahmen bestärkte, indem der Schiffer ferner zur Nachtzeit, während über den richtigen Standort des Schiffes völlige Ungewißheit herrschte und nach dem Besteck schon seit längerer Zeit ein Feuer hätte in Sicht kommen müssen, dem Steuermann die ausschließliche Führung des Schiffes überließ und zu Bett ging, anstatt den Steuermann bei der Navigation zu unterstützen, trug derselbe indirekt zu dem stattgehabten Unfall mit bei. Sodann kommt in Betracht, daß das fragliche Feuer bei dem ersten Erblicken ungefähr genau in der Richtung erblickt wurde, in welcher um die nämliche Zeit nach dem Besteck Kijkduin-Feuer im äußersten Gesichtskreis hätte gesehen werden müssen. Es lag deshalb einigermaßen nahe, daß der Steuermann das Erblicken des Feuers in der betreffenden Richtung als eine Bestätigung des Bestecks ansah. Endlich erscheint es glaubhaft, daß die nach dem Lande zu setzende Strömung am fraglichen Tage in Folge des vorhergegangenen Sturms außergewöhnlich stark gewesen ist und das Schiff mehr nach dem Lande zu versetzt hat, als erwartet werden konnte, daß aber ohne diese außergewöhnlich starke Strömung das Schiff von Terschelling Außengründen frei gelaufen sein würde.

Neben den eben angeführten in der Sache selbst liegenden Milderungsgründen hat das Seeamt zu Gunsten des Steuermanns in Betracht gezogen, daß derselbe nach dem ihm vom Schiffer Gretzmann gegebenen Zeugniß während der 1½ Jahre, welche er als Steuermann auf dem Dampfer „Roland" angestellt gewesen ist, sich stets als tüchtiger und umsichtiger Seemann erwiesen hat. Das Seeamt hat keinen Grund, die Richtigkeit dieser Angabe des Schiffers in Zweifel zu ziehen, da der Steuermann auch bei seiner Vernehmung vor dem Seeamt auf letzteres den Eindruck eines bedächtigen und zuverlässigen Seemanns gemacht hat.

Das Seeamt vermag bei Berücksichtigung der hervorgehobenen Umstände das einmalige, wenn auch für das Schicksal des Schiffes verhängnißvoll gewesene Versehen des Steuermanns nicht schon als hinreichenden Grund anzusehen, um demselben die Befugniß zur Ausübung des Schiffer- bezw. Steuermanns-Gewerbes zu entziehen.

Soweit das Verhalten von Schiffer und Steuermann im Vorstehenden einer Besprechung nicht unterzogen ist, hat dasselbe zu Ausstellungen keine Veranlassung geboten. Auch in Betreff der nach dem ersten Aufstoßen des Schiffes vorgenommenen Manöver sind Bemerkungen nicht zu machen, zumal anzunehmen steht, daß das Schiff bereits nach dem ersten Aufstoßen rettungslos verloren war.

Die Entscheidung des Ober-Seeamts lautet:

daß der Spruch des Seeamts in Bremerhaven vom 1. April 1882 dahin abzuändern, daß dem Steuermann Hans Grahn zu Krakow in Mecklenburg die Befugniß zur Ausübung des Schiffergewerbes zu entziehen, dagegen die Befugniß zur Ausübung des Steuermannsgewerbes zu belassen und die baaren Auslagen des Verfahrens außer Ansatz zu lassen.

Gründe. Das Seeamt zu Bremerhaven hat den Verlust des Dampfers „Roland" bei den Außengründen von Terschelling auf die bei Navigirung desselben vom Steuermann Grahn begangenen Fehler zurückgeführt, dem letzteren aber die Befugniß zur Ausübung des Schiffer- und des Steuermannsgewerbes nicht abgesprochen, weil die Fehler zum Theil dadurch entstanden seien, daß Grahn sich zu sehr auf die Richtigkeit des von ihm und dem Schiffer Gretzmann aufgemachten Bestecks verließ, und weil für die Richtigkeit dieses Bestecks in erster Linie die Verantwortung den Schiffer treffe, der es unterlassen habe, auf die gegen die Zuverlässigkeit der Berechnungen vorliegenden Bedenken aufmerksam zu machen. Abgesehen hiervon hält das Seeamt für glaubhaft, daß bei der Strandung eine außergewöhnlich stark auf die Terschelling-Bänke setzende Strömung mitgewirkt habe. Das Seeamt hat zu Gunsten des Steuermanns Grahn ferner das ihm von Gretzmann ertheilte gute Zeugniß in Betracht gezogen.

Der Reichscommissar wendet dagegen ein, daß dem Steuermann die Beobachtungen, Rechnungen und Schätzungen, auf welche sich das Besteck stützte, bekannt gewesen seien, daß er über die Unsicherheit dieser Elemente nicht in Zweifel gewesen sein könne und auch nicht gewesen sei, und daß er trotzdem das Insichtkommen eines Feuers nicht benutzt habe, um die Identität desselben nach den Regeln der Navigationskunst festzustellen und das Besteck zu berichtigen. Auch habe er den Schiffer beim Insichtkommen des Feuers, obwohl dies geboten gewesen wäre, nicht geweckt, und einen Curs, welcher nur bis zum Sichten des Feuers gegeben war, ruhig weiter gesteuert, obgleich dieser Curs unter allen Umständen ein höchst gefährlicher gewesen sei, und obgleich er dies bei Prüfung der Karte hätte erkennen müssen, mochte nun das gesichtete Licht das von Kijkduin oder das von Terschelling gewesen sein. Daß eine außergewöhnlich starke Strömung gelaufen sei, erfahre bei Betrachtung der Curse und der Fahrt des Schiffes sowie bei Berücksichtigung der Peilungen und der Strandungsstelle keineswegs eine Bestätigung; überdies hätte der Steuermann wissen und berücksichtigen müssen, daß die Gatten zwischen den Inseln bei NW-Wind und einsetzender Fluthströmung ziehen. Auf das dem Steuermann Grahn vom Schiffer Gretzmann ausgestellte günstige Zeugniß legt der Reichscommissar kein Gewicht, weil Gretzmann selbst bei der Navigirung des „Roland" ein gleichgiltiges und nachlässiges Verhalten an den Tag gelegt habe.

Der Steuermann Grahn führt zur Entschuldigung der von ihm begangenen Verwechselung des Terschelling-Feuers mit dem Kijkduin-Feuer an, daß er das gesehene Licht für ersteres Feuer nicht habe halten können, weil er dann Terschelling-Feuerschiff hätte erblicken müssen, und daß er das rasche Durchwandern des Feuers sich nicht durch die große Nähe desselben, sondern durch einen das Schiff mitnehmenden starken Fluthstrom erklärt habe.

Die erste Ursache der Strandung des Dampfers „Roland" ist in der ganz oberflächlichen und ungenauen Besteckführung zu suchen, welche dem Schiffer Gretzmann zur Last fällt. Beim Passiren von

Hanstholm-Feuerthurm wurde verabsäumt, den Ausgangspunkt für die Besteckführung durch sorgsame Peilungen, event. in Verbindung mit einer Lothung, genau zu bestimmen. Es wurde dann nach einem Compaß gesteuert, dessen bereits vor längerer Zeit angefertigte Deviationstabelle nach Angabe des Schiffers nicht mehr brauchbar war. Obwohl der Compaß eine ziemlich große Deviation zeigte, ist eine neue Deviationstabelle nicht aufgestellt worden; vielmehr verließ man sich darauf, in jedem Falle durch Gestirnpeilungen die Deviation zu finden, während man solche Peilungen sonst nur zur Controle der Deviationstabelle zu benutzen pflegt. Was aber noch mehr den auffallenden Leichtsinn kennzeichnet, mit dem der Schiffer Gretzmann die Navigirung betrieb, ist der Umstand, daß das Schiff bereits seit ³/₄ Jahren ohne Loggleine fuhr, obwohl der Steuermann Grahn nach seiner Angabe den Schiffer auf das Fehlen dieses für die Navigirung unentbehrlichen Apparates aufmerksam gemacht hatte. Man war in Folge dessen ausschließlich auf das Patentlogg, welches das gewöhnliche Logg gänzlich zu ersetzen nicht geeignet ist, angewiesen, und als ersteres gleich nach dem Eintritt des Schiffes in die Nordsee verloren ging, hatte man keinen anderen Anhalt zur Bestimmung der Geschwindigkeit als die Umdrehungszahl der Maschine.

Am 20. Februar 1882 Mittags erhielt man eine Breitenobservation und lothete Nachmittags 22 Faden. Unter Benutzung dieser Daten wurde der Schiffsort auf 54° 50′ Nordbreite und 6° 2′ Ostlänge festgestellt. Der letzteren Angabe, der geographischen Länge, welche auf der Lothung beruhen soll, muß jeder Werth abgesprochen werden, weil sich unter dem Breitenparallel, auf dem man sich befand, Tiefen von 20 bis 22 Faden auf eine Distanz von 80 Seemeilen erstrecken; thatsächlich war der Schiffsort also so gut wie gar nicht bestimmt. Obwohl ein Chronometer an Bord war, wurde ein Gebrauch davon nicht gemacht. Um Mitternacht dieses Tages wurde der Schiffsort unter der Voraussetzung bestimmt, daß der Dampfer seit Mittag den angenommenen Curs wirklich eingehalten habe und in der Zwischenzeit 70 Seemeilen ausgelaufen seien, die man nach der Umdrehungszahl der Maschine schätzte. Gleichzeitig wurden 21 Faden Wassertiefe gefunden, welche mit der wirklichen Tiefe an dieser Stelle, wie die Karte sie ergiebt, durchaus nicht in Uebereinstimmung stehen. Hierauf scheint man aber gar keine Rücksicht genommen zu haben.

Für diese ganz unsachgemäße und tadelnswerthe Art der Navigirung ist ausschließlich der Schiffer Gretzmann verantwortlich zu machen;

den Steuermann Grahn aber trifft der Vorwurf, daß er, als er am 21. Februar Morgens 4 Uhr die Wache übernahm, in dieser leichtfertigen Navigirung fortfuhr. Auf welchen ungenauen Daten die Schätzung des Schiffsortes zu Mittag und Mitternacht des 20. beruhte, war dem Steuermann aus eigenem Wissen vollständig bekannt. Er mußte sich daher sagen, daß bei dem Anlaufen des Landes, noch dazu an einer als so gefahrbringend bekannten Stelle, wie es Terschelling ist, die äußerste Vorsicht durchaus geboten sei. War es schon unverantwortlich, daß man auf der bisherigen Reise nur zweimal das Loth geworfen hatte, obwohl fast jeder andere Anhalt zur Orientirung fehlte oder unbenutzt gelassen wurde, so trat die Nothwendigkeit des Lothens mit der Annäherung an die Küste in erhöhtem Maße hervor. Der Steuermann glaubte, daß das gesichtete Feuer das von Kijkduin sei, und daß er es an der Grenze des Feuerkreises, also in einer Entfernung von etwa 20 Seemeilen gesichtet habe. Dort konnte er aber bei dem gesteuerten Curse und so lange er ihn verfolgte, mit dem Loth nicht unter 14 bis 15 Faden Wassertiefe erhalten. Wo er sich in Wirklichkeit befand, hätte er zuerst 13 bis 14 Faden, sehr bald aber weit weniger gefunden.

Die Verwechselung des Feuers von Terschelling mit dem von Kijkduin war aber auch aus anderen Gründen für einen aufmerksamen und umsichtigen Navigateur ausgeschlossen, und es können die von Grahn für die Verwechselung vorgebrachten Rechtfertigungsgründe als stichhaltig nicht angesehen werden. Derselbe will sich das rasche Durchwandern des Feuers dadurch erklärt haben, daß der Dampfer einen starken Strom mitgehabt habe. Wenn das Feuer, wie der Steuermann annimmt, an der Sichtbarkeitsgrenze, also in etwa 20 Seemeilen Entfernung in Sicht kam, so hätte der Dampfer, um das rasche Durchwandern zu erklären, auf dem gesteuerten Curse durch einen Strom von wenigstens 6 Seemeilen in der Stunde in der Cursrichtung versetzt werden müssen, was das Maximum der hier vorkommenden Strömungen um mehr als das doppelte überschreitet. Auf eine Stromstärke von mehr als 1,5 bis 2,5 Knoten zu rechnen, war durch nichts begründet. Bei einer solchen Annahme würde unter Berücksichtigung des Curses, der Fahrt und des Auswanderns des Feuers der Dampfer das auf 18 Seemeilen sichtbare Drehfeuer von Eijerland in 10 bis 11 Seemeilen Entfernung passirt haben und reichlich in den Gesichtskreis der in der Nähe von Kijkduin-Feuer gelegenen Feuer von Dickoomsduin und Zanddijk gelangt sein. Der Steuermann Grahn giebt als Grund dafür, daß er das Nichtsichten des hellen Blinkfeuers von Eijerland, in dessen Gesichtskreis er sich auch dann befunden hätte, wenn der Dampfer wirklich soweit von der Küste abstand, wie er geglaubt haben will, an, daß einige Feuer zuweilen durch eine locale Nebelschicht verdeckt seien, während andere klar blieben. Abgesehen davon, daß es gegen jede Wahrscheinlichkeit spricht, wenn von 4 Feuern gerade die am nördlichsten und südlichsten, also am weitesten von einander gelegenen verdeckt sein sollen, und wenn von den mittleren beiden, welche dicht beisammen liegen, das eine unsichtbar sein, das andere während der ganzen Zeit hell leuchten soll, ist es, wenn der Schiffer oder der Steuermann solche atmosphärischen Verhältnisse in der Nähe einer der Schiffahrt gefährlichen Küste vermuthet und der Schiffsort nicht genau bekannt ist, Pflicht desselben, zu stoppen und bessere Sichtigkeit abzuwarten oder unter beständigem Lothen langsam zu gehen. Beides ist auf dem „Roland" versäumt worden.

Unter den vom Steuermann angenommenen atmosphärischen Verhältnissen, welche die Navigirung erschweren mußten, wäre demselben um so mehr die Pflicht erwachsen, sofort den Schiffer zu wecken; war dies schon an und für sich und ohne besondere Ordre beim Sichten des Feuers, namentlich in Rücksicht darauf geboten, daß ein genaues Besteck gänzlich fehlte, so war es unbedingte Pflicht in Anbetracht des vom Schiffer gegebenen Befehls, ihn zu wecken, wenn „etwas Besonderes" vorkäme; denn das Sichten von nur einem Feuer, wo deren — wenn nämlich das gesichtete Feuer das von Kijkduin gewesen wäre — eine ganze Anzahl hätte zu sehen sein sollen, ist „etwas Besonderes".

Wenn der Steuermann Grahn zu seiner Entschuldigung weiter vorbringt, daß er das gesichtete Feuer nicht für das von Terschelling-Feuerthurm habe halten können, weil dann das Terschelling-Feuerschiff hätte gesehen werden müssen, so trifft dies insofern zu, als dieses Feuerschiff in Wirklichkeit weit näher passirt worden sein muß, als es passirt sein würde, wenn das gesichtete Feuer das von Kijkduin und der Abstand von der Küste ein so großer gewesen wäre, wie der Steuermann annahm. Da die Abstandsschätzung aber — wie nachgewiesen — auf groben Fehlern beruhte, so kann auch dies nicht als Entschuldigung gelten; denn bei einer Abschätzung der Entfernung ohne Annahme von Strom oder bei Annahme eines den hier herrschenden Verhältnissen entsprechenden Stromes hätte der Curs auch dann innerhalb des Sichtkreises des Feuerschiffes geführt, wenn das gesichtete Feuer das von Kijkduin gewesen wäre. In Wirklichkeit muß das 11 Seemeilen sichtbare Feuerschiffslicht auf eine Entfernung von wenigen Seemeilen und zwar auf der Wache des Steuermanns passirt worden sein. Da nichts dafür spricht, daß es diesig oder nebelig war, so ist das Nichtsichten desselben nur dadurch zu erklären, daß auf der Wache des Steuermanns überhaupt ein schlechter Ausguck gehalten, oder daß die ganze Aufmerksamkeit auf den Ausguck an der Backbordseite, wo man die Feuer erwartete, concentrirt worden ist und man in Folge dessen das an Steuerbordseite befindliche Licht des Feuerschiffes nicht bemerkt hat.

Der Steuermann Grahn hat demnach bei der Navigirung des „Roland" grobe Fehler begangen und sich schwerer Unterlassungen schuldig gemacht. Bei der Beurtheilung des Grades seiner Verschuldung kommt aber in Betracht, daß das unrichtige Besteck des Dampfers vor dem Sichten des Leuchtfeuers, für welches in erster Reihe dem Schiffer Gretzmann die Verantwortung zufällt, bei dem Seeunfall wesentlich mitgewirkt hat. Es ist auch anzunehmen, daß der Steuermann während seiner Wache aufmerksamer navigirt haben würde, wenn der Schiffer Gretzmann selbst auf eine gute Navigirung größeren Werth gelegt und seine Untergebenen besser angeleitet und instruirt hätte. Wenn daher auch als erwiesen anzusehen ist, daß der Steuermann Grahn zur Zeit nicht diejenige Befähigung und diejenigen sonstigen Eigenschaften besitzt, welche man in Bezug auf selbständige tadelfreie Navigirung bei einem Schiffer voraussetzen muß, so nöthigen die begangenen Fehler doch nicht zu dem Schlusse, daß derselbe unter einem tüchtigen Schiffer nicht im Stande wäre, die Pflichten als Steuermann zu erfüllen, weshalb ihm nur die Befugniß zur Ausübung des Schiffergewerbes zu entziehen, diejenige zur Ausübung des Steuermannsgewerbes aber zu belassen ist. Auf das dem Steuermann Grahn vom Schiffer Gretzmann ausgestellte gute Zeugniß ist bei diesem Urtheile keine Rücksicht genommen worden, weil nach dem Ergebniß der Untersuchung der letztere nicht diejenigen Eigenschaften zu besitzen scheint, welche unentbehrlich sind, um seinen Zeugnissen über die Befähigung eines Berufsgenossen einen Werth beizulegen.

Die Kosten des Verfahrens bleiben außer Ansatz, weil die Beschwerde vom Reichscommissar eingelegt worden ist.

34. Spruch des Seeamts zu Emden vom 24. Juni 1882, betreffend den Zusammenstoß der Kufftjalk „Maria" von Haren mit der schwedischen Brigg „Robert Stephenson".

Der Spruch des Seeamts lautet:

Die Ursache des Zusammenstoßes der Kufftjalk „Maria" von Haren mit der schwedischen Brigg „Robert Stephenson" ist in einem unglücklichen Zufalle zu suchen, welcher die rechtzeitige Wahrnehmung der Lichter der „Maria" seitens der schwedischen Brigg verhinderte, übrigens aber das Verhalten des Führers des „Robert Stephenson", insbesondere aber des am Bord des letzteren Schiffes befindlichen oldenburger Lootsen August Meyer I. von Blexen mit den bestehenden Vorschriften nicht in Einklang zu bringen.

Gründe. 1. Die im Jahre 1871 erbaute, angeblich zu 173,41 cbm vermessene und im Alleineigenthum des Schiffers Gerdelmann zu Haren stehende Kufftjalk „Maria", welche bis Februar 1882 unter dem Namen „Martha Meyer" unter holländischer Flagge gefahren, seitdem aber auf Grund eines von dem Kaiserlichen Consulat in Groningen ertheilten Flaggenattestes die deutsche Flagge angenommen hatte, ist am 19. April 1882, als sie sich mit ihrer regelmäßigen Besatzung von 3 Personen und einer Ladung Klobenholz auf der Reise von Stettin nach Harlingen befand, Abends etwa um 11 Uhr von einem fremden Schiffe angesegelt, und war in Folge dieser Collision der Klüverbaum der „Maria" gebrochen, der Mast rückwärts übergefallen, dabei zugleich das Boot zertrümmert und endlich der Bug des Schiffes bis zur Wasserlinie eingestoßen. Um das Schiff, welches mit der erwähnten Ladung vorn einen Tiefgang von 6 Fuß 3 Zoll, hinten einen solchen von 6 Fuß hatte, vorn zu erleichtern und dadurch das Einströmen des Wassers zu verhindern, wurde die vordere Decklast geworfen, auch der Versuch gemacht, das Loch im Bug außenbords durch Segel zu dichten; das Wasser im Raum nahm jedoch mehr und mehr zu und ging daher am folgenden Morgen um 6 Uhr, als trotz angestrengten Pumpens das Schiff etwa zu einem Drittel voll Wasser gelaufen war, und die See von beiden Seiten über Deck zu schlagen begann, die Besatzung der „Maria" auf die in Folge der gezeigten Nothsignale herangekommene Bremer Bark „Jenni" über, durch welche sie demnächst in Geestemünde gelandet wurde.

Außer einigen Kleidungsstücken, etwas Bettzeug, den Schiffspapieren sowie geringfügigen Inventarstücken hat von der „Maria" nichts geborgen werden können; daß die „Maria" selbst wirklich weggesunken ist, hat deren frühere Besatzung zwar nicht mehr gesehen, gleichwohl ist jedoch der Untergang derselben allen vorliegenden Umständen nach nicht zu bezweifeln und erscheint insbesondere das Verlassen des Schiffes vollständig gerechtfertigt.

2. Als das mit der „Maria" in Collision gewesene Schiff ist späterhin die schwedische Brigg „Robert Stephenson", Schiffer Chr. Nilsson aus Söleborg ermittelt, welche am 20. April 1882 mit einer in Cette eingenommenen Ladung Wein unter Führung des Lootsen August Meyer I. aus Blexen in Geestemünde einlief. Dieselbe hatte bei der fraglichen Collision nur eine unbedeutende Beschädigung am Vordersteven erlitten, die auch erst nach dem Löschen der Ladung in Geestemünde zu Tage trat. Der genannte Lootse war bereits am 19. April Vormittags etwa um 11 Uhr unter Texel an Bord gekommen, und hat derselbe, wenngleich ihm das Commando des „Robert Stephenson" seitens des Schiffers nicht ausdrücklich übergeben ist, solches doch thatsächlich geführt, „wie das aus den eigenen Aeußerungen des Lootsen und denjenigen des Schiffers Nilsson zur Genüge hervorgeht".

3. Der Zusammenstoß beider Schiffe erfolgte unweit der Insel Borkum, deren Feuer der Schiffer Gerdelmann etwa eine Stunde vor der Collision in SWzS mit 10 bis 12 Seemeilen Abstand gepeilt hatte. Mit dieser Angabe stimmt im wesentlichen die Aussage des Lootsen Meyer bezw. der Inhalt der von der Besatzung des „Robert Stephenson" in Bremerhaven belegten Verklarung, abweichend sind jedoch die verschiedenen Angaben über die Zeit der Collision insoweit, als dieselbe nach den Aussagen der Besatzung der „Maria" zwischen 11 und 12 Uhr Abends, nach denjenigen des Lootsen Meyer und der Besatzung des „Robert Stephenson" dagegen bereits um 10½ Uhr Abends erfolgt sein soll. Als ein eigentlicher Widerspruch ist jedoch diese Abweichung um so weniger aufzufassen, als einestheils die fraglichen Zeitangaben nur ungefähr sind, anderntheils aber dieselben für die „Maria" nach Stettiner Zeit und für den „Robert Stephenson" nach Bremerhavener Zeit gemacht sind.

4. Sämmtliche Zeugenaussagen stimmen dahin überein, daß am Abend des 19. April 1882 eine schlanke Brise aus SWzW bis WSW wehte und übrigens zwar die See ziemlich hoch ging, sonst aber das Wetter gut und insbesondere die Luft feuersichtig gewesen sei. Daneben

ist festgestellt, daß die „Maria" über Steuerbord WNW beim Winde, der „Robert Stephenson" dagegen OSO½O angelegen habe und ist darnach völlig zweifellos, daß in Gemäßheit Artikel 14 der Allerhöchsten Verordnung zur Verhütung des Zusammenstoßens der Schiffe auf See vom 7. Januar 1880 der „Robert Stephenson" zum Ausweichen verpflichtet war. Diese Verpflichtung wird denn auch seitens des letzteren anerkannt, Bedenken bezüglich der Glaubwürdigkeit der vorliegenden Zeugenaussagen, daß in der That nach dem Insichtkommen des rothen Lichtes der „Maria" auf dem „Robert Stephenson" sofort hart Backbordruder gegeben sei, liegen überall nicht vor und wird darnach als festgestellt angesehen werden müssen, daß die hier fragliche Collision lediglich auf die verspätete Wahrnehmung des Lichts der „Maria" zurückgeführt werden müsse. Es fragt sich mithin, welche Thatumstände das zeitige Wahrnehmen jenes Lichtes verhindert haben, bezw. ob und event. welcher Seite dieserhalb mit Grund ein Verschulden beigemessen werden könne.

5. In solcher Beziehung ist zunächst rücksichtlich des „Robert Stephenson" festgestellt, daß derselbe nicht blos, worauf es weniger ankommt, die vorschriftsmäßigen Lichter geführt habe, sondern insbesondere auch, daß der Ausguck auf demselben in völlig ausreichender Weise besetzt gewesen sei. Denn von den zu der damals gerade im Dienst befindlichen Steuermannswache gehörigen vier Personen haben sich den betreffenden Zeugenaussagen zufolge außer dem Rudermann alle übrigen zum Zwecke des Ausgucks auf dem Vorderschiffe befunden und ist von dem Steuermann und dem Koch auf Backbordseite, vom Leichtmatrosen Olsson auf Steuerbordseite ausgesehen worden und wenn nun bei dem allen freilich die Möglichkeit nicht in Abrede zu nehmen ist, daß mangelnde Aufmerksamkeit der Ausguckleute der Grund gewesen sei, weshalb man das Licht der „Maria" nicht rechtzeitig bemerkt habe, so ist doch andererseits zu berücksichtigen, daß die stattgehabte Verhandlung keine Anhaltspunkte ergeben hat, welche solche Annahmen zu rechtfertigen vermöchten und ist namentlich auch der Umstand nicht ganz ohne Bedeutung, daß die „Maria", deren Bestmann zuerst das grüne Licht des Gegenseglers bemerkt hatte, sich vor dem Zusammenstoß an Backbordseite des „Robert Stephenson" befand und hier gerade von zwei Personen der Ausguck wahrgenommen wurde. Ein Verschulden der Mannschaft des „Robert Stephenson" konnte somit als erwiesen nicht angesehen werden, im übrigen aber hätte allerdings der am Bord jenes Schiffes befindliche Lootse Meyer pflichtmäßiger gehandelt, wenn er an dem fraglichen Abend, anstatt

sich zum Schlafen in die Cajüte zu begeben, an Deck geblieben wäre und erschien das umsomehr angezeigt, als der „Robert Stephenson“ unter Land segelte und sich, wie die Aussage des Steuermanns Soeström, daß er an jenem Abend verschiedene Lichter gesehen habe, erkennen läßt, noch dazu in einem frequenten Fahrwasser befand.

6. Bezüglich der „Maria“ ergeben die Aussagen des Schiffers Gerdelmann bezw. des Schiffskochs Siebum, daß dieselbe zur Aufstellung ihrer Lichter an beiden Seiten mit eisernen Stangen versehen war, welche, in der Länge der Ruderpinne vom Hintertheil des Schiffes entfernt, außenbords befestigt, sich in der Höhe der Verschanzung so weit nach außen bogen, daß die obere Weite der etwa manneshohen Lichtständer der größten Breite des Schiffes selbst entsprach und versichert der Schiffer selbst, daß die vorschriftsmäßigen Lichter bereits mit Sonnenuntergang angezündet seien. Nach Inhalt der von der Besatzung der „Maria“ belegten Verklarung haben sie in der Zeit vor der Collision hell und klar gebrannt, der Schiffer und Koch haben das bei ihren späteren Vernehmungen wiederholt bestätigt, insbesondere will sich der Koch davon noch um 10½ Uhr — nach der Zeitrechnung der „Maria“ und also etwa eine Stunde vor der Collision — überzeugt haben und erkennen auch die betreffenden Schiffsleute des „Robert Stephenson“ wie der Lootse Meyer an, daß, als die rothe Laterne der „Maria“ in Sicht gekommen ist, dieselbe ein helles und klares Licht gegeben habe. Demgegenüber aber war die Annahme einer Pflichtwidrigkeit in Führung der vorgeschriebenen Lichter auf Seiten des Schiffers Gerdelmann für ausgeschlossen zu erachten.

7. Die „Maria“, deren Decklast nach Angabe des Schiffers Gerdelmann bis etwa zur halben Höhe der Hütte verstaut war und daher deren Lichter nicht wohl verdecken konnte, führte in der Zeit vor der Collision das einfach gereffte Großsegel, kleine Klüfock und gereffte Stagfock, und erscheint es darnach allerdings völlig glaubwürdig, daß für die „Maria“ selbst der Ausguck durch deren Segel in keiner Weise behindert gewesen sei; gleichwohl war jedoch die Möglichkeit nicht abzuweisen, daß die Segel der „Maria“ die Lichter derselben für die Ausguckleute des „Robert Stephenson“ verdeckt haben, und ist in solcher Beziehung nicht ohne Bedeutung, einestheils, daß die beiden Schiffe nach den von ihnen gesegelten Cursen fast in gerader Richtung auf einander zuliefen, anderntheils, daß die schwer beladene „Maria“ erheblich tiefer lag, als der „Robert Stephenson“, indem das Zusammentreffen dieser beiden Thatumstände denkbarer Weise die Wirkung hatte, daß die Sichtlinie zwischen den Lichtern der

„Maria" und der Augenhöhe der Ausguckleute des „Robet Stephenson" bei der Annäherung der beiden Schiffe durch das Einfallen des einen oder anderen Segels der „Maria" unterbrochen wurde.

8. Dadurch wäre erklärt, daß trotz ordnungsmäßiger Aufmerksamkeit der Ausguckleute des „Robert Stephenson" die hell und klar brennenden Lichter nicht rechtzeitig bemerkt wurden, indessen ist anzuerkennen, daß es an einem eigentlichen Beweise für die Richtigkeit einer solchen Annahme allerdings ermangelt. Allein ein desfallsiger stricter Beweis wird überhaupt nicht zu erbringen sein und konnte unter solchen Umständen und beim Mangel jeglichen Nachweises darüber, daß und welchem der betheiligten Schiffe ein pflichtwidriges Verhalten zur Last falle, die Ursache des in Frage stehenden Unfalls nur so, wie geschehen, in einem unglücklichen Zufalle gesucht werden.

9. Nach dem Wiederfreikommen der beiden Schiffe sind von der durch den Zusammenstoß schwer beschädigten „Maria" nach Aussage des Schiffskochs Siebum verschiedene Nothsignale durch Schießen mit einem Gewehre, Blasen des Nebelhorns, Läuten der Schiffsglocke und Anstecken einer Fackel gegeben, und werden diese Angaben durch den Schiffer Gerdelmann im wesentlichen bestätigt. Daß dessen ungeachtet die Besatzung des „Robert Stephenson" von Signalen überhaupt nichts bemerkt haben will, obgleich ihren eigenen Aussagen zufolge ihre Aufmerksamkeit neben der Beschäftigung auf dem eigenen Schiffe doch auch mit auf das fremde Schiff gerichtet gewesen ist, muß in hohem Grade auffällig erscheinen, ganz besonders auffällig aber ist es, daß der Lootse Meyer erst nachträglich mit seiner Angabe, zu wiederholten Malen Blaufeuer des fremden Schiffes gesehen zu haben, hervorgetreten ist, nachdem er diesen Umstand bei seiner ersten Vernehmung durch den Oberlootsen Wessels verschwiegen hatte. Die Ausrede des p. Meyer, daß solches lediglich durch Vergeßlichkeit veranlaßt sei, hat umsoweniger Wahrscheinlichkeit, als p. Meyer bei jener ersten Vernehmung ausdrücklich angegeben hat, daß von dem fremden Schiffe Hülfe nicht verlangt worden sei, eben diese Angabe selbst aber die Erinnerung an bemerkte Blaufeuer wachrufen mußte, und wird es dieser Vorgang gerechtfertigt erscheinen lassen, wenn bei den vorliegenden Abweichungen unter den Aussagen der verschiedenen Zeugen den Angaben der Besatzung der „Maria" die größere Glaubwürdigkeit beigemessen ist. Darnach war denn zu erwägen, ob die von der „Maria" gegebenen Signale den Vorschriften der Allerhöchsten Verordnung vom 14. August 1876, betreffend Noth- und Lootsen-Signal-Ordnung für Schiffe auf See und auf den Küstengewässern genügten und dabei nun freilich

anzuerkennen, daß den Bestimmungen des §. 2 der citirten Verordnung dem Wortlaute nach nicht vollständig entsprochen worden ist, andererseits jedoch auch wieder zu berücksichtigen, daß nach der Fassung jenes §. unter b. 2. die dort erwähnten Flammenzeichen nicht gerade mit Theer- oder Oeltonnen hergestellt zu werden brauchen, sondern dazu auch gleichartige ähnliche Gegenstände werden verwendet werden können. Das von der „Maria" gezeigte Fackelfeuer war somit für ein ausreichendes Nothsignal zu erachten.

10. Sollte jedoch auch diese letztere Auffassung nicht zutreffen, so erscheint es jedenfalls völlig zweifellos, daß die nach der Allerhöchsten Verordnung vom 15. August 1876 über das Verhalten der Schiffer nach einem Zusammenstoße der Schiffe auf See den betheiligten Schiffern obliegenden Verpflichtungen ohne Rücksicht auf irgend welche Nothsignale Platz greifen und ist diesen Vorschriften von dem „Robert Stephenson", selbst wenn die gemachten Angaben, daß derselbe nach der Collision beigedreht und etwa eine Stunde lang in der Nähe der Unfallstelle verweilt habe, unbedingt nicht in ausreichender Weise genügt worden. Denn da der „Robert Stephenson" Beschädigungen überall nicht erlitten hatte bezw. letztere doch so unbedeutend waren, daß sie erst späterhin nach erfolgter Entlöschung des Schiffes zu Tage traten, so war der Führer des letzteren offenbar in der Lage, den Vorschriften der §§. 1 und 2 der citirten Verordnung in allen ihren Beziehungen vollständig nachzukommen. Allermindestens hätte der „Robert Stephenson" daher bis zum Anbruche des Tages, mit welchem eine ausreichende Instruction über die Sachlage erwartet werden konnte, am Platze bleiben sollen und ist in dem gegentheiligen Verhalten nicht bloß eine Pflichtverletzung des schwedischen Schiffers, sondern insbesondere auch des Lootsen Meyer zu befinden, der, anstatt dem Verlangen des Schiffers Nilsson auf Wiederaufnahme der Fahrt mit Energie entgegenzutreten, selbst die zur Fortsetzung der Reise erforderlichen Befehle gegeben hat.

Ob nun bei längerem Verweilen des „Robert Stephenson" eine Rettung der „Maria" und ihrer Ladung thunlich gewesen sein würde, muß freilich dahingestellt bleiben, übrigens aber hat, da es sich bei den Bestimmungen der citirten Verordnung um internationale Vorschriften handelt, deren Anwendbarkeit auf den schwedischen Schiffsführer einem Bedenken nicht unterliegen können. Noch mehr als von dem Führer des „Robert Stephenson" aber wäre billig von dem Lootsen August Meyer I. aus Blexen eine völlig genaue Bekanntschaft mit jenen Vorschriften zu erwarten gewesen, und wenn der letztere nun gleichwohl in der öffentlichen Verhandlung eingeräumt hat, daß ihm zur Zeit der fraglichen Collision jene Vorschriften in der That unbekannt gewesen seien, so zeugt das von einer Nachlässigkeit des Mannes, für die bei der verantwortlichen Stellung eines Lootsen wohl kaum eine ausreichende Entschuldigung beizubringen sein dürfte, über welche jedoch nicht vom Seeamt, sondern von der dem Lootsen vorgesetzten Behörde zu befinden sein wird.

35. Spruch des Seeamts zu Stralsund vom 5. Juni 1882, betreffend den Zusammenstoß des Dreimastschooners „Rudolph Ebel" von Stettin mit der norwegischen Bark „Isploven".

Der Spruch des Seeamts lautet:

daß der Seeunfall, bei welchem am 4. November 1880 der Dreimastschooner „Rudolph Ebel" mit der norwegischen Bark „Isploven" zusammengestoßen ist und beide Schiffe erheblichen Schaden erlitten haben, dadurch verursacht worden ist, daß der „Rudolph Ebel" nicht genug zum Abfallen gebracht worden ist, daß den Schiffer Steinbrink hierin ein Verschulden trifft, daß aber keine Veranlassung vorliegt, demselben die Befugniß zur Ausübung des Schiffergewerbes zu entziehen.

Gründe. Der Dreimastschooner „Rudolph Ebel", Unterscheidungssignal JCGB, Schiffer Steinbrink, befand sich am 4. November 1880 mit einer Ladung Hanf auf der Reise von Pillau nach Nantes, ungefähr 14 Seemeilen N½O von Hammershuus-Feuer bei frischem WSWWind und klarer Luft, mit Backbordhalsen NW anliegend. Fünf Minuten vor 6½ Uhr Morgens bemerkte Schiffer Steinbrink, welcher die Wache an Deck hatte, 2½ Strich in Lee voraus das rothe Licht eines Gegenseglers, welches auch zugleich durch den Mann am Ruder, Matrosen Fandré, und von Seiten des Ausgucks, den Jungmann Hagemann, gemeldet wurde.

Der Gegensegler war, wie sich später herausstellte, die norwegische Bark „Isploven", Schiffer J. Olsen, von Kragerö, welche mit einer Ladung Latten und Bretter auf der Reise von Borga nach Berwick sich befand und zur Zeit mit Steuerbordhalsen SSW anlag. Der Schiffer Steinbrink gab sofort das Commando, das Ruder hart aufzuholen, und fierte die Besahnschoot ganz ab. Da das Rudercommando sofort befolgt wurde, fiel das Schiff ungefähr 2½ Strich ab, das rothe Licht des Gegenseglers blieb aber in Lee. Nach kaum 10 Minuten sah sich Schiffer Steinbrink dem „Isploven" auf Schiffslängenentfernung Bug gegen Bug gegenüber; er gab deswegen das Commando, das Ruder in Lee zu legen und die Klüverschooten aufzufieren. Der „Rudolph Ebel" gehorchte dem Ruder sofort, indem er hart anluvte. Als der Koch noch beim Auffieren der Klüverschooten beschäftigt war, erfolgte der Zusammenstoß, indem der „Rudolph Ebel" mit der Steuerbordseite an dem Bug des „Isploven" entlang fegte. Hierbei zerriß der Klüverbaum des „Isploven" die Fock und brach ab, faßte mit dem Stumpf das Großsegel und mit dem Bugspriet den Besahnmast, zerriß ersteres und brach letzteren in ⅔ Höhe vom Deck ab; außerdem waren am „Rudolph Ebel" ein Spann der Großwanten und einige Stützen der Regeling gebrochen, sowie die Puttingsbolzen der Besahnwanten ausgerissen. Der „Isploven" hatte Klüverbaum, Bugspriet und den größten Theil des Vorderstevens verloren, so daß der Fockmast ohne Stütze blieb. Die Schiffe blieben frei von einander. Der „Rudolph Ebel" machte alle Segel bis auf Untermarssegel fest und halste über Backbord. Der „Isploven" setzte zunächst seinen Curs fort, hielt später aber — gegen Mittag — auf den „Rudolph Ebel" zu. Obwohl beide Schiffe sich ziemlich nahe kamen, konnten die Zurufe bei dem stürmischen Wetter nicht verstanden und nur die Namen der Schiffe festgestellt werden. Der „Rudolph Ebel" kreuzte noch bis zum 8. November, um den Hafen von Swinemünde zu erreichen, kehrte dann aber — am 9. — nach dem Hafen von Pillau zurück, besserte die Schäden aus und nahm Ende December 1881 die Reise nach Nantes wieder auf. Die schwer lecke Bark „Isploven" kam bei dem Versuch, den Hafen von Karlskrona als Nothhafen zu gewinnen, bei der Insel Haßlo auf Grund und ist später für reparaturunwürdig erklärt worden.

Dieser aus den eidlich abgelegten Verklarungen beider Schiffe und den eidlichen Aussagen der vernommenen Mannschaften des „Rudolph Ebel" festgestellte Sachverhalt läßt unschwer die Ursache des Zusammenstoßens der beiden Schiffe erkennen. Dieselbe ist darin zu finden, daß der Schiffer Steinbrink den gesetzlichen Vorschriften über das Ausweichen der Schiffe auf See nicht voll nachgekommen ist. Derselbe hat freilich, wie ihm dies der Artikel 14 lit. b der Verordnung vom 7. Januar 1880 zur Pflicht macht, Manöver angeordnet und ausgeführt, um dem „Isploven" aus dem Wege zu gehen; diese Anordnungen sind aber ungenügend gewesen. Der Schiffer Steinbrink mußte so lange manövriren, bis er das rothe Licht des Gegenseglers luvwärts von seinem Schiff gebracht hatte. Dies konnte er erreichen, wenn er die Piek vom Besahn wegfierte und die Großschoot auffierte; hierzu war vollkommen Zeit, da nach der bestimmten eidlichen Aussage des Matrosen Fandré 10 Minuten von dem Insichtkommen des Gegenseglers bis zur Collision verstrichen sind; solche Maßnahmen würden aber auch von Erfolg gewesen sein, da der „Rudolph Ebel" sich nach dem Zeugniß des Fandré und nach dem vorher ausgeführten Manöver durchaus nicht schwerfällig im Abfallen gezeigt hat. Die Unterlassung dieses Manövers involvirt ein Verschulden des Schiffers Steinbrink, welches mit dazu beigetragen hat, die Collision herbeizuführen. Die in §. 26 des Gesetzes vom 27. Juli 1877 erforderte Voraussetzung für den Antrag des Reichscommissars, dem Schiffer Steinbrink, welcher ein Befähigungszeugniß als Schiffer auf großer Fahrt besitzt, die Befugniß zur Ausübung des Schiffergewerbes zu entziehen, liegt somit vor. Das Seeamt hat aber bei Prüfung dieses Antrages nicht erkennen können, daß der Schiffer Steinbrink durch sein Verhalten den Mangel solcher Eigenschaften bekundet hat, welche zur Ausübung des Schiffergewerbes erforderlich sind. Hat derselbe sich auch bei Beurtheilung der Situation einen Fehler zu Schulden kommen lassen, so liegt manches zur Entschuldigung dieses Fehlers vor. Wenn auch der „Isploven" nicht, wie irrig von dem Schiffer Steinbrink und dem Manne am Ruder angenommen ist, ebenfalls abgehalten hat — in diesem Falle hätte das grüne Licht des „Isploven" dem „Rudolph Ebel" sichtbar werden müssen — so muß derselbe doch weniger Fahrt gemacht haben und mehr abgetrieben sein, als der Schiffer Steinbrink dies voraussehen konnte. Als dann die Collision unvermeidlich war, hat der Schiffer Steinbrink durch den allerdings kühnen Entschluß, wieder anzuluven, die Folgen der Collision vermindert, indem es ihm fast gelungen wäre, vor dem Bug des „Isploven" vorüberzukommen. Das Seeamt hat deswegen das Manöver des Anluvens nicht als ein fehlerhaftes, sondern nur als ein nach Lage der Sache gebotenes erachten können.

Aus diesen Gründen hat das Seeamt die Ursache des Seeunfalls freilich auf ein Verschulden des Schiffers Steinbrink zurückführen müssen, dem Antrage des Reichscommissars auf Patententziehung aber nicht entsprechen können.

36. Spruch des Seeamts zu Emden vom 8. Juli 1882, betreffend den Seeunfall des Lootsschooners „Ems" von Emden.

Der Spruch des Seeamts lautet:

Die Ursachen des Untergangs des seit dem 14. October 1881 verschollenen Lootsschooners „Ems" von Emden sind nicht zu ermitteln gewesen.

Gründe. Der im Jahre 1878 erbaute, im November desselben Jahres von der Emder Emslootsengesellschaft für den im März 1878 untergegangenen gleichnamigen Schooner wieder in Dienst gestellte Lootsenschooner „Ems" ist seit dem 14. October 1881 verschollen. Am Morgen des gedachten Tages ist der Schooner etwa um 9 Uhr zuletzt bei SWWind nach See segelnd gesehen, seit jener Zeit aber fehlen sowohl vom Schiffe als seiner Besatzung, welche außer dem Lootsenschiffer aus 4 Lootsen und 3 Reservelootsen bestand, jegliche Nachrichten, auch die in öffentlichen Blättern erlassenen Aufrufe sind erfolglos geblieben und ist darnach zweifellos die „Ems" mit ihrer ganzen Besatzung verunglückt. Daß die Ursache dieses Unfalls nicht in mangelhafter Besatzung gesucht werden könne, ist nach der bezüglichen vorstehend gemachten Angabe ohne weiteres als feststehend zu erachten. Für die Seetüchtigkeit des erst wenige Jahre alten Schiffes spricht namentlich das Zeugniß des Lootsencommandeurs Graefenhain, nach welchem sich dasselbe während seiner Dienstzeit als ein Fahrzeug von ganz besonderer Güte bewährt hat, und liegen im übrigen weitere Anhaltspunkte zur Erklärung des in Frage stehenden Seeunfalls nicht vor, als sie die bekannten außerordentlich schweren Stürme vom 14. und 15. October 1881 bieten. Daß die letzteren die wirkliche Ursache jenes Unfalls gewesen seien, ist indessen eben nur wahrscheinlich, nicht aber für nachgewiesen zu erachten und war daher so, wie geschehen, zu erkennen gewesen.

37. Spruch des Seeamts zu Emden vom 8. Juli 1882, betreffend den Seeunfall der Brigg „Rikstina" von Papenburg.

Der Spruch des Seeamts lautet:

Die Ursache des Unfalls der seit dem 10. October 1881 verschollenen Brigg „Rikstina", Unterscheidungssignal KDRG, von Papenburg ist zwar mit Sicherheit nicht festzustellen gewesen, die Seetüchtigkeit des Schiffes auf seiner letzten Reise erscheint indessen nach dem Ergebnisse der stattgehabten Verhandlungen nicht ohne Zweifel.

Gründe. 1. Die im Jahre 1862 zu Papenburg erbaute, einer dortigen Rhederei, bei welcher der Schiffsführer, Schiffer Kracht aus Warsingsfehn, mit 8/60 betheiligt war, gehörig gewesene, zu Papenburg heimathberechtigte Brigg „Rikstina", welche zu 487,7 cbm = 172,16 britischen Register-Tons Netto-Raumgehalt vermessen war, ist zu Ende des Monats August oder Anfang des Monats September 1881 mit einer in Archangel eingenommenen Ladung von ungefähr 1422 Quarter Hafer und einer aus im ganzen 6 Personen bestehenden Besatzung nach Schottland für Ordre in See gegangen. Nach einem Schreiben des Schiffsführers d. d. Fortrose den 7. October 1881 war das Schiff daselbst am 5. October angekommen, ist von dort, einem weiteren aus Fortrose vom 10. October 1881 datirenden Schreiben des Schiffers zufolge, nach London beordert, am letzteren Orte jedoch nicht eingetroffen.

2. Ueber den weiteren Verbleib des Schiffes und seiner Besatzung fehlen seit dem Abgange von Fortrose alle Nachrichten; die dieserhalb bei den Angehörigen der zur Schiffsbesatzung gehörig gewesenen Personen eingezogenen Erkundigungen haben überall zu keinem Ergebnisse geführt, ebensowenig die in verschiedenen öffentlichen Blättern erlassenen Aufrufe und scheint darnach angenommen werden zu müssen, daß die „Rikstina" mit ihrer ganzen Besatzung untergegangen ist.

3. Bezüglich der Ursachen des Unterganges der „Rikstina" kommt zunächst in Betracht, daß der letzte Brief des Schiffsführers aus Fortrose vom 10. October 1881 von stürmischem Wetter berichtet, insbesondere aber die fortgesetzte Reise der „Rikstina" in diejenige Zeit fällt, in welcher die bekannten schweren Octoberstürme des Jahres 1881 in der Nordsee geherrscht haben; abgesehen davon ist jedoch in der stattgehabten Untersuchung noch ein weiterer Thatumstand hervorgetreten, welcher für den in Frage stehenden Seeunfall von wesentlicher Bedeutung erscheint.

4. Das Ergebniß der Untersuchung bietet nämlich zu Zweifeln darüber Veranlassung, ob sich die „Rikstina“ zur Zeit ihres Abganges von Archangel bezw. von Fortrose in seetüchtigem Zustande befunden habe. In dieser Beziehung kommt in Betracht, daß die letzte größere Reparatur der „Rikstina“ im Jahre 1878 vorgenommen worden ist, die Classe des Schiffes bereits vor der Ausfahrt von Archangel abgelaufen war, und haben insbesondere verschiedene Briefe Interesse, welche im Laufe des Jahres 1881 vom Schiffsführer an den Correspondentrheder der „Rikstina“ gerichtet sind. Einer derselben berichtet aus St. Davis unterm 13. April 1881, daß die „Rikstina“, nachdem sie am 11. April 1881 von dort mit einer nach Danzig bestimmten Ladung Steinkohlen ausgesegelt war, wegen eines schweren Leckes am Vordersteven in den Hafen hat zurückkehren müssen; in einem Schreiben aus Danzig vom 23. Mai 1881 heißt es:

> „Schiff wird alt und abgenutzt und die Anschaffungen hören nicht auf; dann fehlt dies und dann jenes, und immer hat man mit Zimmerleuten zu thun“;

in einem Schreiben d. d. Helsingör, den 3. Juni 1881:

> „Unsere „Rikstina“ macht bei starkem Segeln und beladen ziemlich Wasser, und wäre es besser, zu dichten und die Classe zu verlängern, aber dann ist die beste Fahrzeit auch wieder hin und noch nichts verdient“;

ferner in einem Schreiben aus London vom 26. Juni 1881, nachdem der Schiffer berichtet hatte, daß er nach Archangel segele, wo er Theer, Hafer oder Flachs laden solle, weiter:

> „Ohne letzteres wollte der Befrachter mir keine Fracht geben; er sagte, es wäre nur im dringenden Falle für Flachs. Hoffentlich ist die Classe für letzteren zu schlecht, auch ist dieselbe gegen dem ja schon abgelaufen, wenn wir da kommen.“

Wenn nun endlich vom Schiffer aus Archangel auch berichtet wird, daß er die „Rikstina“ dort wieder gut habe nachsehen und verdichten lassen und verschiedene neue Anschaffungen für das Schiff gemacht seien, so läßt doch der mitgetheilte Inhalt der früheren Schreiben ersehen, daß der Schiffer selbst schon im Frühsommer des Jahres 1881 der Seetüchtigkeit seines Schiffes nicht mehr recht traute, und hat denn endlich auch der in der Hauptverhandlung vernommene Correspondentrheder ausgesagt, daß es schon im Sommer 1881 die Absicht gewesen sei, die „Rikstina“ nach Papenburg kommen und dort verzimmern zu lassen. Der Schiffer sei daher beauftragt gewesen, Fracht nach der

Ems zu suchen und sei nur, weil sich solche nicht habe bieten wollen, die Reparatur einstweilen verschoben.

5. Seitens des Reichscommissars ist dann endlich noch ein Zweifel darüber angeregt, ob die Ladung der „Rikstina" in Archangel gehörig verstaut, insbesondere durch Schotten versichert gewesen sei. Dieser Zweifel gründet sich darauf, daß in der Abrechnung des Schiffsführers über seine Auslagen in Archangel eine Ausgabe für Brennholz und Bretter im Betrage von 37,57 Rubel vorkommt und seitens des Correspondentrheders anerkannt ist, daß für diesen Preis die zum Abschotten der „Rikstina" erforderlichen Bretter nicht zu beschaffen gewesen seien, falls nicht etwa der Schiffer selbst zu solchem Zwecke noch geeignetes Material am Bord gehabt haben sollte. Der in Archangel erfolgte Ankauf von Brettern, der schwerlich zu einem anderen Zwecke, als dem des Schottens geschehen sein kann, scheint jedoch der Annahme, daß das Schotten wirklich unterlassen sein sollte, entgegen zu stehen, auch dürfte, da es an ausreichenden Gründen mangelt, die Richtigkeit der von dem Schiffer in seinem Schreiben an den Correspondentrheder gemachten Angaben zu bezweifeln, die Höhe des von ihm in Rechnung gestellten Staulohnes dafür sprechen, daß bei der Verstauung der Ladung nicht ohne Sorgfalt verfahren ist, und ist übrigens aus dem etwa unterlassenen Gebrauch des Schottens ein Uebergehen der Ladung und, daß dies gerade den Untergang der „Rikstina" herbeigeführt haben müßte, noch keineswegs mit unbedingter Nothwendigkeit zu folgern.

6. Den vorstehenden Ausführungen zufolge erscheint es wahrscheinlich, daß der Untergang der „Rikstina" auf die Witterungsverhältnisse um die Mitte des Monats October 1881 in Verbindung mit mangelnder Seetüchtigkeit des Schiffes zurückzuführen sein werde; auf sichere Feststellungen in solcher Beziehung mußte jedoch, da von der Besatzung Niemand mehr hat gehört werden können, verzichtet werden.

38. Spruch des Seeamts zu Stettin vom 15. Juli 1882, betreffend den Zusammenstoß der Schaluppe „Elise" von Stralsund mit dem schwedischen Schraubendampfer „Orwar Odd".

Der Spruch des Seeamts lautet:

Der Zusammenstoß des schwedischen Schraubendampfers „Orwar Odd" mit der Schaluppe „Elise", Unterscheidungssignal

JMCH, in der Swine am 15. April 1882 ist dadurch verursacht worden, daß die „Elise“ in Folge von Stromversetzung und nächtlicher Täuschung der Ostmoole zu nahe und dadurch in den Curs des „Orwar Odd“ gekommen war. Den Schiffer Böttcher trifft hierbei der Vorwurf, daß er blindlings und ohne auf das Fahrwasser zu achten, dem vorsegelnden Schiffe nachsegelte, auch ist es als ein Fehler anzusehen, daß er, statt seinen Curs beizubehalten, im letzten Augenblick das Ruder Backbord legte und dadurch quer vor den Bug des Dampfers kam. Gleichwohl ist hierin kein Grund zur Entziehung der Gewerbebefugniß gefunden und dem dahin gehenden Antrage des Reichscommissars nicht entsprochen worden. Der Führung des „Orwar Odd“ wird es zum Vorwurfe gemacht, daß die Dampfpfeife nicht gebraucht und nach dem Zusammenstoße die Kaiserliche Verordnung vom 15. August 1876 nicht befolgt ist.

Gründe. Der schwedische Schraubendampfer „Orwar Odd“ von Karlskrona ging am 15. April 1882 Abends 10 Uhr mit Erlaubniß des Lootsencommandeurs unter Führung des Oberlootsen Wilke I mit Beistand seines Bruders, des Seelootsen Wilke II, von Swinemünde in See. Das Schiff war bodenleer, die Nacht sternklar, der Strom aus, der Wind schwach aus West, ging aber später stärker wehend auf NW. Der Schraubendampfer führte die drei vorschriftsmäßigen Lichter und kam mit gewöhnlicher Fahrgeschwindigkeit bis zum großen Leuchtthurm, als in der Hafeneinfahrt die grünen Lichter von zwei vor dem Winde hintereinander einsegelnden Küstenfahrern sichtbar wurden. Ohne die Dampfpfeife zu gebrauchen, behielt der „Orwar Odd“ seinen Curs bei, doch wurde sofort mit halber Kraft und in der Nähe der Winkbake so langsam gefahren, um gerade noch Steuer im Schiffe zu behalten. Der erste Küstenfahrer ging zwischen dem Dampfschiffe und der Ostmoole durch und ließ den scheltenden Zuruf des Oberlootsen: „wo will di der Deubel in Lee hen hebben?“ unbeantwortet. Der zweite Küstenfahrer war die mit 1100 Centnern roher Kreide beladene, von dem Schiffer Böttcher selbst gesteuerte und außer ihm noch mit dem Matrosen Scheiber bemannte Schaluppe „Elise“, Unterscheidungssignal JMCH, Heimathshafen Stralsund. Die „Elise“ lag, nachdem sie den rothen Steuder der Einfahrt passirt hatte, SSO¼S an mit weit über Backbord gefiertem Großsegel, Klüver und Jager. Der Matrose Scheiber hielt Ausguck. Als er das rothe Licht des Dampfers dicht vor sich sah, wurde der Jager niedergeholt und das Ruder hart

Backbord gelegt. Das Großsegel der „Elise“ faßte den Backbordkrahnbalken des „Orwar Odd“, beide Schiffe drehten sich nach links, wobei der Dampfer das Backbordheck der „Elise“ eindrückte, ohne selbst beschädigt zu sein. Im Augenblick des Zusammenstoßes hatte der „Orwar Odd“ seine Maschine gestoppt, fuhr aber dann weiter, ohne sich um das angerannte Schiff zu kümmern. Der Matrose Scheiber, der an Bord des „Orwar Odd“ geklettert war, wurde von den Lootsen gefragt, was er hier wolle. Auf seine Antwort: „er wolle sein Leben retten“ wurde ihm entgegnet, er solle machen, daß er auf sein Schiff zurückkomme, wohin ihn denn auch die Lootsen, nachdem sie den Dampfer verlassen hatten, in ihrem Arbeitsboote brachten. Die „Elise“ war nach dem Zusammenstoß, der ihr Großsegel nach Steuerbordseite überbrachte, auf die Ostmoole aufgelaufen, glitt aber, da sie nicht so schnell dort festgemacht werden konnte, wieder zurück und sank, nachdem Böttcher und Scheiber ihre Betten und andere Sachen gerettet hatten und mit Mühe an das Land gekommen waren. Schiff und Ladung sind verloren. Die „Elise“, im Jahre 1850 zu Zingst gebaut, hatte einen Netto-Raumgehalt von 74,2 cbm = 26,19 britischen Register-Tons bei einer Länge von 14,03 Meter, einer Breite von 4,68 Meter und 1,97 Meter Tiefe. Die Ladung, für E. Köhn in Stettin bestimmt, war nicht versichert, wohl aber das Schiff, dessen Eigenthümer der Schiffer selbst war. Ueber die Ursache und den Ort des Zusammenstoßes gehen die Angaben auseinander. Zwar stimmen alle Aussagen darin überein, daß die „Elise“ dem voraufsegelnden Schiffe gefolgt und in seinem Kielwasser die Swine hinauf gefahren sei, doch ist sie nach der Behauptung des Schiffers Böttcher und dem eidlichen Zeugnisse seines Matrosen Scheiber am rothen Steuder und den weißen Tonnen des Westgrundes entlang gesegelt, bis dicht vor dem Bug das rothe Licht des Dampfers erblickt und nunmehr, um nach der Westmoole zu auszuweichen, das Ruder Backbord gelegt wurde, während der Dampfer sein Ruder Steuerbord legte und so die „Elise“ anrannte, die erst nach dem Zusammenstoß über den Strom nach der Ostmoole trieb. Dieser Darstellung gegenüber bekunden die beiden Lootsen, sowie Schiffer Lindquist und Steuermann Rydeen vom „Orwar Odd“ eidlich und übereinstimmend, daß der Dampfer an der Ostmoole entlang gefahren sei, daß beide Küstenfahrer auf eben dieser Seite eingesegelt seien und daß die „Elise“ dem voransegelnden Schiffe so gefolgt sei, als ob sie gleich diesem zwischen der Ostmoole und dem schwedischen Dampfschiffe hindurch wolle. Letzteres habe seinen Curs beibehalten und sei das Ruder nicht Steuerbord gelegt, noch der Befehl dazu gegeben worden, während die „Elise“ dicht vor dem Dampfer ihr Ruder Backbord gelegt und quer über den Curs des „Orwar Odd“ stromwärts abgehalten habe.

Es kommt wesentlich darauf an, welche Aussagen größeren Glauben verdienen. Wären die Zeugnisse des Schiffers Böttcher und des Matrosen Scheiber unbedingt als richtig anzunehmen, so würde die Schuld des Zusammenstoßes der Leitung des „Orwar Odd“ schon deshalb zur Last zu legen sein, weil von ihr die Artikel 17 und 21 der zur Verhütung des Zusammenstoßens der Schiffe auf See erlassenen Kaiserlichen Verordnung vom 7. Januar 1880 nicht befolgt wären, darnach soll ein Dampfschiff

1. dem Segelschiff ausweichen, wenn beide in solchen Richtungen fahren, daß für sie Gefahr des Zusammenstoßens entsteht;
2. in engen Fahrwassern, wenn es ohne Gefahr ausführbar ist, sich an derjenigen Seite der Fahrrinne oder der Fahrwassermitte halten, welche an seiner Steuerbordseite liegt.

Nach den Aussagen von Böttcher und Scheiber wäre der „Orwar Odd“ nicht nur an der auf seiner Backbordseite liegenden westlichen Seite des Fahrwassers entlang gefahren, sondern auch durch das Legen des Ruders nach Steuerbord der „Elise“ geradezu auf den Leib gerannt. Diese Aussagen stehen indeß mit sich selbst und mit anderen unbestrittenen Thatsachen in Widerspruch und erscheinen, so hartnäckig sie als objektive Wahrheit betheuert sind, gleichwohl, wenn auch gutgläubig, dennoch gefärbt durch aufgeregte Einbildungskraft und das natürliche Bestreben, alle Schuld von der Führung der „Elise“ auf die des „Orwar Odd“ abzuwälzen. Es fehlt an jedem Beweggrunde, der den Dampfer veranlassen konnte, der gesetzlichen Vorschrift zuwider zu handeln und dabei zugleich statt des tiefen und bequemen Fahrwassers an der Ostmoole die schlechtere und bei Nachtzeit nicht ungefährliche Seite am Rande des Westgrundes zu wählen. Es ist aber auch aus den Aussagen des Böttcher und Scheiber keineswegs überzeugend zu entnehmen, daß die „Elise“ selbst am Westgrunde entlang gesegelt ist. Zwar wollen sie am rothen Steuder vorbeigefahren sein und der Matrose Scheiber glaubt auch die weißen Tonnen am Rande des Westgrundes gesehen zu haben, aber abgesehen von der Unsicherheit dieses letzteren Umstandes ist in keiner Weise festgestellt, wie weit sie von den gedachten Seezeichen entfernt waren, als sie daran vorübersegelten. Die Nacht war hell genug, um die aus dem dunkleren Wasser hervorleuchtenden Seezeichen auch in einiger Entfernung zu sehen, und doch waren bei den verschwimmenden Umrissen aller Gegenstände Täuschungen, namentlich über den Abstand von den Ufern und ihren Betonnungen so gut wie gar nicht zu vermeiden. Um so erklärlicher ist es, daß die „Elise", um von dem gefährlichen Westgrunde frei zu bleiben, den rothen Steuder und die weißen Tonnen möglichst weit an Steuerbord liegen ließ und die tiefere östliche Seite des Fahrwassers aufsuchte, ohne die Annäherung an die Ostmoole in Betracht zu ziehen. Den rothen Steuder und die weißen Tonnen des Westgrundes behielt man auf der „Elise" auch dann noch in Sicht, wenn man, wie die Handzeichnung Blatt 6 angiebt, von der westlichen Seite her einsegelnd allmälig nach der Ostmoole hinüberkam. Daß dies allmälig und vielleicht ohne von den Zeugen Böttcher und Scheiber sogleich bemerkt zu werden geschehen ist, dafür spricht zunächst der von Böttcher selbst bekundete Curs SSO¼S, der den stark ausgehenden Strom auf den Steuerbordbug der „Elise" brachte und somit eine Abtrift nach Backbord herbeiführen mußte. Insbesondere aber kommt in Betracht, daß die „Elise" bis kurz vor dem Zusammenstoß sich im Kielwasser eines Schiffes befand, welches zwischen dem „Orwar Odd" und der Ostmoole durchfuhr und in Anerkennung dieser Ungehörigkeit den Scheltruf des Oberlootsen Wilke I stillschweigend hinnahm.

Muß man hiernach die Verlegung des Zusammenstoßes an die Westseite der Swine als eine auf Selbsttäuschung und künstlicher Zurechtlegung des Herganges beruhende Unrichtigkeit bezeichnen, so bringt die Darstellung des weiteren Verlaufes noch mehr verwirrte Auffassung an den Tag. Scheiber will das rothe Licht des Dampfers dicht vor dem Bug der „Elise" gesehen haben. Wie dies möglich gewesen sei, da man doch vom „Orwar Odd" die grünen Lichter der beiden einsegelnden Schiffe schon von weitem her erblickt hatte, vermögen weder Scheiber noch Böttcher durch genauen Nachweis der Stellung beider Schiffe aufzuklären. Wenn sie andeuten, daß der „Orwar Odd" vielleicht falsche Lichter gehabt habe, so ist die völlig unglaubhafte und aus der Luft gegriffene Behauptung nichts weiter als der Ausdruck ihrer eigenen Fassungslosigkeit, der die Fähigkeit ruhiger und richtiger Beobachtung abhanden gekommen war. Wären beide Schiffe, wie Böttcher und Scheiber wollen, am Westgrunde einander entgegengekommen, so hätte das Erblicken des rothen Dampferlichtes am Bord der „Elise" und ihres grünen Lichts am Bord des Schweden nur dann erfolgen können, wenn beide Schiffe im spitzen Winkel gegen einander stromwärts abhielten und der Zusammenstoß wäre dadurch erfolgt, daß beide gleichzeitig nach der anderen Seite dem Westgrunde zusteuerten, was sehr gezwungen und mit den Angaben der Zeugen Böttcher und Scheiber über den Curs der „Elise" nicht im Einklange ist. Viel einfacher und natürlicher erklärt sich das Erscheinen der verschiedenen Lichter aus der Handzeichnung Blatt 6 der Akten. Hiernach kam die „Elise" bei den äußersten westlichen Tonnen, also auf der Backbordseite des Dampfers in den Strom, daher sie das rothe Licht des „Orwar Odd" erblickte, während sie selbst östlich steuernd ihre Steuerbordseite und somit ihr grünes Licht dem stark nach Westen umbiegenden Strome und dem entgegenkommenden Dampfer zuwendete.

Was dann endlich die Angabe betrifft, daß auf dem Dampfer das Ruder nach Steuerbord gelegt und dadurch der Zusammenstoß herbeigeführt sei, so haben Böttcher und Scheiber von einer solchen Ruderwendung nichts gesehen noch gehört, auch eine veränderte Stellung der Lichter des Dampfers, die doch bei einer solchen Cursänderung sofort hätte bemerkbar werden müssen, vor dem Zusammenstoße nicht wahrgenommen. Den bestimmten Angaben der Zeugen Wilke I und II, Lindquist und Rydeen gegenüber, daß auf dem Dampfer Ruder Steuerbord nicht befohlen noch ausgeführt sei, erscheint auch die angebliche Ruderwendung als eine bloße Einbildung des Böttcher und Scheiber, entstanden durch die plötzliche Linksschwenkung des Dampfers, die aber nicht vor dem Zusammenstoß als dessen Ursache, sondern erst nachher als eine Wirkung desselben erfolgt ist.

Erscheinen hiernach die Aussagen des Schiffers Böttcher und Matrosen Scheiber, soweit sie von den übrigen Zeugen abweichen, als unhaltbar und unglaubwürdig, so bleibt nur übrig, den Hergang so festzustellen, wie er von den beiden Lootsen, dem Schiffer Lindquist und Steuermann Rydeen übereinstimmend und eidlich bekundet ist. Es verdient hierbei noch besonders hervorgehoben zu werden, daß der Schiffer Lindquist nach Maßgabe der Verordnung vom 28. März 1879 die Schiffsführung den Lootsen überlassen und nur den Befehl über die Maschine behalten hatte. Die beiden Schweden sind daher als durchaus unbetheiligt völlig glaubwürdige Zeugen. Der Zusammenstoß ist nicht bei den weißen Tonnen am Westgrunde, sondern ganz so wie die Handzeichnung darstellt, an der Ostmoole in der Nähe der dritten Anlegebrücke erfolgt. Der „Orwar Odd" hielt sich vorschriftsmäßig auf der an seiner Steuerbordseite liegenden östlichen Seite der Fahrrinne und hat bis zum Zusammenstoß seinen Curs nicht geändert, während die „Elise", statt die ihr zugewiesene und bei dem herrschenden NWWinde für sie durchaus zuträgliche westliche Seite der Swine zu halten, über den Strom nach der Ostmoole zu und dem Dampfer entgegenfuhr, als wolle sie ebenso, wie das voransegelnde Schiff, dem sie blindlings folgte, zwischen dem „Orwar Odd“ und der Moole hindurch. Schon hatte das an der Steuerbordseite des Dampfers liegende mit zwei Mann besetzte Arbeitsboot der Lootsen seine Tauleine schlippen lassen, um nicht gequetscht zu werden, als die „Elise“ das Ruder hart Backbord legte, um dicht vor dem Bug des Dampfers in den Strom abzuhalten. Daß diese Schiffsleitung eine fehlerhafte und die Ursache des Zusammenstoßes war, liegt auf der Hand. Der Schiffer Böttcher giebt selbst zu, daß ein Einsegeln längst der Ostmoole fehlerhaft gewesen sein würde. Allerdings soll das Dampfschiff dem Segelschiff stets ausweichen. Dies aber that der „Orwar Odd“, indem er seinen Curs beibehielt in der wohlbegründeten Voraussetzung, daß die „Elise“ ebensogut wie das voransegelnde Schiff an der Backbordseite des Dampfers zwischen diesem und der Moole durchgehen werde. Daß dabei die Schiffe einander an ihren Steuerbord-, statt an den Backbordseiten vorbeigingen, ist gleichgültig, da die Vorschrift des Artikels 15 der Verordnung vom 7. Januar 1880 im Artikel 17 nicht wiederholt ist und außerdem der Artikel 23 ebenda Anwendung findet. Jedenfalls aber mußte nach Artikel 22 ebenda die „Elise“ ihren Curs beibehalten, um dem Dampfschiffe das Ausweichen möglich zu machen. Wollte die Schaluppe mit Backbordruder westlich ausweichen, so mußte dies geschehen, bevor sie gerade vor dem „Orwar Odd“ und sogar bereits näher als dieser an der Ostmoole lag. Nachdem der Küstenfahrer einmal so weit gekommen war, blieb das allein Richtige, dem anderen Genossen mit unverändertem Curse zu folgen, da man sehr wohl annehmen konnte, man werde ebenso wie dieser zwischen Dampfer und Moole hindurch kommen, was durch eine Linkswendung des Dampfers erleichtert werden konnte. So wie die Sache jetzt einmal lag, suchte der Schiffer Böttcher den einen Fehler durch einen zweiten größeren gutzumachen, indem er mit Backbordruder dicht vor dem Dampfer in den Strom hielt, ohne die Schoote des Großsegels anzuholen. Daß dies Segel weit über die Backbordseite abgefiert blieb, war der letzte und schlimmste Grund des Zusammenstoßes, der sonst immer noch vielleicht vermieden wäre.

Hat hiernach der Schiffer Böttcher den Zusammenstoß durch erhebliche, eine ernste Rüge verdienende Fehler der Schiffsleitung verursacht, so darf dabei zu seiner Entschuldigung nicht außer Acht gelassen werden, daß er durch die Unsicherheit der nächtlichen Umrisse namentlich der westlichen Seite getäuscht, durch Stromversetzung weit über seine Erwartung hinaus an die Ostmoole gebracht und endlich durch das plötzliche und nahe Erscheinen des rothen Dampferlichtes offenbar bestürzt und verwirrt ist. Es hat daher in dem Verhalten des Schiffers Böttcher nicht der Mangel solcher Eigenschaften gefunden werden können, die zur Ausübung seines Gewerbes erforderlich sind und glaubte das Seeamt dem Antrage des Reichscommissars, dem Schiffer Böttcher die Befugniß zur Ausübung seines Gewerbes zu entziehen, umsoweniger entsprechen zu können, als dieser Antrag ausdrücklich nur behufs Erhaltung des Beschwerderechtes für den Fall gestellt ist, daß dem Schiffer Böttcher gar keine Schuld an dem Unfalle beigemessen werden sollte. Durch den in der Entscheidung ausgesprochenen und nach der vorstehenden thatsächlichen Feststellung wohlbegründeten Vorwurf gegen den Schiffer Böttcher, daß dieser, ohne auf das Fahrwasser zu achten, blindlings dem vorsegelnden Schiffe gefolgt sei und dann im letzten Augenblicke, statt seinen Curs beizubehalten, das Ruder Backbord gelegt habe und quer vor den Bug des Dampfers gekommen sei, ist hiernach der weitergehende aber nur eventuelle Antrag des Reichscommissars auf Entziehung der Befugniß zur Ausübung des Schiffergewerbes erledigt.

Dem Schiffer Böttcher kommt es ferner zu statten, daß auch die Führung des „Orwar Odd" durch den Oberlootsen Wilke I von zwei erheblichen Fehlern nicht freizusprechen ist. Der erste Fehler ist der Nichtgebrauch der Dampfpfeife. Allerdings ist im Artikel 12 der Verordnung vom 7. Januar 1880 die Anwendung der Schallsignale nur bei Nebel, dickem Wetter oder Schneefall in ganz bestimmter Weise vorgeschrieben, aber auch sonst nach Artikel 19, 23, 24 zulässig und unter Umständen als bestes und sicherstes Mittel gegen die Gefahr des Zusammenstoßens geboten, zumal bei Nacht und in dem engen Fahrwasser der Swinemündung. Wenn der Oberlootse Wilke I behauptet, durch die Dampfpfeife würde die Besatzung der „Elise" erst recht erschreckt und verwirrt worden sein, so mag das seine Richtigkeit haben, wenn das Signal nicht früher als unmittelbar vor dem Zusammenstoß plötzlich gegeben wurde. Hätte man aber auf dem „Orwar Odd" schon damals, als er noch bei dem großen Leuchtthurm war und die Segelschiffe in der Einfahrt der Swine sichtbar wurden, sich der Dampfpfeife bedient, so würde man die beiden Küstenfahrer mit sicherster Wirkung auf das Herannahen des Dampfschiffes aufmerksam gemacht und von dem Hineinsteuern in dessen Curs abgehalten haben.

Schwer noch fällt es in das Gewicht, daß der Oberlootse Wilke nach dem Zusammenstoß sich um die „Elise" gar nicht gekümmert und die Vorschriften der Kaiserlichen Verordnung vom 15. August 1876 über das Verhalten der Schiffer nach einem Zusammenstoße von Schiffen auf See — Reichs-Gesetzblatt 1876, Seite 189 — gänzlich unbeachtet gelassen hat. Das Dampfschiff war völlig unbeschädigt geblieben und konnte sein Führer ohne erhebliche Gefahr für das eigene Schiff und die darauf befindlichen Personen dem anderen Schiffe und den dazu gehörigen Personen zur Abwendung oder Verringerung der nachtheiligen Folgen des Zusammenstoßes den erforderlichen Beistand leisten. Die Behauptung des Oberlootsen Wilke I, er habe den „Orwar Odd" nach dem Zusammenstoß nicht stoppen können, da er sonst auf die Moole aufgelaufen wäre, kennzeichnet sich als bloße Ausrede, da der Dampfer ohne Beschwerlichkeit und Gefahr umdrehen und beilegen, allenfalls auch den Anker fallen lassen konnte, um Hülfe zu leisten, wozu ohnehin das mit noch zwei Mann besetzte Lootsenboot zur Hand war. Umsomehr muß es als grobe und rücksichtslose Ungehörigkeit bezeichnet werden, daß der Oberlootse Wilke I ganz unbekümmert davon fuhr und sogar den an Bord des Dampfers gesprungenen Matrosen Scheiber darüber mit groben Worten anließ. Die Meinung, daß der „Elise" nichts geschehen sei und sie keines Beistandes bedürfe, war eine völlig aus der Luft gegriffene, da der Lootse es nicht der Mühe werth gehalten hatte, den Zustand des Küstenfahrers zu untersuchen. Allerdings gelang es, die sinkende Schaluppe an die Ostmoole heranzubringen, aber sie glitt wieder ab und Schiff und Ladung gingen verloren, weil es an den nöthigen Kräften fehlte, um das Schiff dicht an die Ostmoole zu bringen und fest zu vertauen. Um so tadelnswerther erscheint es, daß die Lootsen nicht einmal ihren Beistand anboten, als sie vom Dampfer zurückkehrend an der „Elise" vorbeifuhren und den Matrosen Scheiber auf dieselbe absetzten, und dabei bemerkten, daß das Schiff von der Moole wieder abglitt. Daß Schiffer Böttcher unmittelbar nach dem Zusammenstoß auf den Ruf des Oberlootsen, wie es ihm gehe, geantwortet habe: „all gut!" ist blos von Wilke I angegeben und nicht geeignet, denselben von der Pflicht persönlicher Untersuchung und Hülfeleistung zu entbinden.

39. Spruch des Seeamts zu Hamburg vom 31. Juli 1882, betreffend den Zusammenstoß des britischen Schraubendampfers „Edward Eccles“ mit dem Ever „Margaretha“ von Estebrügge.

Der Spruch des Seeamts lautet:

Der in einem Zusammenstoße mit dem Flußschiffe „Margaretha“ bestehende Seeunfall des britischen Dampschiffes „Edward Eccles“ ist durch eine ungerechtfertigte Cursänderung des ersteren Schiffes verursacht.

Thatbestand. In der Nähe der weißen Tonne Nr. 2 unterhalb Schulau hat am 21. Juli 1882 Abends 11 Uhr auf der Elbe zwischen dem Dampfschiffe „Edward Eccles“ und dem Ever „Margaretha“ ein Zusammenstoß stattgefunden, welcher das Sinken dieses letzteren Fahrzeugs zur Folge hatte.

Das in Newcastle beheimathete, mit dem Unterscheidungssignal LGTS versehene britische eiserne Schraubendampfschiff „Edward Eccles“ wird vom Schiffer F. Lambert geführt. Es ist im Jahre 1872 in Sunderland erbaut, als Dreimastschooner getakelt, 64,30 Meter lang und hat einen Netto-Raumgehalt von 1745,3 cbm oder 616,09 britischen Register-Tons.

Das Segelschiff „Margaretha“, welches seinen Heimathshafen in Estebrügge hat und vom Schiffer Joh. Hinrich Henning geführt wird, ist im Jahre 1869 in Cranz aus Eichenholz erbaut, 14,98 Meter lang, als einmastiger Gigever getakelt und hat einen Netto-Raumgehalt von 69,2 cbm oder 24,43 britischen Register-Tons.

Ueber den zur Erörterung stehenden Unfall sind die an Deck befindlich gewesenen Besatzungen beider Schiffe vernommen. Die Darstellung auf Seiten des „Edward Eccles“ ist die folgende:

Um 10 Uhr am Abend des 21. Juli 1882 verließ der „Edward Eccles“ in Wasserballast den Hafen von Hamburg ungefähr eine Stunde nach Hochwasser bei mäßigem OSOWinde, bedecktem Himmel und dunkler aber vollkommen feuersichtiger Luft. Auf der Commandobrücke standen der Schiffer Lambert und der Patentlootse Köser, unter dessen Commando das Schiff fuhr, auf der untern Brücke im Ruderhause die Matrosen Brimer und Laws, auf Ausguck der Steuermann Tirrel. Von Altona an fuhr man mit voller Kraft, doch hatten die Kessel noch nicht soviel Dampf, um effectiv die volle Fahrgeschwindigkeit des Schiffes (9½ Seemeilen in der Stunde) zu erreichen. Gegen

11 Uhr wurde Schulau passirt und etwa 3 Minuten später meldete der Ausguckmann zuerst eins, dann 4 bis 5 kleine Schiffe (craft) als voraus in Sicht befindlich. Diese Fahrzeuge segelten vor dem Winde elbabwärts mit der Ebbe und keines derselben zeigte ein Hecklicht. Die Entfernung derselben von dem Dampfer betrug 1000 bis 1200 Fuß.

Die Ever, welche gerade zwischen dem „Edward Eccles" und dem Schulau-Feuerschiff segelten, waren schlecht sichtbar, weil die Aussicht vom Dampfer aus auf das Licht des Feuerschiffes behindert wurde. Auf Anordnung des Lootsen telegraphirte der Schiffer in den Maschinenraum »half speed« (5 Seemeilen pr. Stunde) und der Lootse commandirte durch das Sprachrohr: »port the helm«. Die Everfahrzeuge, welche bisher die Mitte des Fahrwassers gehalten hatten, änderten jetzt ihren Curs südwärts, während der „Edward Eccles" höchstens 2 Minuten lang mit Backbordruder etwas nordwärts abfiel. Einer der Vorsegler — es war, wie sich später auswies, der Ever „Margaretha" — änderte jedoch seinen Curs von WzN nach NW und kreuzte hierdurch den Curs des „Edward Eccles". Sofort wurde auf Befehl des Lootsen das Ruder hart nach Backbord gelegt, die Maschine gestoppt und auf volle Kraft rückwärts gestellt. Schiffer und Lootse verschlossen sich der Erkenntniß nicht, daß die Collision wohl kaum noch zu vermeiden sei; doch wollten sie alles in ihren Kräften Stehende thun, dieselbe so viel als möglich zu vermindern. Nach 1/2 Minute erfolgte der Zusammenstoß, obgleich Befehl und Ausführung so schnell erfolgten, wie es überhaupt nur angängig war. Schon vor dem Zusammenstoß hatte der Loose ein Boot zu Wasser zu lassen befohlen, und in Befolgung dieses Commandos hatte der Steuermann Tirrel die Back verlassen, so daß im Momente des Zusammenstoßes niemand sah, an welcher Stelle die „Margaretha" getroffen wurde. Aus dem Umstande aber, daß die Vor- und Groß-segel der „Margaretha" schon oberhalb des Steuerbordbugs des „Edward Eccles" zu sehen waren, schloß man auf dem Dampfer, daß die „Margaretha" an Steuerbordquarter, d. h. dort wo Heck und Schiffsseite zusammenstoßen, getroffen sei. Möglicherweise sei auch das Ruder getroffen und das Heck eingedrückt. Die „Margaretha" sank alsbald in seichtem Wasser und legte sich nach Backbord über. Mehrere der anderen Ever zeigten nach erfolgter Collision ihre Hecklichter. Mit dem zu Wasser gelassenen Boote holte man die aus 2 Mann bestehende Besatzung des Evers, die sich in den Mast gerettet hatte, an Bord des „Edward Eccles" und versorgte sie dort mit trockenen Kleidern. Nachdem sodann das Boot der „Margaretha" aufgefischt und Schiffsname, Heimathshafen, Namen des Schiffers und Lootsen aufgegeben waren, brachte man nach etwa $^3/_4$ Stunden den Schiffer des Evers und dessen Knecht nach der „Margaretha“ zurück und befestigte zur Kennzeichnung des Wracks eine Ankerlaterne vom „Edward Eccles“ am Maste der „Margaretha“. Während das Boot des „Edward Eccles“ abgefahren war, hielt man den „Edward Eccles“ durch abwechselndes Rückwärtsarbeiten und Stoppen der Maschine längsstrom und ging dann bis zum andern Morgen um 3 Uhr in der Nähe des Unfallortes vor Anker. Da weitere Assistenz nicht benöthigt und erbeten wurde, setzte man dann die Reise fort. Die Dampfpfeife des „Edward Eccles“ ist nicht gezogen worden.

Im wesentlichen hiermit übereinstimmend schildern Schiffer Henning und sein Knecht Schmidt den Hergang. Danach verließ die „Margaretha“ um 7 $^1/_2$ Uhr Abends Neumühlen mit hellbrennenden Seitenlaternen, um bei einem Freibord von 2 Zoll eine Ladung von 610 Hektolitern Steinkohlen nach Itzehoe zu bringen. Gegen 11 Uhr befand dieselbe sich mit 4 anderen Evern vor dem OSOWinde und mit dem Strome segelnd in der Nähe von Schulau. Seit etwa 10 Minuten vor dem Zusammenstoß hatte Henning die Lichter eines elbabwärts steuernden Dampfers gesichtet, welcher der „Margaretha“ stetig näher kam. Da er es für das Passendste hielt, sich ganz an der Nordseite des Fahrwassers zu halten, bis der nachfolgende Dampfer die „Margaretha“ passirt hätte und dann erst, wie dies die übrigen Ever thaten, auf Schulau-Feuerschiff zuzusegeln, so ging Henning bei der bedrohlichen Nähe, in welcher der „Edward Eccles“ inzwischen zu ihm gekommen war, bis etwas über die weiße Tonne Nr. 2 nach dem Nordufer zu, außerhalb des Fahrwassers und steuerte dabei, ohne ein Hecklicht zu zeigen, so, daß der Wind etwas von Steuerbord einkam. Allein die „Margaretha“ wurde gerade auf den Hintersteven von dem „Edward Eccles“ getroffen, querstroms geworfen und hierdurch zum Sinken gebracht. Schon vor erfolgtem Zusammenstoß war Henning, welcher am Ruder stand, in die Takelage geklettert und Schmidt, welcher auf dem Deck bisher hin- und hergegangen war, war ihm gefolgt. Die „Margaretha“ legte sich auf die Backbordseite und die beiden Männer saßen rittlings 2 Fuß über dem Wasser auf dem Maste, bis sie vom Bote des „Edward Eccles“ abgeholt wurden. Die ferneren Angaben stimmen mit denen der Besatzung des „Edward Eccles“ überein. Die Nacht verbrachten Henning und Schmidt an Bord eines in der Nähe dicht am Ufer ankernden holsteinischen Evers. Am Morgen des

22. Juli ruderte ersterer hinüber nach Borstel, um beim Schiffercompacte, bei welchem die „Margaretha“ zu 2/3 des Werthes in Höhe von 4200 M. versichert war, Anzeige von dem Unfall zu machen, während letzterer als Wache des Wracks am Ufer in einer Entfernung von ungefähr 300 Schritten von demselben zurückgelassen wurde. Zwei Blankeneser Fischerfahrzeuge haben in Abwesenheit des Schiffers ungeachtet des Einspruches des Schmidt, der in einem zufällig vorbeifahrenden Boote sich an das Wrack heranrudern ließ, alles Tauwerk, sowie die Segel und das Ankerlicht des „Edward Eccles“ von der „Margaretha“ weggenommen und sind damit elbabwärts gefahren. Dann ist die „Margaretha“ am 24. Juli 1882 vom Taucher Flint für 300 M. gehoben und dem Schiffsbauer Sietas in Cranz zur Reparatur überwiesen worden.

Gründe. Die Ursache der Collision ist offensichtlich und keinem gegründeten Zweifel unterworfen. Der „Edward Eccles“ war ein überholendes Schiff; ihm lag die Pflicht des Ausweichens ob und dieser Pflicht hat er Genüge geleistet. Als der „Edward Eccles“ hinter Schulau, wo das Fahrwasser von Norden nach Süden hinübersetzt, fünf Vorsegler einholte, war das Backbordlegen des Ruders und die Mäßigung der Fahrt die durch Gesetz und Vorsicht gebotene Verhaltungsmaßregel. Als ausgehendes Schiff hielt er sich an der an seiner Steuerbordseite liegenden Seite der Fahrrinne und gab den Evern Raum zur Verfolgung ihres gewöhnlichen Curses. Unter diesen Umständen lag keinerlei Gefahr eines Zusammenstoßes vor, und dieselbe wäre auch nicht eingetreten, wenn seitens der „Margaretha“ die Vorschriften des Seestraßenrechts in gleicher Weise respectirt worden wären. Das ist aber nicht geschehen, denn in diametralem Gegensatz zu der positiven Vorschrift des Artikel 22 der Kaiserlichen Verordnung vom 7. Januar 1880, zur Verhütung des Zusammenstoßens der Schiffe auf See, hat der Führer der „Margaretha“ deren Curs eingestandenermaßen geändert, indem er den Versuch machte, über die betonnte nördliche Seite der Fahrwasserrinne hinauszusegeln. Das Rückwärtsstellen der Maschine auf volle Kraft und Hartbackbordlegen des Ruders waren die einzigen Manöver, welche der Führer des „Edward Eccles“ zur Abschwächung des unvermeidlich gewordenen Zusammenstoßens machen konnte, durfte und mußte. Daß er hierbei im vollen Bewußtsein der Gefahr, auf den Strand zu laufen, dieser Chance vor der der Collision den Vorzug gab, ist ein volle Billigung verdienender Entschluß. Durch Hinüberlegen des Ruders nach Steuerbord hätte er bei seiner rechtsschlagenden Schraube dem noch Fahrt vorausʼhabenden Dampfschiffe keinerlei Drehungsmoment mehr verleihen können, während er bei Backbordruder Wendungsfreiheit behielt. Aber selbst dieses nicht angenommen, ist es mindestens recht zweifelhaft, ob das mit Backbordruder in Drehung befindliche Schiff bei rückwärts arbeitender Maschine in einem irgendwie in Betracht kommenden Maße dem Umlegen des Ruders nach Steuerbord gefolgt wäre. Und jedenfalls könnte selbst unter Voraussetzung eines wirksamen Erfolges des Steuerbordrudergebens dem Führer des „Edward Eccles" ein Fehlgriff in der Wahl der ihm nach nautischen Calculationen zur Verfügung stehenden Mittel vorliegenden Falls nicht zum Vorwurf gereichen, weil er, in der Befolgung der Vorschriften des Seestraßenrechts begriffen, durch ein verbotenes Manöver des Gegenseglers gestört und behindert wurde. Dieses verkehrte Verhalten des Schiffers Henning mag mit unangebrachter Vorsorge oder Aengstlichkeit erklärt werden, entschuldigt wird es dadurch nicht; es war die unmittelbare Ursache des Zusammenstoßes.

Hiernach kommt es nicht darauf an, daß den Führer der „Margaretha" auch noch der Vorwurf trifft, entgegen der Bestimmung des Artikels 11 der Kaiserlichen Verordnung, kein Hecklicht gezeigt zu haben, obgleich er schon zehn Minuten vor der Collision den „Edward Eccles" gesehen hatte. Denn man darf kühnlich von der Annahme ausgehen, daß trotz dieser Unterlassung die „Margaretha" der Collision entgangen wäre, wenn sie, wie die übrigen Mitsegler, ihren Curs beibehalten hätte. Ebenso ist es aus dem gleichen Grunde für die Findung des Spruches unerheblich, ob die „Margaretha" am Hintersteven oder am Steuerbordquarter getroffen ist. Bei der Lage beider Schiffe, die mit Backbordruder nach Norden abhielten, erscheint die erstere Angabe übrigens als die wahrscheinlichere. Zugleich sei hier bemerkt, daß die Richtung des Sinkens der „Margaretha" quer im Strome wohl nicht lediglich eine Folge des Zusammenstoßes, sondern wesentlich auf den Umstand mit zurückzuführen ist, daß Henning schon vor der Collision die Steuerpinne bei seiner Flucht in den Mast aus der Hand ließ und nun die „Margaretha" in den Wind zu schießen begann. Endlich konnte auch darauf kein für die Entscheidung der Schuldfrage entscheidendes Gewicht gelegt werden, daß vom „Edward Eccles" keinerlei Dampfpfeifensignale als Warnung oder Curs-Avis gegeben sind. Denn wenn bis zum Curswechsel der „Margaretha" keine Gefahr einer Collision und somit kein Anlaß zum Gebrauche der Pfeife vorlag, so war nach der Cursänderung das Signalisiren wegen der Unvermeidlichkeit des Zusammenstoßes überflüssig geworden, und diese Unausbleiblichkeit der Collision erhellt ohne weiteres aus der Lage und Distanz beider Schiffe. Als die Fahrt des „Edward Eccles" unter gleichzeitigem Legen des Ruders nach Backbord auf halbe Kraft gemindert wurde, betrug die Entfernung beider Schiffe von einander 1000 bezw. 1200 Fuß. Höchstens 2 Minuten lief der „Edward Eccles" in diesem Verhältnisse, legte also, unter Zugrundelegung einer fünfmeiligen Fahrgeschwindigkeit in der Stunde, mindestens 750 bis 1000 Fuß zurück; sonach bleibt im Momente der Cursänderung der „Margaretha" eine Distanz von ungefähr 200 Fuß, welche der „Edward Eccles" in etwa ½ Minute durchlaufen ist. Denn daß es auf diese Entfernung in diesem Zeitraum nicht mehr möglich war, mit 40 Umdrehungen der 99 Pferdekräfte nominell habenden Maschine den mit dem Elbstrom laufenden „Edward Eccles" außer Vorwärtsbewegung zu setzen, bedarf keiner Ausführung.

40. Spruch des Seeamts zu Stettin vom 16. August 1882, betreffend den Seeunfall der Brigg „Carl" von Stettin.

Der Spruch des Seeamts lautet:

daß der Unfall, welchen die Brigg „Carl", auf der Reise von Rio de Janeiro nach Bahia am 27. März 1882 auf den Paredes-Bänken bei Caravellas (Brasilien) erlitten hat, verursacht ist durch Stromversetzung, unrichtige Beobachtung und unrichtige Abstandsschätzung.

Dem Schiffer oder Steuermann fällt deshalb keine schuldbare Handlung oder Unterlassung zur Last und ist auch in der gebrauchten Seekarte und dem gebrauchten Chronometer ein Mangel der Ausrüstung, der den Unfall verursacht hätte und dem Schiffer zur Last zu legen wäre, nicht zu finden. Zu tadeln ist nur, daß der Schiffer nicht durch Ausbringen des Warpankers versucht hat, das Schiff abzubringen.

Gründe. Die Brigg „Carl", Unterscheidungssignal JBPW, Heimathshafen Stettin, ist unter Führung des Schiffers Blanck und des Steuermanns Mülling am 27. März 1882 auf den Paredes-Bänken bei Caravellas in Brasilien gescheitert und nebst der Ladung verloren, während die aus Schiffer, Steuermann, Zimmermann, Koch und vier Matrosen bestehende Besatzung gerettet wurde. Das Schiff war 1846 in Stettin gebaut, hatte einen Netto-Raumgehalt von 678,8 cbm = 239,62 britischen Register-Tons und vom Büreau Veritas auf sechs Jahre vom 19. November 1878 an die Classe 5/6 A. 1. 1. mit der Bedingung zweijähriger Besichtigung erhalten. Eigenthümer waren: 1. Kaufmann Friedrich Poll zu Stettin, dessen 2/3 Part mit 20000 M. versichert und mit einer Caution bis zur Höhe von 30000 M. belastet war; 2. der Schiffer Blanck, der sein 1/3 Part mit 15000 M. versichert hatte.

Die Brigg „Carl" segelte am 17. März 1882 mit einer Ladung von 350 Tons Steinkohlen von Rio de Janeiro nach Bahia ab. Die dazu erforderliche Seekarte hatte der Schiffer, weil er Ordre nach Europa erwartete, bisher nicht gehabt und erst kurz vor der Abfahrt in Rio de Janeiro von einem Schiffer aus Bremen erworben; auch hatte der Schiffer in Rio de Janeiro zwar wegen der dazu ungeeigneten Lage seines Schiffes nicht den kurz zuvor ausgebesserten und ziemlich richtig gehenden Chronometer, wohl aber seine Uhr mit dem Zeitball verglichen. Der gesteuerte Curs war Anfangs bei leichter zwischen Ost und Nord hin- und hergehender Brise SSO, SOzS, OSO½O, O½S, O½N, dann, nachdem das Schiff am 18., 19. und 20. März mit dem Curse NO½O, NO, NOzN, NzO in Windstille getrieben und von der Strömung südwestlich versetzt war, wurde bei südlicher und südöstlicher flauer Brise NO bis NNO und N½O gesteuert. Als Land in Sicht kam wurde eifrig gelothet und gepeilt, auch bei der Observation der Chronometer als richtig befunden. Am 23. März war wieder Windstille, ebenso am 24. zwischendurch flaue Luft aus Nord bis NNO, so daß das Schiff gerade steuerte, oft aber auch steuerlos trieb. Es wurde fortgesetzt gelothet und mehrfach observirt. Am 25. März kam eine frische SOBrise durch, die aber bald wieder flau wurde. Am 26. gab es zuerst viel Regen und hohen östlichen Seegang, dann Wind aus allen Richtungen mit Böen, wodurch das Voruntermarssegel und die Fock zerrissen. Das Loth gab auf 80 Faden keinen Grund. Nachdem sich der Wind zu einer gleichmäßigen südöstlichen Brise beruhigt hatte und neue Segel untergeschlagen waren, kam man am 27. März mit einem zwischen NO bis NNO wechselnden Curse in den Abrolhoscanal. Es wurde fleißig gelothet. Am 26. März waren um 7½ Uhr Abends 26 Faden mit hartem Grunde gefunden, dann 28 Faden mit Korallen. Eine am 27. März um 11½ Uhr Vormittags vorgenommene Lothung ergab 19 Faden mit feinem

Sande und Muscheln. Um Mittag befand man sich nach Besteck in 17° 58′ südlicher Breite und 37° 52′ westlicher Länge von Greenwich, nach Observation und Chronometer in 18 Grad südlicher Breite und 37° 40′ westlicher Länge, was im Schiffstagebuch als unrichtig vermerkt ist. Um 1 ½ Uhr Nachmittags wurde Abrolhos-Leuchtthurm O¾S in zehn Seemeilen Abstand gepeilt. Die Breite des Abrolhoscanals, d. h. die Entfernung der Paredes-Bänke von dem Abrolhosthurm war auf der vom Schiffer Blanck gekauften Seekarte zwar auf 32 Seemeilen, in einer besonderen Abtheilung derselben vom Abrolhoscanal aber nur auf 15 Seemeilen angegeben. Letztere Angabe stimmt mit der vom Hydrographischen Amt übersandten sehr genauen Karte des Abrolhoscanals überein. In dieser Karte wird von einer durchschnittlichen Strömung von etwa anderthalb Knoten gesprochen, welche in den engen Canälen bis zu drei Knoten anwachse, aber von der Richtung und Stärke des Windes beeinflußt sei. Es wurde dann auch festgestellt, daß man in zwei Tagen, so hoch auch gesteuert worden, durch den Strom um etwa 60 Seemeilen westlich gesetzt war. Der Curs wurde bei flauer südöstlicher Brise NzO und NO½O beibehalten, dann aber, nachdem um 2 Uhr Nachmittags eine Wassertiefe von 14 Faden mit weichem Grunde gelothet war, wurde ONO nach dem Compaß beim Winde gesteuert. Um 2½ Uhr Nachmittags stieß das Schiff plötzlich durch und saß fest, kam aber gleich wieder ab. Auch das aus seiner Lage gebrachte Ruder wurde hergestellt und NOzO beim Winde weiter gesegelt. Nach einer halben Stunde stieß die Brigg nochmals durch, wurde wieder flott, gerieth aber zwei Stunden später, obwohl alle zehn Minuten gelothet war, so fest auf das Riff, daß sie rings von Steinen und festem Grunde umgeben war, zwei Fuß aus der Last ging und bei höherem Seegange hart und oft durchstieß. Abrolhos-Leuchtthurm wurde SOzO per Compaß in dreizehn Seemeilen Abstand gepeilt. Am 28. März begab sich, nachdem die Brigg hinten heruntergesackt war, sich auf die Seite gelegt und 8 Fuß Wasser im Raum hatte, die Mannschaft in ihre Boote und wurde von einem Dampfer nach Caravellas gebracht. Es sind weder Nothsignale gegeben, noch ist ein Abbringen der Brigg mittelst Warpankers versucht, angeblich, weil es doch vergeblich gewesen wäre.

Dieser Thatbestand ist festgestellt durch das ordnungsmäßig und recht genau geführte, nicht blos vom Schiffer und Steuermann, sondern auch von der übrigen Mannschaft vollzogene Schiffstagebuch, die

Verklarungsverhandlungen zu Caravellas vom 31. März, 1., 3. und 4. April und zu Bahia vom 15. April 1882, das Schiffscertifikat und Classificationsattest, die Anzeigen des Rheders Poll vom 25. Mai 1882 und der Versicherungsgesellschaft Union vom 8. Juni 1882, endlich durch die eidlichen Aussagen des Schiffers Blanck und des Zimmermanns Koslowsky in der mündlichen Verhandlung vor dem Seeamt. Wenn abweichend von diesen Aussagen, dem Tagebuche und der Verklarungsverhandlung vom 15. April 1882 in den zu Caravellas aufgenommenen Verhandlungen von Sturm und Kappen des Großmastes die Rede ist, so kann dies als auf einem offenbaren Mißverständnisse beruhend umsoweniger beachtet werden, als das Tagebuch seiner recht genauen und vorschriftsmäßigen Führung wegen erhöhten Glauben verdient, so wichtige den Schiffer entlastende Thatsachen gewiß nicht verschwiegen hätte und gerade im Gegentheil eine flaue Brise verzeichnet hat. (Vergleiche über die erhöhte Glaubwürdigkeit eines richtig und sorgfältig geführten Schiffstagebuches die Entscheidungen des Seeamts zu Brake vom 9. Januar 1879 I 288 und des Kaiserlichen Ober-Seeamts vom 21. März 1879 I 442 bis 443.) Dagegen muß allerdings, wie schon in der Entscheidung des hiesigen Seeamts vom 1. Februar 1879 I 330 bis 332 geschehen ist, die Unachtsamkeit des Schiffers und der ganzen Besatzung bei Aufnahme der beeidigten Verhandlungen zu Caravellas gerügt werden. Muß auch zugegeben werden, daß Irrthümer und Mißverständnisse wegen Fremdsprachigkeit und Verdolmetschung leichter vorkommen konnten, so hätten doch so starke Abweichungen von der wirklichen Sachlage, wie die vorstehend erwähnten, bei einiger Aufmerksamkeit nicht durchschlüpfen können. In der Sache selbst hat das Seeamt die Ueberzeugung gewonnen, daß der Unfall ohne Verschulden des Schiffers oder Steuermanns lediglich durch höhere Gewalt, nämlich durch Stromversetzung, unrichtige Observation und irrige Abstandsschätzung verursacht worden ist.

Daß solche Einwirkungen und Irrungen bei sorgfältigster Schiffsleitung vorkommen können und alsdann gleich anderen Naturereignissen den unglücklichen Zufällen höherer Gewalt zuzurechnen sind, und daß namentlich eine Unrichtigkeit des Chronometers nicht ohne weiteres als Mangel der Ausrüstung anzusehen, sondern einer unvermeidlichen Unvollkommenheit zuzurechnen sei, ist von den Seeämtern wiederholt ausgesprochen. (Entscheidungen Band I Seite 6, 22—23, 24, 32, 57, 78—79, 85—88, 104—105, 134—137, 221—223, 263—272, 284—286, 326—332, 385—389, 488—490, 494—499, 675—677,

702—705 ꝛc.) Der Hauptgrund des der Brigg „Carl" zugestoßenen Unfalls muß der starken nach Westen gehenden Strömung zugeschrieben werden, welche so stark war, daß sie trotz des nach NO und NNO gesteuerten Curses das Schiff auf die westlich liegenden Parades-Bänke treiben mußte. Daß die Gefahr nicht bemerkt wurde, lag wesentlich an der unrichtigen Observation und Abstandsschätzung. Daß ersterer Irrthum durch die Unrichtigkeit des Chronometers veranlaßt sei, ist nicht festgestellt. Der Chronometer war noch bei der Observation am 20. März 1882 ganz richtig befunden worden, am 27. März aber nach Aussage des Schiffers die Luft nicht so klar, daß nicht Irrungen in der Beobachtung des Himmels vorkommen konnten. Verhängnißvoller als die Observation war die Peilung, welche den Schiffer glauben ließ, daß er mindestens noch fünf Seemeilen von den Paredes-Bänken entfernt sei, während er gerade darauf zu trieb. Die Seekarte kommt hierbei nicht weiter in Betracht, denn abgesehen davon, daß sie in einer besonderen Abtheilung die Entfernung der Paredes-Bänke vom Abrolhosfeuer richtig angab, so beruhte der Irrthum des Schiffers nicht sowohl in der irrigen Meinung über die Breite des Fahrwassers, als in der unrichtigen Schätzung seines Abstandes vom Abrolhosthurm. Es muß aber bezweifelt werden, ob das Schiff auch bei genauester und richtigster Beurtheilung seines Standes überhaupt von den Bänken hätte frei kommen können, da der Strom sehr stark und die Brise zu schwach war, um ihn zu durchschneiden. Daß der Schiffer alles gethan hat, was in seinen Kräften stand, wird namentlich durch das unausgesetzte und aufmerksam beobachtete Lothen erwiesen, aber auch dadurch festgestellt, daß das Schiff, welches bei der Lothung am 26. März Abends etwa südlich von Abrolhosthurm gewesen sein mag, stark nach Westen versetzt war.

Daß der Schiffer, so lange er nach Europa zu kommen glaubte, sich keine Karte des Abrolhoscanals beschaffte, ist ihm nicht zu verdenken. Er hat dann genommen, was er bekommen konnte und ist jedenfalls weder die Karte noch der Chronometer an dem Unfall schuld, daher dem Reichscommissar nicht darin beizustimmen war, daß der Unfall durch mangelhafte Ausrüstung verursacht und dieser Mangel dem Schiffer zur Last zu legen sei. Dagegen triff ihn mit Recht der Vorwurf, daß er weder durch Nothsignale noch durch Ausbringen eines Warpankers die Rettung des Schiffes versucht hat. Seine Entschuldigung, daß jeder Versuch vergeblich gewesen sein würde, erscheint allerdings bei der Lage des Schiffes und weil dasselbe nach jedem Abkommen nur weiter zwischen die Klippen getrieben wurde, glaublich, konnte ihn aber nicht abhalten, seiner Pflicht zur Rettung von Schiff und Ladung durch die äußerste Anwendung aller ihm zu Gebote stehenden Mittel nachzukommen.

41. Spruch des Seeamts zu Stettin vom 16. August 1882, betreffend den Seeunfall der Brigg „Louise" von Stolpmünde.

Der Spruch des Seeamts lautet:

Der Seeunfall, welchen am 5. Januar 1882 die Brigg „Louise", auf der Fahrt von Hull nach Plymouth durch Strandung auf den Hasborough-Sands und demnächstiges Kentern erlitten hat, ist dadurch verursacht, daß Schiffer und Steuermann es unterlassen haben, gehörig zu lothen und sich über den Stand des Schiffes zu unterrichten, auch der Steuermann dem Schiffer keine Mittheilung über den Stand des Schiffes gemacht hat. Außerdem trifft den Schiffer der Vorwurf, daß er

1. nicht dasjenige sittliche Verhalten gezeigt hat, ohne welches der Schiffer die Ordnung an Bord nicht aufrecht erhalten kann,
2. das Schiff ohne Grund zur Nachtzeit in einen gefährlichen Canal zwischen lauter Untiefen brachte, ohne die nöthigen Vorsichtsmaßregeln anzuwenden,
3. sich von Deck in seine Koje begab und dem Steuermann die Wache übergab, bevor das Schiff in freies Fahrwasser gebracht war,
4. keine zweckmäßigen Maßregeln zum Abbringen des Schiffes ergriffen hat.

Dem Schiffer Westphal ist deshalb dem Antrage des Reichscommissars gemäß die Befugniß zur Ausübung des Schiffergewerbes entzogen, dagegen die Berechtigung zur Ausübung des Gewerbes als Steuermann belassen.

Gründe. Die Brigg „Louise", Unterscheidungssignal JBGQ, Heimathshafen Stolpmünde, ist unter Führung des Schiffers Westphal und des Steuermanns Friedrich am 5. Januar 1882 auf Hasborough-

Sand an der englischen Küste gescheitert und wrack geworden. Schiff und Ladung sind verloren, wogegen die aus acht Personen bestehende Besatzung nebst einem an Bord befindlichen Frauenzimmer gerettet ist. Die Brigg war in den Jahren 1839 und 1840 zu Memel vom Schiffsbaumeister M. Mitzlaff aus eichenem Holze erbaut, hatte einen Netto-Raumgehalt von 541,3 cbm = 191,08 britischen Register-Tons, war nicht versichert und hatte vom Büreau Veritas im März 1879 auf drei Jahre die Classe 5/6 * G. 2. 1. erhalten. Ueber die seitdem etwa erfolgte Besichtigung und Ausbesserung des Schiffes ist zwar nichts festgestellt, dessen in den Verklarungsverhandlungen, sowie vom Schiffer und Steuermann noch besonders behauptete Seetüchtigkeit aber weiter nicht in Zweifel gezogen. Eigenthümer war zu 170/192 der frühere Schiffer Hübner, zu 4/48 die hiesige Handlung Rudolph Christian Griebel, zu je 1/64 August und Karl Wichards hierselbst.

Am 4. Januar 1882 ging die „Louise" mit einer für Plymouth bestimmten Ladung von 307 Tons Stückkohlen von Hull in See. Die in Stettin angemusterte Mannschaft hatte mit alleiniger Ausnahme des Steuermanns Friedrich in Hull das Schiff verlassen, nach Mittheilung des deutschen Consulats in Hull wegen angeblich befürchteter Seeuntüchtigkeit, während der Steuermann Friedrich Verleitung durch fremde Agenten vermuthet. Die in Hull angemusterten Leute waren Dänen, Schweden und Norweger, nur der Matrose Rapp war ein Deutscher. Außerdem war jedenfalls mit Wissen und Zustimmung des Schiffers aus einem Wirthshause in Hull ein Frauenzimmer mitgenommen und in der Capitänscajüte untergebracht worden, welche nach Plymouth wollte und dem Schiffer wie dem Steuermann als Zuhälterin diente. Die Reise ließ sich Anfangs gut an. Bei schönem Wetter und günstiger Nordwestbrise wurde am 4. Januar 1882 Nachmittags 3½ Uhr Dudgeon-Feuerschiff in zwei Seemeilen Abstand auf Steuerbord passirt und Curs auf Cromer-Feuer gehalten. Später ging der Wind auf WSW und die Luft wurde diesig, klarte aber wieder auf, so daß der Abend freundlich und sternenklar, die See ruhig war. Um 8 Uhr Abends übergab der Schiffer dem Steuermann die Wache, will aber noch bis 9½ Uhr, als Cromer-Feuer in Sicht kam, auf Deck geblieben sein und angeordnet haben, daß er sofort geweckt werde, falls eine Veränderung im Wetter eintreten sollte. Man segelte zwischen den Feuern von Cromer und Hasborough-Sand hindurch, hatte also letzteres auf Backbord. Cromer-Feuer war um 9 Uhr Abends in SSO½O in 8 Seemeilen Abstand gepeilt worden. Mit vollen Marssegeln, Untersegeln und Klüver segelte die „Louise" zwischen der Sandbank und der Küste weiter. Kurz vor Mitternacht peilte der Steuermann die beiden Feuer von Hasborough quer ab SW in 3 Seemeilen Abstand, dann wurde die Luft wieder dick, so daß kein Feuer mehr zu sehen war. Um 12½ Uhr Nachts kam der Schiffer auf Deck und machte dem Steuermann Vorwürfe, daß dieser ihn nicht sofort habe rufen lassen. Der Steuermann entschuldigte sich damit, daß es erst 10 Minuten vor 12 Uhr dick geworden sei. Nachdem der Schiffer sodann aus dem Loggbuche die vom Steuermann sofort eingetragene Peilung der Hasborough-Feuer ersehen hatte, befahl er den beiden auf dem Ausguck befindlichen Leuten, ein etwa in Sicht kommendes an Backbordseite zu erwartendes Feuer sofort zu melden und gebrauchte zu gleichem Zwecke das Nachtglas. Bis 1 Uhr Nachts wurde mit dem flauen vom Steuermann als Dreiknotenbrise bezeichneten WSW-Winde SO, dann aber, als man nach dem Logg 7 Seemeilen in dieser Richtung zurückgelegt hatte, SO½S gesteuert. Um 1½ Uhr Nachts kam die Brigg am Südende von Hasborough-Sand auf Grund und wurde durch das zum Abbringen allein versuchte Backbrassen der Segel nur fester aufgetrieben. Der sogleich an Deck eilende Steuermann will ein rothes, anscheinend von einem Feuerschiff herkommendes Blinkfeuer gesehen haben, von welchem aber der Schiffer nichts erwähnt. Wind und Seegang nahmen gleich darauf zu, das Schiff wurde leck und kenterte nach etwa 4 Stunden. Die Besatzung nebst dem mitreisenden Mädchen rettete sich in die Boote und wurde dann theils von dem Rettungsboote aus Winterton dorthin, theils von einer Yarmouther Fischersmack nach Yarmouth gebracht. Mit Schiff und Ladung sind auch sämmtliche Urkunden einschließlich des Loggbuches verloren gegangen. Dieser Thatbestand ist aus dem Seeprotest vom 6. Januar 1882, der Verklarung vom 18. Januar 1882, der von der Königlichen Navigationsschule zu Grabow a/O. übersandten Seekarte, dem Auszuge aus dem Schiffsregister, der Anzeige des Schiffers Westphal vom 20. Februar 1882, den Mittheilungen des hiesigen Königlichen Seemannsamts vom 24. Februar 1882, des Kaiserlich deutschen Consuls zu Hull und Vice-Consuls zu Great Yarmouth vom 27. Februar, 26. April, 17. Mai, 13. März 1882, des Mitrheders Wichards vom 6. März 1882, des Büreau Veritas vom 10. März 1882, sowie durch die im wesentlichen damit übereinstimmenden und als Geständnisse eigener Schuld jedenfalls glaubhaften, wenn auch uneidlichen Aussagen des Schiffers Westphal und Steuermanns Friedrich festgestellt. Beide widersprechen sich zwar insofern, als jeder den andern möglichst schlecht zu machen und die Schuld auf ihn abzuwälzen sucht; es kann jedoch mit Rücksicht auf den sonstigen Thatbestand als wenig erheblich dahingestellt bleiben, ob, wie der Steuermann behauptet, der Schiffer mehrfach und auch am 4. Januar angetrunken gewesen ist und bei dem Auflaufen des Schiffes mit dem Rufe: „mein Gott, wo sind wir?" die Thüre der Steuermannscajüte aufgerissen hat, oder ob die Angabe des Schiffers wahr ist, daß der Steuermann sich als wenig zuverlässig gezeigt und nach Kenntniß der Strandung geäußert habe: „sitzt der alte Pudel endlich fest?" Umsomehr war es dann für den Schiffer geboten, den Steuermann in strenger Zucht zu halten und sorgsam zu überwachen. Erweisen dem gerade entgegengesetzt schon die beiderseitigen Beschuldigungen, daß das Verhalten und Verhältniß des Schiffers zum Steuermann nicht das richtige war, so ergiebt sich aus den vom Schiffer zugestandenen Thatsachen vollständig, daß der Schiffer sich die unentbehrliche Achtung nicht verschaffen konnte, weil er nicht diejenige sittliche Haltung bewahrte, ohne welche überhaupt und namentlich unter der neu angemusterten fast ganz aus Ausländern bestehenden Mannschaft die Ordnung an Bord nicht aufrecht zu erhalten war. Zwar bestreitet der Schiffer, daß er die unentgeltliche Mitnahme des liederlichen Frauenzimmers auf der Fahrt von Hull nach Plymouth veranlaßt habe, aber er giebt doch zu, daß diese Ungehörigkeit mit seinem Wissen und Willen geschehen sei und die Bezüchtigung des Steuermanns, daß der Schiffer schon während des Aufenthaltes in Hull mit dem Mädchen geschlechtlich verkehrt und sie selbst an Bord gebracht habe, gewinnt dadurch an Glaubwürdigkeit, daß der Schiffer zuerst sein Wissen von der Anwesenheit der Dirne auf dem Schiffe ganz in Abrede gestellt, später aber zugegeben hat, daß er in Hull mit ihr bekannt geworden sei und auf ihren Wunsch, mit nach Plymouth zu reisen, erwidert habe: „Du kannst mitkommen". Die Ausrede eines bloßen Scherzes wird nicht nur durch die wirkliche Ausführung sondern dadurch widerlegt, daß der Schiffer das Frauenzimmer in seine eigene Cajüte aufgenommen und ebenso wie der Steuermann Friedrich mit ihr geschlechtlich verkehrt hat, was er selbst zugesteht. Hat der Schiffer dadurch einen rechtswidrigen Vertrauensbruch gegen seine Rheder begangen, daß er ohne deren Erlaubniß eine fremde Person unentgeltlich mitreisen ließ, so fällt es noch viel schwerer gegen ihn ins Gewicht, daß er, der verheirathete Mann und Familienvater, seiner Mannschaft mit dem schlechten Beispiele ehebrecherischen Verkehrs voranging und sich zu einer verwerflichen Gemeinschaft mit seinem Steuermann herbeiließ, die nicht blos unschicklich, sondern ein Verstoß gegen die Grundlage des Verhältnisses und daher für den Unfall mitwirkend war, weil sie das Ansehen des Schiffers kränken und die Schiffsführung beeinträchtigen mußte. Es ist nicht zu verwundern, daß der sittlichen Leichtfertigkeit die seemännisch sachliche zur Seite ging und den Untergang der Brigg durch eine grobe und wahrhaft muthwillige Fahrlässigkeit herbeiführte, die mit dem strafrechtlichen Ausdrucke der an Böswilligkeit grenzenden Verschuldung — culpa dolo determinata — gekennzeichnet wird. Es war schon ungehörig genug, in der langen und wenn auch Anfangs klaren doch immerhin von Schatten erfüllten und später ganz unsichtigen Januarnacht ohne zwingenden Grund in ein von Bänken und Untiefen beengtes Fahrwasser hineinzusegeln, statt weiter östlich in der freien See zu bleiben. Die Ausrede des Schiffers, er habe ruhiges Wasser gesucht, wird durch den Thatbestand vollkommen widerlegt. Die Brigg war trotz ihres Alters fest und seetüchtig; sie hielt sich nach dem Scheitern noch 4 Stunden gegen die immer stärker werdende Brandung und hatte den geringen Seegang, den die flaue überlandige WSWBrise erregen konnte, weniger als die Untiefen des engen Canals zwischen der Küste und dem Hasborough-Sand zu scheuen. Jedenfalls mußte der Schiffer, wenn er ein umsichtiger und pflichtgetreuer Seemann sein wollte, bei der Fahrt unter Land sich großer Vorsicht und der gespanntesten Aufmerksamkeit befleißigen, wozu er überdem durch die Ergebnisse der von ihm angegebenen Peilungen und Entfernungsmessungen dringend aufgefordert wurde, da dieselben entweder ihre Unrichtigkeit oder eine starke Strömung durch sich selbst klarlegten. Nach der Verklarungsverhandlung, die freilich durch das verlorene Schiffstagebuch nicht mehr geprüft werden kann, ist der Lootse um 10½ Uhr von Bord gegangen, um 3½ Uhr das Dudgeon-Feuerschiff 2 Seemeilen auf Steuerbord gewesen. In diesen 5 Stunden mit dem Curse etwa SOzS sind mindestens 40 Seemeilen gesegelt. Die Fahrgeschwindigkeit von 8 Knoten ist schwerlich allein auf Rechnung der norstwestlichen Backstagsbrise zu setzen, sondern läßt eine mitwirkende südöstliche Strömung vermuthen. Von der Dudgeon-Bank bis 8 Seemeilen NNW½W von Cromer sind auf dem geraden Curse SzO und westlich, also windwärts an der Shearingham-Bank vorbei etwa 30 Seemeilen, die von 3½ bis 9 Uhr Abends, also mit 5 bis 6 Knoten Fahrt zurückgelegt wurden. Die Verminderung wird theils dem Umsetzen des Windes nach WSW, theils aber auch dem schärferen Durchschneiden der südöstlichen Strömung zuzuschreiben sein. Wie stark diese in Betracht kommt, ergiebt sich daraus, daß die mindestens 24 Seemeilen betragende Strecke von dem um 9 Uhr Abends gepeilten Stande mit Cromer-Feuer in SSO½O bis zu drei Seemeilen nordöstlich von den beiden Hasborough-Feuern, die kurz vor 12 Uhr Nachts quer in SW gepeilt wurden, wieder mit südöstlichem Curse in kaum 3 Stunden, also mindestens mit einer Fahrt von 8 Knoten zurückgelegt wurde, während doch nach der Aussage des Steuermanns nur eine Dreiknotenbrise wehte. Dieselbe auf die südöstliche Strömung zurückzuführende Fahrgeschwindigkeit wird auch durch die Angabe des Schiffers bestätigt, daß von der letzten Peilung bis um 1 Uhr Nachts das Logg eine zurückgelegte Strecke von 7 Seemeilen bei SOCurs ergeben habe. Erwägt man nun, daß der gegen 12 Uhr Nachts durch Peilung ermittelte Stand des Schiffes vom Südende der Hasborough-Bank nur 13 Seemeilen entfernt und eine Stromversetzung dorthin sehr nahe gelegt war, so ist es schon unbegreiflich, daß der Schiffer überhaupt von Deck ging und seinem so wenig zuverlässigen Steuermann die Wache überließ, bevor das Schiff in freies Fahrwasser gebracht und jedenfalls sein Stand mit vollster Gewißheit ermittelt war. Zu letzterem Zwecke war es, wie bereits für ähnliche Lage durch die Entscheidung des Seeamts zu Brake vom 25. April 1878 I Seite 44 hervorgehoben ist, der anzuwendenden äußersten Vorsicht entsprechend weniger Segel zu führen und die Fahrt des Schiffes zu vermindern, um mehr Zeit und Ruhe bei Bestimmung des Weges zu haben. Sodann mußte die Peilung öfter wiederholt und durch Bezugnahme auf andere sich darbietende Punkte überwacht und berichtigt werden, wozu sich zwischen den gleichzeitig sichtbaren Feuern von Cromer, Hasborough und Hasborough-Sand die beste aber völlig unbenutzt gebliebene Gelegenheit darbot. Ebensowenig ist von den in solcher Lage unentbehrlichen und wirksamen Hülfsmitteln des Loggens und Lothens ein irgend ausgiebiger Gebrauch gemacht. Das Logg ist nur einmal in letzter Stunde gebraucht, die dadurch ertheilte Warnung aber nicht beachtet. Vom Lothen ist in der Protestverhandlung vom 6. Januar 1882 die Rede, indem der Schiffer etwa eine halbe Stunde vor dem Aufstoßen das Senkblei geworfen und 11 Faden Wasser gefunden haben will. Abgesehen davon, daß dies einmalige Lothen kurz vor der Strandung ebenso ungenügend und unwirksam war, wie das Loggen, so findet sich auf der Karte die angegebene Wassertiefe von 11 Faden = 22 bis 23 Meter nur am nördlichen Rande der Hasborough-Bank etwa 4 Seemeilen südwestlich von den dortigen Feuern. In der Verklarung ist denn auch so wenig als in der Verhandlung vor dem Seeamt überhaupt vom Lothen die Rede gewesen, vielmehr nur die Bereitschaft dazu hervorgehoben und der Nichtgebrauch durch Mangel an Zeit entschuldigt, was als rein aus der Luft gegriffener Vorwand der Nachlässigkeit klar ist.

Mangelhafte Peilung, Nichtgebrauch des Logges und Lothes in unsicherem von Untiefen umgebenen Fahrwasser, bei unsicherem Besteck, unsichtigem Wetter und offenbarer Stromversetzung gehören zu den schlimmsten Unterlassungen, durch welche vom Schiffer oder Steuermann ein Seeunfall verschuldet werden kann, Unterlassungen die nicht blos vielfach getadelt, sondern als Gründe zur Entziehung des Gewerbes wirksam geworden sind. (Entscheidungen des Seeamts zu Hamburg vom 22. März 1878 I Seite 5, des Kaiserlichen Ober-Seeamts vom 24. und 25. October und 13. December 1878 I Seite 120, 131, 215.) In dem letzteren Erkenntnisse, wie auch sonst mehrfach ist vernachlässigte Rettung des Schiffstagebuches als grobe Pflichtverletzung gerügt worden, und dieser Vorwurf trifft den Schiffer Westphal in seiner ganzen Schärfe, weil derselbe in den 4 Stunden vom Auflaufen bis zum Kentern der Brigg nichts gethan hat, um das Schiffstagebuch in Sicherheit zu bringen, obwohl er dazu hinlänglich Zeit und Gelegenheit hatte. Kommt nun noch hinzu, daß zum Abbringen des Schiffes nichts Zweckdienliches geschehen, namentlich kein Warpanker ausgebracht ist, so mußte die Ueberzeugung gewonnen werden, daß der Unfall mit seinen Folgen durch Handlungen und Unterlassungen des Schiffers und Steuermanns verschuldet sei und daß dem Schiffer solche Eigenschaften mangeln, welche zur Ausübung seines Gewerbes erforderlich sind. Das Seeamt hat daher auf Antrag des Reichscommissars und im Einklange mit seinen Ausführungen auf Grund des §. 26 des Reichsgesetzes vom 27. Juli 1877 dem Schiffer Westphal die Befugniß zur Ausübung des Schiffergewerbes entzogen, zur Ausübung des Steuermannsgewerbes aber belassen, da er, obwohl selbst zur Führung eines Schiffes untauglich, gleichwohl unter tüchtiger und strenger Leitung sich zusammennehmen mag und als Seemann an sich nicht unbrauchbar ist. Gegen den Steuermann Friedrich sind Anträge nicht gestellt. Seine Verschuldung besteht wesentlich darin, daß er während seiner Wache den Stand seines Schiffes nicht gehörig untersuchte und den Schiffer von dem Ergebniß in Kenntniß setzte. Er war an die Maßnahmen des Schiffers nicht so unbedingt gebunden, daß er nicht selbständig hätte Untersuchungen anstellen können. Gemindert wird indeß das Verschulden des Steuermanns dadurch, daß der Schiffer noch rechtzeitig genug wieder an Deck kam, um den Ort des Schiffes festzustellen und die Strandung zu vermeiden.

42. Spruch des Seeamts zu Königsberg vom 20. Mai 1882 und Entscheidung des Kaiserlichen Ober-Seeamts vom 8. September 1882, betreffend den Seeunfall der Kuff „Pauline" von Oldersum.

Schiff an der preußischen Küste bei Memel gestrandet.

Der Spruch des Seeamts lautet:

Die Ursache des Seeunfalls ist darin zu suchen, daß Schiffer Alberts und Steuermann Wuebbena das am 19. April 1882 Abends um 8 Uhr für die Schiffsmannschaft sichtbar gewordene Feuer von Nidden für dasjenige von Brüsterort angesehen haben.

Durch diese Verwechselung bezw. Unkenntniß der Seezeichen, welche durch die von ihm unterlassene Beschaffung einer neuen Seekarte oder anderer Hülfsmittel zur Kenntniß der Küstenbefeuerung herbeigeführt ist, hat der Schiffer Alberts den Seeunfall verschuldet, ohne daß außergewöhnliche elementare oder sonstige Umstände, auch nicht der im §. 4 Nr. 1 bis 4 des Seeunfallgesetzes hervorgehobenen Art, dabei mitgewirkt haben.

Gründe. Die im Jahre 1850 zu Papenburg aus Eichenholz mit buchenem Kiel erbaute Kuff „Pauline" aus Oldersum — Unterscheidungssignal KCTQ — von 21,69 Meter Länge, 5,29 Meter Breite, 2,64 Meter Tiefe und einem Netto-Raumgehalt von 216,2 cbm oder 76,32 britischen Register-Tons, ging am 4. April 1882 in Ballast von Emden nach Memel in See. Das Schiff stand seit 16 Jahren unter der Führung des vor 49 Jahren zu Emden geprüften und auf Grund dieser Prüfung mittelst Zeugnisses der Königlichen Landdrostei zu Aurich vom 13. März 1875 als Schiffer für große Fahrt für befähigt erklärten Schiffers Jan Caspers Alberts, geboren den 13. März 1811, der auch der alleinige Eigenthümer des mit 3600 M. bei dem Schiffsversicherungsverein zu Papenburg versicherten Fahrzeuges war. Die Mannschaft bestand außerdem aus dem gleichfalls mit Schifferzeugniß für große Fahrt versehenen Steuermann G. Wuebbena, dem Matrosen

Toben Tobias, dem Leichtmatrosen Reems Harms Groenekamp und dem noch nicht 16 Jahre alten Koch Jacob Seyfarth, auch befand sich die Frau des Schiffers, die ihn auch sonst regelmäßig auf seinen Reisen zu begleiten pflegte, an Bord. Das Schiff war zuletzt im Herbst 1881 zu Emden ausgebessert, und hat auf seiner Fahrt keinerlei Mängel in Bauart und Beschaffenheit gezeigt. An Kartenmaterial befand sich nur eine englische Ostseekarte von J. S. Hobbs 1866 auf dem Schiffe, auf welcher Nachtragungen der inzwischen angezündeten Feuerzeichen sich nicht befanden. Ein Sextant war vorhanden. Dagegen fehlte es auf dem Schiffe an einem Logg, indem der Schiffer versicherte, solches seit ungefähr 20 Jahren nicht mehr gebraucht und seit 10 Jahren nicht mehr auf dem Schiffe geführt zu haben, da er bei seiner langen seemännischen Erfahrung die zurückgelegte Fahrt bezw. die Geschwindigkeit des Schiffes völlig zuverlässig zu schätzen vermöge.

Die Fahrt ging bis zum 19. April regelmäßig von Statten. Um 1 Uhr früh wurde Rixhoeft in SWzW per Compaß in der Kimm gepeilt, nachdem man schon vom Mittag des 18. ab Rixhoeft abwechselnd in Sicht gehabt hatte. Die Luft war von da ab dick mit Regen, der Wind SOzO, ging dann allmälig durch Süd und West bis nach NW (11 Uhr Nachts und am Morgen des 20. April) herum, bei mäßiger Stärke (No. 4). Mittags am 19. befand sich das Schiff nach den seit der Peilung von Rixhoeft um 1 Uhr früh gesegelten Cursen und vom Schiffer geschätzten Distanzen in 55° Nordbreite und 19° Ostlänge. Um 8 Uhr Abends sah man, als bei dem Wechsel der abziehenden Schiffer- und aufziehenden Steuermannswache noch alle Mann an Deck waren, einige Zeit hindurch ein Feuer SO per Compaß in der Kimm, welches bei dem dicken Wetter erschien und verschwand; Schiffer und Steuermann, welche beide von dem seit ungefähr 4 Jahren auf der kurischen Nehrung bei Nidden errichteten Feuer nichts wußten, hielten das wahrgenommene Feuer für das Drehfeuer von Brüsterort. Zwar stimmte dies nicht mit der Fahrtrechnung des Schiffers, nach welcher das Brüsterorter Feuer längst im Westen sich befinden mußte, der Schiffer nahm aber an, daß eine Strömung in der Richtung nach SW das Schiff so weit zurückversetzt hätte. Auch die Lothung war mit der Annahme, daß das Schiff in der Peripherie des Feuerkreises von Brüsterort, und zwar so, daß letzteres SO per Compaß peilte, nicht im Einklange, denn das Loth ergab 23 Faden, während an dieser Stelle zwischen 50 und 60 Faden Wasser hätten gefunden werden müssen. Der Schiffer war jedoch in seiner Annahme, das Brüsterorter

Feuer in SO zu haben, völlig sicher und steuerte deshalb den Curs nach Memel. Um 8 Uhr führte das Schiff das Großsegel, Besahn, Klüver und Topsegel, sowie die Stagfock; die Breitfock war um 7½ Uhr festgemacht. Um 10 Uhr, als der Schiffer aus der Koje wieder an Deck erschien, wurde die Breitfock wieder gesetzt und Stagfock festgemacht. Um diese Zeit lothete der Steuermann — auf des Schiffers Anweisung — ohne beizudrehen, und fand bei 15 Faden keinen Grund. Seit 11 Uhr wurde der Wind NW; man segelte nun über Steuerbordbug mit NOzOCurs per Compaß. Um 12 Uhr — beim Wechsel der Wachen — wurde die Breitfock wieder festgemacht, und — während die gesammte Mannschaft noch an Deck war — stieß das Schiff auf Grund, ohne daß die Brandung vorher bemerkt oder das Feuer von Memel wahrgenommen wäre. Erst gegen 2½ Uhr wurde dasselbe für kurze Zeit sichtbar, verschwand aber auch gleich wieder. Bei Tagesanbruch war kein Zweifel mehr, daß das Schiff ungefähr 9 Kilometer südlich des Memeler Seegats auf der Nehrung auf Strand gerathen war; um 4 Uhr Morgens gelangte die gesammte Mannschaft, nebst der Frau des Schiffers auf eigenem Boote und ohne weitere Hülfe an Land. Das Schiff ist nach einigen Tagen ab- und in den Memeler Hafen gebracht, woselbst die nicht sehr bedeutenden Beschädigungen desselben an Kiel, Boden und Nähten ausgebessert sind und das Schiff zur Zeit bereits wieder im Laden begriffen ist.

Dieser Sachverhalt ist durch die Aussagen des Steuermanns, des Matrosen Tobias und des Leichtmatrosen Groenekamp, welche bei Aufnahme der Verklarung zu Memel vereidet sind und ihre vor dem Seeamt abgelegten vollständigeren, aber mit der Verklarung übereinstimmenden Aussagen auf diesen Eid als richtig versichert haben, durch die in der Audienz verlesene Verklarung, das Journal, den Auszug aus den Witterungsnachrichten des Lootsenbüreaus zu Memel und aus dem Schiffsregister zu Memel, als festgestellt angenommen.

Darnach kann die Ursache des Seeunfalls keinen Augenblick zweifelhaft sein. Sie besteht, und zwar ausschließlich und ohne jede Mitwirkung außergewöhnlicher elementarer Ereignisse, darin, daß der Schiffer das Feuer von Nidden, welches für das Schiff am 19. Abends 8 Uhr sichtbar wurde, für dasjenige von Brüsterort gehalten hat. Hätte er das Seezeichen gekannt und erkannt, so konnte er bei NWWind bis Tagesanbruch, sowohl über Steuerbord einen nördlicheren Curs (NNO) nehmend, als auch über Backbord südlichen Curs steuernd, die Küste freisegeln und hätte dann am Morgen, bei durchaus günstigem Wetter den Hafen zu Memel erreichen können. Daß Schiffer

Alberts, obwohl er seit 7 Jahren nicht in Memel gewesen war, die Fahrt dahin unternahm, ohne sich über die etwaigen Aenderungen in der Küstenbefeuerung zu unterrichten, entweder eine neue Karte anzuschaffen oder die alte nach den „Nachrichten für Seefahrer" oder auf Grund anderweit beschaffter zuverlässiger Nachrichten selbst auf dem Laufenden zu erhalten, stellt ein Verschulden desselben dar, durch welches ganz allein der Seeunfall herbeigeführt ist, und der Schiffer außer dem Schiffe sein eigenes Leben, das seiner Frau und seiner Mannschaft in die größte Gefahr gesetzt hat.

Den Schiffer trifft auch noch ein weiteres Verschulden, insofern er einen wesentlichen Gegenstand der Schiffsausrüstung — das Logg — nicht auf dem Schiffe gehabt hat (Artikel 480 des Handels-Gesetzbuchs) und indem er, trotzdem durch die Peilung des vermeintlichen Feuers von Brüsterort und durch das Ergebniß der Lothung seine Annahmen über den Schiffsort gänzlich unsicher geworden waren, dennoch nach 10 Uhr Abends das Loth nicht mehr angewendet hat.

Wenn auch zugegeben werden mag, daß viel befahrene Schiffer in der Schätzung der Fahrt ihres Schiffes eine große Sicherheit erlangen, so darf der Schiffer doch nicht außer Acht lassen, daß dieselbe Sicherheit nicht von dem Steuermann zu erwarten ist, und daß er auch, abgesehen von dem Wechsel der Wachen, durch Krankheit, ja selbst durch den Tod, während der Reise verhindert sein kann seinen Dienst zu verrichten, und daß dem Schiffe dann in der Loggleine eines der Hauptmittel zur zuverlässigen Fahrt-Bestimmung ermangelt. Daß Schiffer Alberts, wie er angiebt, und woran nicht zu zweifeln, auch während der Steuermannswache viel an Deck sich zu befinden pflegt, kann ihn selbstverständlich nicht im Mindesten entschuldigen seine Pflicht als ordentlicher Schiffer bezüglich des Artikels 480 des Handels-Gesetzbuchs vernachlässigt zu haben.

Einen Einfluß auf den Seeunfall hat der Mangel des Loggs in diesem Falle nicht gehabt, da der Schiffer — wie eine Vergleichung des nach der Strandung und der Peilung des (richtigen) Feuers von Nidden zu reconstruirenden Schiffsorts mit dem, aus den Eintragungen in das Journal (auf Curs per Compaß reducirt) sich ergebenden Besteck ergiebt — im ganzen die Schätzung richtig gemacht hat, und jedenfalls, wenn er die Fahrt nach der Loggleine gemessen, dem Irrthum, in den er verfallen ist, dennoch nicht entgangen sein würde. Auch der Unterlassung des Lothens kann ein Einfluß auf den Seeunfall nicht beigemessen werden, denn in dem Zeitpunkte, in welchem aus der Abnahme der Wassertiefe ein zuverlässiger Schluß auf die zu große Annäherung an das Land gezogen werden konnte, war es für die in

Ballast gehende, starker Abtrifft bei seitlichem Winde ausgesetzte Kuff ohnehin nicht mehr möglich von der Küste freizukommen.

Wenn das Seeamt somit festzustellen hatte, daß der Seeunfall einzig und allein durch die dem Schiffer zur Last fallende mangelhafte Ausrüstung des Schiffes mit dem erforderlichen Material zur Erkennung der Küstenfeuer verschuldet ist, so hat dasselbe dem Antrage des Reichscommissars, dem Schiffer Alberts die Befugniß zur Ausübung seines Gewerbes zu entziehen, dennoch keine Folge gegeben.

Hierfür war zunächst die Erwägung maßgebend, daß dem Seeamt nach §. 26 des Seeunfallgesetzes vom 27. Juli 1877 nur die Befugniß ertheilt ist, in dem daselbst näher bezeichneten Falle eines Verschuldens des Schiffers auf Gewerbeentziehung zu erkennen, daß somit die Gewerbeentziehung dem betreffenden Verschulden nicht unbedingt, wie die Strafe dem festgestellten Vergehen folgen muß. Einem 71 Jahre alten Schiffer, der 49 Jahre lang Schiffe geführt hat, ohne Strandungen zu erleben, der auf dies Gewerbe angewiesen, dessen Führung sonst tadellos gewesen ist, und der voraussichtlich nur noch kurze Zeit und in der besseren Jahreszeit Schiffe zu führen unternehmen wird, erschien es dem Seeamt, auch abgesehen von dem Nachbemerkten, nicht angemessen und im Interesse der öffentlichen Sicherheit nicht unbedingt geboten, von der durch das Gesetz ihm eingeräumten Befugniß Gebrauch zu machen, zumal auch der Umstand, daß der Unfall ohne erheblicheren Schaden verlaufen ist, ihm gewissermaßen zu Gute kommt.

Das Seeamt nimmt aber auch an, daß die Erfordernisse des §. 26 l. c. im vorliegenden Falle nicht im ganzen Umfange festzustellen sind. Darnach muß sich ergeben, daß ein deutscher Schiffer den Unfall in Folge des Mangels solcher Eigenschaften, welche zur Ausübung seines Gewerbes erforderlich sind, verschuldet hat. Es ist nun zwar nicht zu verkennen, daß der Schiffer Alberts mehrfache Vorsichtsmaßregeln zum Theil längere Zeit hindurch pflichtwidrig außer Acht gelassen hat. Im Hinblick aber auf seine 49jährige vorwurfslose Schifferlaufbahn, welche ohne das Vorhandensein der erforderlichen Eigenschaften, namentlich auch der Vorsicht, Sorgfalt und Gewissenhaftigkeit nicht möglich gewesen wäre, glaubt das Seeamt dennoch aus dem hier vorliegenden Falle den Mangel an Vorsicht, Sorgfalt oder Gewissenhaftigkeit (in der Vervollständigung seiner nautischen Kenntnisse) gewissermaßen als den Mangel einer Charakter-Eigenschaft des Schiffers Alberts nicht feststellen zu können. Das Seeamt nimmt vielmehr an, daß die bei dem *rc.* Alberts an sich in vollem Maße vorhandenen, vorgedachten Eigenschaften durch eine lange und glückliche Schifferlaufbahn eingeschläfert sind, daß er sich auf seine Erfahrung und vielleicht auch sein Glück glaubte verlassen zu können, und giebt sich der Hoffnung hin, daß die Lebensgefahr, in die er mit seiner Frau und Mannschaft gerathen, der nicht unerhebliche pecuniäre Verlust, den er erlitten, mehr aber noch vielleicht die unangenehme Lage, in die er sich versetzt hat, seine Verschuldungen vor dem Seeamt einzeln verantworten, oder vielmehr offen eingestehen zu müssen, endlich die ernstliche Rüge, die ihm in der seeamtlichen Audienz öffentlich zu Theil geworden ist, genügen wird, die vorgedachten Eigenschaften wieder vollständig wachzurufen.

Die Entscheidung des Ober-Seeamts lautet:

daß der Spruch des Königlich preußischen Seeamts in Königsberg vom 20. Mai 1882 dahin abzuändern, daß dem Schiffer Jan Caspers Alberts in Oldersum die Befugniß zur Ausübung des Schiffergewerbes zu entziehen, die Befugniß zur Ausübung des Steuermannsgewerbes aber zu belassen und die baaren Auslagen des Verfahrens außer Ansatz zu lassen.

Gründe: Das Seeamt führt die Strandung der Kuff „Pauline" ausschließlich darauf zurück, daß dem Schiffer Alberts die Existenz des Leuchtfeuers von Nidden unbekannt war, und daß er in Folge dessen dieses Feuer für dasjenige von Brüsterort gehalten hat; dieser Irrthum falle allein dem Schiffer zur Last, weil er es unterlassen habe, sein Fahrzeug mit einer neueren Seekarte oder anderen Hülfsmitteln zur Kenntniß der Küstenbefeuerung auszurüsten. Ein weiteres Verschulden des Schiffers erblickt das Seeamt darin, daß derselbe einen wesentlichen Gegenstand der Schiffsausrüstung, das Logg, nicht an Bord gehabt und vom Loth nicht öfteren Gebrauch gemacht habe, nachdem eine Lothung bei dem ersten Sichten des Nidden-Feuers mit der auf Grund der Peilung des Feuers angenommenen Schiffsposition nicht in Uebereinstimmung gestanden habe. Das Seeamt nimmt aber an, daß das Unterlassen des Loggens und Lothens einen Einfluß auf den Seeunfall nicht gehabt habe, weil der Schiffer, auch ohne zu loggen, die Fahrt ziemlich richtig geschätzt habe und die bei eventuellem Lothen sich ergebende Abnahme der Wassertiefe ihn zu spät vor der gefährlichen Nähe der Küste gewarnt hätte, indem der Wind gerade auf das Land zugestanden habe und eine nur in Ballast gehende Kuff zu starke Abtrift besitze, um dann noch wieder von der

Küste abkreuzen zu können. In dem pflichtwidrigen Außerachtlassen mehrfacher Vorsichtsmaßregeln seitens des Schiffers sieht das Seeamt in Anbetracht der langjährigen vorwurfslosen Seefahrzeit desselben nicht einen Mangel einer Charaktereigenschaft, sondern nur eine durch eine lange, glückliche Schifferlaufbahn erzeugte Einschläferung seiner sonst wohl vorhandenen Vorsicht, Sorgfalt und Gewissenhaftigkeit, weshalb es dem Antrage des Reichscommissars auf Entziehung der Befugniß zur Ausübung des Schiffergewerbes nicht Folge gegeben hat.

In der Beschwerde wird hingegen ausgeführt, daß, abgesehen von der Verwechselung des Leuchtfeuers von Nidden mit dem von Brüsterort, auch das Unterlassen des Loggens in ursachlichem Zusammenhange mit der Strandung stehe, weil anzunehmen sei, daß, wenn der Schiffer durch gehöriges Loggen seinen Schiffsort sicherer, als dies durch die bloße Schätzung der Fahrt des Schiffes möglich sei, bestimmt hätte, er auch ein größeres Vertrauen auf diese Bestimmung gesetzt haben würde und dann bei ihm die Annahme gar nicht hätte aufkommen können, daß das gesichtete Feuer das von Brüsterort sei; denn diese Annahme sei mit der Position des Schiffes nach dem Besteck durchaus nicht in Uebereinstimmung zu bringen. Die Beschwerde widerspricht ferner der Ansicht des Seeamts, daß bei einer durch öfteren und sorgsameren Gebrauch des Lothes entdeckten gefahrbringenden Annäherung an die Küste die Strandung des Fahrzeuges doch nicht zu vermeiden gewesen wäre; denn bei dem nur schwachen Winde von Stärke 3 bis 4 wäre der Schiffer durch geeignete Manöver wohl im Stande gewesen, das Auflandtreiben der Kuff zu vermeiden; bei dem vorgeschrittenen Lebensalter des Schiffers und im Hinblick darauf, daß ähnliche Nachlässigkeiten aus der bisherigen seemännischen Laufbahn desselben nicht bekannt geworden seien, würde zwar eine milde Beurtheilung des Falles angezeigt erscheinen, wenn es sich nur um ein einzelnes Versehen handelte, es ergebe jedoch die hier vorliegende Reihe von Pflichtvernachlässigungen, daß der Schiffer seine Verantwortlichkeit vollständig verkenne und derjenigen Umsicht und Vorsicht in der Navigirung ermangele, welche von einem Schiffer bei den bescheidensten Ansprüchen gefordert werden müsse, wozu noch komme, daß die Haltung des Schiffers Alberts bei den Verhandlungen des Seeamts keineswegs bekundet habe, er sei zur Erkenntniß der begangenen Fehler gelangt.

Wie die Verhandlungen des Seeamts ergeben, hat der Schiffer Alberts sein Fahrzeug so mangelhaft mit Karten, Instrumenten und anderen nautischen Hülfsmitteln ausgerüstet, daß die Möglichkeit einer sicheren

Navigirung desselben von vornherein als ausgeschlossen anzusehen war. Eine ältere Seekarte kann nur dann allenfalls ihren Zweck noch erfüllen, wenn die in der Befeuerung der Küste vorkommenden Aenderungen darauf nachgetragen werden. Da dies auf der hier fraglichen, 1866 erschienenen Karte nicht geschehen war, so hatte der Schiffer Alberts um so mehr die Pflicht, sich über etwaige an der Küste, nach welcher sein Schiff bestimmt war, vorgekommene Aenderungen in den Seezeichen durch Einsehen eines Leuchtfeuerverzeichnisses oder einer Segelanleitung zu informiren, als er diese Küste bereits seit einer Reihe von Jahren nicht mehr besucht hatte. Die Leichtfertigkeit in Bezug auf die Navigirung seines Fahrzeuges, welche der Schiffer Alberts durch diese Unterlassung an den Tag legte, tritt noch mehr hervor in der langjährigen Nichtanwendung eines Loggs; denn wenn eine ungefähre Schätzung der Geschwindigkeit des Schiffes ohne den Gebrauch eines Loggs bei Tage auch nicht ausgeschlossen ist, so ist eine solche Schätzung für eine sichere Navigirung doch durchaus unzureichend, und bei Nacht ist sie umsomehr gänzlich unbrauchbar, als dann die in der Dunkelheit an und für sich kaum ausführbare Schätzung nicht einmal vom Schiffer selbst — sofern er nicht die Wache hat — gemacht werden kann, sondern anderen Personen überlassen bleiben muß. Dies hat sich auch bei der Navigirung der Kuff zwischen Rixhöft und Memel thatsächlich gezeigt; denn die Kuff ist innerhalb 24 Stunden ihrem Besteck um mehr als 15 Seemeilen voraus gewesen, d. h. sie hat in Wirklichkeit über 15 Seemeilen östlicher gestanden, als es nach der Schätzung des Schiffers der Fall sein sollte, und es ist mit großer Wahrscheinlichkeit anzunehmen, daß diese Differenz zwischen dem geschätzten Besteck und der wirkichen Position des Fahrzeuges ausschließlich Folge des unterlassenen Loggens gewesen ist. Wäre dieser Fehler in der Schätzung der Geschwindigkeit der Kuff nicht gemacht, sondern geloggt worden, so hätte der Schiffer sich schwerlich veranlaßt sehen können, das um 8 Uhr Abends des 19. April in SO gesichtete Feuer für dasjenige von Brüsterort zu halten; denn nach richtigem Besteck befand er sich um diese Zeit etwa 40 Seemeilen von derjenigen Gegend, in der man das Feuer von Brüsterort in SO hat. Eine Versetzung um 40 Seemeilen in 19 Stunden (nämlich seit der Peilung von Rixhöft-Feuer um 1 Uhr Nachts) noch dazu gegen die derzeitige Windrichtung, war aber vollkommen undenkbar und würde wohl auch dem Schiffer Alberts unmöglich erschienen sein. Somit ist — entgegen der Ansicht des Seeamts — der vom Schiffer Alberts begangene Irrthum wesentlich auch auf das Unterlassen des Loggens zurückzuführen. Die Verwechselung der beiden Feuer durfte aber auch, selbst wenn man vom Loggen absieht, bei einiger Aufmerksamkeit und Ueberlegung nicht Platz greifen. Das Feuer von Brüsterort ist ein Blinkfeuer, welches alle 4 Minuten einen Blink zeigt, wohingegen das Feuer von Nidden ein Funkelfeuer mit einer Periode von 10 Secunden ist. Wenn der Schiffer von der Existenz des letzteren auch garnichts wußte so mußte ihm doch klar sein, daß das thatsächlich gesichtete Funkelfeuer von 10 Sekunden Periode unmöglich das oben charakterisirte Brüsterort-Feuer sein konnte. Erwägt man nun, wie die gleichzeitig ausgeführte Lothung von 23 Faden den Schiffer ebenfalls direkt darauf hinwies, daß das in der Kimm gesichtete Feuer das von Brüsterort nicht sein könne — denn dann hätte mehr als die doppelte Tiefe gelothet sein müssen — so kann man nur unter Voraussetzung des Mangels jeglicher Umsicht bei dem Schiffer Alberts es sich erklären, daß er trotz dessen in seinem Wahn beharrte und, ohne weiter zu lothen — denn die eine später versuchte Lothung, bei welcher der Grund nicht erreicht wurde, kann als solche nicht in Betracht kommen — gerade auf den Strand segelte.

Der Beschwerde ist ferner darin beizutreten, daß bei dem herrschenden Winde und dem nur geringen Seegange eine Unmöglichkeit, die Kuff vor dem Stranden zu bewahren, keineswegs vorlag, sofern durch öfteres Lothen die Annäherung an die Küste bemerkt worden wäre; denn selbst wenn das Fahrzeug nur 8 Strich von der Windrichtung hätte gut machen können, so würde es, so lange der Wind WSW und West war, doch ganz ungefährdet über Steuerbordbug nach Norden, parallel mit der Küste, und als der Wind auf NW ging, über Backbordbug nach SW von der Küste ab haben liegen können, wie dem Fahrzeug, sobald das Wasser zu flach wurde, auch das Ankern — bis bei Tage die Orientirung möglich wurde — offen stand.

Der Schiffer Alberts hat hiernach in mehrfachen Beziehungen gezeigt, daß ihm diejenigen Kenntnisse, Fähigkeiten und Eigenschaften abgehen, welche zur sicheren Führung eines Schiffes — namentlich unter schwierigen Umständen — ganz unentbehrlich sind. Wenn das hohe Lebensalter und die — soweit bekannt — bisher tadellose Berufsvergangenheit auch geeignet sein würden, die Fehler, welche der Schiffer Alberts gemacht hat, in milderem Lichte erscheinen zu lassen, so läßt doch die durch die Untersuchung klargelegte Natur jener Fehler keinen Zweifel darüber bestehen, daß sie nicht den Charakter eines einmaligen

Irrthums tragen, sondern in einer gewohnheitsmäßigen Leichtfertigkeit bei der Schiffsführung und in mangelnder Fähigkeit zur Ausübung des Berufs wurzeln, weshalb im Interesse der Sicherheit der Schifffahrt dem Schiffer Alberts die Befugniß zur Ausübung des Schiffergewerbes nicht belassen werden kann; gegen seine Qualifikation als Steuermann liegen Bedenken nicht vor.

Die baaren Auslagen des Verfahrens bleiben außer Ansatz, weil die Beschwerde vom Reichscommissar eingelegt worden ist.

43. Spruch des Seeamts zu Emden vom 10. Juni 1882 und Entscheidung des Kaiserlichen Ober-Seeamts vom 9. September 1882, betreffend den Seeunfall der Schoonerkuff „Deo Gloria" von Jheringsfehn.

Der Spruch des Seeamts lautet:

Der Unfall der Schoonerkuff „Deo Gloria", Unterscheidungssignal KDFH, von Jheringsfehn und der damit verbundene Verlust eines Menschenlebens ist im wesentlichen auf die Witterungsverhältnisse vom 30. April 1882 zurückzuführen. Daneben ist zwar festgestellt, daß das Schiff sich in einem äußerst mangelhaften Zustande befunden habe, nicht aber auch ein ursächlicher Zusammenhang zwischen dem letzteren und dem eingetretenen Unfalle selbst, und ist dem Schiffer Erfeling daher die Befugniß zur ferneren Ausübung des Schiffergewerbes zu belassen.

Gründe. 1. Die zu Jheringsfehn heimathberechtigte, zu 184,1 cbm = 64,99 britischen Register-Tons Netto-Raumgehalt vermessene Schoonerkuff „Deo Gloria", als deren alleiniger Eigenthümer der Schiffer Heinr. Chr. Erfeling in Jheringsfehn im Schiffsregister verzeichnet steht, befand sich zur Zeit des am 30. April 1882 in der Nordsee herrschenden schweren Südweststurmes mit einer Ladung Bretter und ihrer regelmäßigen Besatzung von im ganzen 4 Personen auf der Reise von Christiansand nach Emden auf etwa 55° Nordbreite und 7° Ostlänge von Greenwich, als um 7 Uhr Morgens des gedachten Tages, während das Schiff beigedreht lag, durch eine schräg von Backbordseite her überkommende Sturzsee der mit dem Steuermann auf Wache befindliche, hinter dem Roof stehende Schiffskoch

Olthoff Schröder aus Leer sammt einem Theile der Deckladung und der Ankerketten über Bord gespült und das Schiff selbst in mehrfacher Weise beschädigt wurde. Namentlich wurde das Roof eingeschlagen und das in demselben verwahrte Schiffsjournal weggespült, die Regeling nebst den Stützen an Backbordseite vollständig, an Steuerbordseite theilweise fortgeschlagen und fiel das Schiff selbst in Folge Verschiebens der Ladung zugleich so schwer nach Steuerbordseite über, daß es mit den Masten fast auf dem Wasser lag. Als die See wieder abgelaufen war, trieb der Koch etwa 40 Faden hinter dem Schiffe und war es nicht möglich, ihm irgend welche Hülfe zu leisten, übrigens aber wurde, um das Schiff wieder aufzurichten, nach Steuerbord gehalst. Um dies zu bewerkstelligen, mußte das Boot losgeschnitten und, damit es nicht durch die Luken schlage, über Bord gesetzt werden, wobei gleichzeitig die darin liegenden Handspeichen, Riemen, Pützen und verschiedenes Tauwerk verloren gingen. Das Großsegel zerriß; beim Ansetzen der Pumpen fand sich soviel Wasser im Raume, daß die Mannschaft zu fortwährendem Pumpen gezwungen war; gleichwohl ist es jedoch gelungen, nachdem das Wetter sich gebessert hatte, am 2. Mai Helgoland, am 3. Mai Borkum in Sicht und hier sodann zwei Lootsen an Bord gekommen waren, das Schiff mit seiner Ladung am 4. Mai glücklich nach seinem Bestimmungshafen binnen zu bringen.

2. Die Kuff „Deo Gloria" ist im Jahre 1846 zu Emden erbaut, hatte mithin zur Zeit des hier fraglichen Unfalls ein Alter von 36 Jahren. Vor etwa 5 Jahren hatte sie nach Angabe des Schiffers in Geestemünde ein neues Deck erhalten, war dann im Jahre 1881 zuletzt in Stegenland an der Weser auf dem Helling gewesen, wo sie von unten neu verbolzt und unterhalb der Wasserlinie kalfatert war, und ist dann anderweit im Frühjahr 1882 beim Schiffsbauer Beekmann in Papenburg noch wieder einer Reparatur unterzogen, welche darin bestanden hat, daß sie über der Wasserlinie kalfatert und in Deck einige Spunden eingesetzt, sowie neue Fockwanten aufgelegt wurden. Nach dieser letzteren Reparatur wurde sie von den Experten der zweiten Assecuranzcompagnie in Emden einer Besichtigung unterzogen, wobei der Expert das ausdrückliche Verlangen gestellt haben will, daß nach Beendigung der nächsten Reise die Wegerung erneuert werden müsse, übrigens aber von der genannten Gesellschaft aufs neue eine Versicherung des Schiffes für die Summe von 2900 M. übernommen. Zu einer eingehenderen Besichtigung des Schiffes will der Versicherungsexpert nicht in der Lage gewesen sein, weil zur Zeit derselben das Schiff bereits

seinen Ballast eingenommen hatte, welcher den Raum bis zur halben Höhe der Wegerung füllte; bei der in dieser Untersuchung seeamtsseitig durch zwei andere zugezogene Sachverständige, Expert Ontjes und Schiffsbaumeister Pauls, veranlaßten Besichtigung des Schiffes aber haben sich bei demselben die nachfolgenden, nach Angabe der Sachverständigen mit Ausnahme eines Bruches am Roof, schon vor dem hier fraglichen Seeunfalle vorhanden gewesenen Mängel vorgefunden, nämlich:

a, das Kielschwein ist auf 12 Meter Länge verfault,
b, die Enden der Deckbalken sind größtentheils verfault,
c, die Leibhölzer desgleichen,
d, desgleichen die Binnensteven,
e, die Segelbalken sind in der Mitte gebrochen, am Bruche ist das Holz verfault,
f, von den Roofstützen sind zwei gebrochen, eine verfault,
g, die Steifen im Bug sind größtentheils schlecht,
h, die Bugplanken oben an der Cajüte sind schlecht, theilweise verfault,

während die Inhölzer des Schiffes von den Sachverständigen in Anbetracht des Alters des letzteren als gesund bezeichnet sind.

3. Nach dem Ergebnisse der Untersuchung hat sich in Folge der am 30. April 1882 übergekommenen Sturzsee das Schiff schwer auf die Seite gelegt und könnte sich darnach fragen, ob bei dem Verstauen der Ladung ordnungsmäßig verfahren sei; indessen erscheint in solcher Beziehung doch, insbesondere durch die Aussagen des Matrosen Severin, festgestellt, daß die Ladung in Christiansand durch sachkundige Stauer festgekeilt worden ist und dürfte darnach das Verschieben der Ladung durch die Gewalt der übergekommenen Sturzsee zu erklären sein, ein Grund zu einem Vorwurfe für den Schiffsführer wegen mangelhafter Stauung mithin wohl nicht vorliegen.

4. Dagegen sind die von den Sachverständigen Ontjes und Pauls vorgefundenen und bereits vor dem hier fraglichen Unfalle vorhanden gewesenen Mängel der Art, daß es, abgesehen davon, ob eine Reparatur des Schiffes überhaupt noch möglich sein wird, mit der dem Schiffer nach Artikel 480 des Handelsgesetzbuches obliegenden Verpflichtung, vor Antritt seiner Reise dafür zu sorgen, daß das Schiff sich in seetüchtigem Zustande befinde, nicht in Einklang zu bringen ist, wenn er mit demselben überhaupt in See ging. Auch kann es ihm in keiner Weise zur Entschuldigung gereichen, daß ihm etwa beim Antritt seiner Reise der mangelhafte Zustand des Schiffes

nicht bekannt gewesen sein sollte, und zwar um so weniger, als ihm derselbe bei eingehender Untersuchung wohl nicht hätte verborgen bleiben können, und wenn von ihm eine solche Untersuchung seinen eigenen Angaben zufolge überhaupt niemals vorgenommen ist, auch darin wieder ein Mangel pflichtmäßiger Aufmerksamkeit befunden werden muß.

5. Diesem nach hat der Schiffer Erfeling allerdings einen Mangel solcher Eigenschaften bewiesen, welche zur Ausübung des Schiffergewerbes erforderlich sind und wäre daher auch dem Antrage des Reichscommissars auf Entziehung des Schifferpatents zu entsprechen gewesen, wenn die dem Schiffer zur Last fallende Pflichtwidrigkeit mit dem Unfalle selbst, speciell dem eingetretenen Verluste eines Menschenlebens, durch welchen zur Einleitung einer seeamtlichen Untersuchung die Veranlassung geboten wurde, in ursächlichem Zusammenhang stände. Für das Ueberbordspülen des Schiffskoches ist nun aber offenbar die nachgewiesene mangelhafte Beschaffenheit des Schiffes von gar keiner Bedeutung gewesen, und zwar umsoweniger, als an derjenigen Stelle steuerbordseits, an welcher der Koch voraussichtlich über Bord gerissen sein wird, Regeling und Stützen unversehrt geblieben sind, auch bezüglich der sonst eingetretenen Schäden um deswillen nicht wesentlich, weil trotz jener Mängel Schiff und Ladung — letztere allerdings durchnäßt und mit Verlust eines Theiles der Decklast — nach dem Bestimmungshafen binnen gebracht wurden, und ist aus diesen Gründen so, wie geschehen, erkannt worden.

Die Entscheidung des Ober-Seeamts lautet:

daß der Spruch des Königlich preußischen Seeamts zu Emden vom 10. Juni 1882 zu bestätigen und die baaren Auslagen des Verfahrens außer Ansatz zu lassen.

Gründe. Am 30. April 1882 ist bei starkem Sturm in der Nordsee eine Sturzsee über die „Deo Gloria" hinweggegangen und hat nicht nur den Schiffskoch vom Deck in das Meer geschleudert, welcher in Folge dessen ertrunken ist, sondern auch an zahlreichen Bestandtheilen des Schiffes erhebliche Beschädigungen angerichtet. Das Seeamt hat angenommen, daß keiner von beiden Unglücksfällen durch den Schiffer verschuldet sei, daß es vielmehr an einem ursachlichen Zusammenhange zwischen ihnen und dem Verhalten des Schiffers fehle. Die Beschwerde giebt zu, daß der Schiffer den Tod des Kochs nicht verschuldet habe, führt dagegen aus, jene Beschädigungen seien wesentlich dadurch veranlaßt worden, daß der Schiffer die Erhaltung der „Deo Gloria" in seetüchtigem Zustande verabsäumt habe, daß die letztere in Folge dessen schon bei Antritt der letzten Reise seeuntüchtig gewesen sei, und daß nur aus diesem Grunde jene Beschädigungen einen Umfang erreicht hätten, in welchem sie selbst unter der Einwirkung einer Sturzsee bei einem wohl erhaltenen Fahrzeuge nicht hätten eintreten können.

Durch das Gutachten der in erster Instanz vernommenen Sachverständigen ist festgestellt, daß die „Deo Gloria" bei Antritt der letzten Reise seeuntüchtig gewesen ist. Eine Verantwortlichkeit hierfür würde aber den Schiffer nur dann treffen, wenn er diesen Zustand seines Schiffes gekannt hätte oder bei Anwendung der erforderlichen Aufmerksamkeit hätte erkennen müssen. Weder die eine noch die andere Voraussetzung ist durch die Beweisaufnahme dargethan. Das Schiff hat zahlreiche Stellen gehabt, an denen das Holz verfault war; diese Stellen sind in Folge jener Beschädigungen sichtbar geworden, so daß sie die Sachverständigen, als das Schiff nach beendeter Reise im Dock zu Emden lag, ohne Mühe herausfinden konnten; so lange aber die „Deo Gloria" äußerlich unversehrt war, befanden sich die faulen Holztheile sämmtlich an verdeckten Stellen, an welchen sie bei einer Besichtigung nicht wahrgenommen werden konnten. Eine Gelegenheit zur Erkennung solcher Mängel konnten nur Reparaturen bieten, deren die „Deo Gloria" im Laufe der Zeit bedürftig wurde. In Bezug auf die Vornahme solcher Reparaturen hat der Schiffer nichts versäumt. Im Jahre 1876 hat die „Deo Gloria" in Geestemünde ein neues Hauptdeck erhalten; die Deckbalken wurden dabei bloßgelegt, aber in gutem Zustande befunden. Später wurde die Leibholzplanke an beiden Seiten erneuert; auch dabei zeigte sich keine Schadhaftigkeit der Deckbalkenenden. Im Frühjahr 1881 wurde die „Deo Gloria" bei dem Schiffsbaumeister Behrens in Brake über Wasser und an Deck verzimmert. In demselben Jahre wurde sie gleich nach Pfingsten bei dem Schiffsbaumeister Focke in Bardenfleth auf die Helgen gezogen; dabei wurden ihr unterer Theil gehörig nachgesehen und kalfatert, die Bolzen geprüft und die schadhaften theils durch neue, theils durch hölzerne Nägel ersetzt, das Deck nachgesehen und das alte Port im Bug erneuert. Im Frühjahr 1882 wurde die „Deo Gloria" von dem Schiffsbaumeister Beckmann zu Papenburg oberhalb der Wasserlinie und an Deck nachgesehen, kalfatert und an mehreren Stellen mit Spunden versehen, wie es der Expert Uffken in Emden für erforderlich erachtet hatte. Durch diese fortgesetzten Reparaturen hat der Schiffer dasjenige Maß von Fürsorge für die Erhaltung der Seetüchtigkeit der „Deo Gloria" bethätigt, welches ihm unter den gegebenen Verhältnissen oblag. Wenn dessen ungeachtet sich im Holzwerk des Schiffes Fäulniß entwickelt hat und unbemerkt geblieben ist, so kann er hierfür nicht verantwortlich gemacht und ihm demgemäß nicht zur Last gelegt werden, daß er durch Vernachlässigung der gebotenen Aufmerksamkeit auf den Zustand seines Schiffes die von der erwähnten Sturzsee angerichteten Beschädigungen oder gar den Tod des Schiffskochs verschuldet habe. Sein Verhalten steht außer allem rechtlichen Zusammenhang mit diesen beiden Unglücksfällen. Auch Folgen, für welche er verantwortlich zu machen wäre, haben die letzteren nicht gehabt, denn die „Deo Gloria" ist am 5. Mai 1882 mit ihrer Ladung im Raum in den Hafen von Emden gelangt, den sie nicht erreicht hätte, wenn der Schiffer in der gefährlichen Lage, in welche sie durch den Unfall bei dem damals herrschenden Unwetter versetzt war, nicht bestrebt gewesen wäre, seinen Pflichten in vollem Maße zu genügen.

Unter diesen Umständen liegt kein Anlaß vor, dem Schiffer die Befugniß zur Ausübung seines Gewerbes zu entziehen.

Die baaren Auslagen des Verfahrens bleiben außer Ansatz, weil die Beschwerde vom Reichscommissar eingelegt ist.

44. Spruch des Seeamts zu Bremerhaven vom 10. Juni 1882 und Entscheidung des Kaiserlichen Ober-Seeamts vom 30. September 1882, betreffend den Seeunfall des Vollschiffes „Roland" von Bremen.

Der Spruch des Seeamts lautet:

Der Seeunfall des Vollschiffes „Roland", bestehend in dem Verunglücken des Matrosen Thors Guteromsen in der Nacht vom 10./11. August 1880 etwa auf 32° Nordbreite und 22° Westlänge ist dadurch verursacht, daß der Genannte aus der Fockrüst über Bord fiel und seine Rettung nicht bewerkstelligt wurde. Das Verhalten des Schiffers von Hagen und des Obersteuermanns nach dem Ueberbordfallen von Guteromsen ist zwar in der in den Gründen darzulegenden Beziehung zu tadeln, namentlich dasjenige des Schiffers, jedoch ist nicht anzunehmen, das das Verhalten des Schiffers von Hagen die

Ursache davon, daß Guteromsen nicht gerettet worden, gewesen ist und wird daher dem Antrage des Reichscommissars, dem Schiffer von Hagen die Befugniß zur Ausübung des Schiffergewerbes zu entziehen, nicht stattgegeben.

Gründe. Auf einer Reise des Vollschiffes „Roland", Schiffer von Hagen, Unterscheidungssignal QDGH, 3803,4 Cubicmeter oder 1342,60 Register-Tons Netto-Raumgehalt, von Newcastle nach San Francisco ist am 10. August 1880 Abends der Matrose Thors Guteromsen, während er beim Losmachen von Segeln beschäftigt war, aus der Fockrüst über Bord gefallen und nicht gerettet. Das Schiffsjournal enthält über den Unfall das Folgende:

„Leichter Wind. Leesegel an Steuerbord gesetzt. Um 11,30 Nachts fiel der Matrose Thors Guteromsen aus Hangonsund, Norwegen, über Bord und wurde nicht mehr gesehen. Er war beschäftigt in der Fockrüst mit Matrose F. Foth und Segelmacher Christiansen den Unterleesegelhals aus dem Fockschoothorn zu stecken, wobei er über Bord fiel. Das Schiff lief 6½ Knoten, mäßige Brise, wir legten Schiff bei. Hinterraaen back gebraßt, alle Mann an Deck, machten Boot fertig, konnten aber nichts sehen und hören, es wurde von allen Leuten angenommen, bei der Dunkelheit sei es unmöglich den Verunglückten wieder zu finden, lagen noch bis 1 Uhr bei mit backen Hinterraaen.

Unterschriften:
B. von Hagen, Schiffer,
C. F. Fechter, I. Steuermann,
F. Streichhan, II. Steuermann,
F. Poller, Bootsmann,
Johns Christiansen, Segelmacher,
Johann Harich, Matrose."

Nach Ankunft des Schiffes in San Francisco sind in Folge einer von den Matrosen William Erikson, Fred. Foth und dem Leichtmatrosen Adolph Olsen erfolgten Anzeige, daß Schiffer von Hagen nicht die bei dem zur Zeit des Unfalls herschenden guten Wetter alle möglich gewesenen Rettungsversuche angeordnet, sondern die von den Leuten unabhängig unternommenen Versuche, den über Bord gefallenen Mann zu retten, sistirt habe, bei dem deutschen Consulat daselbst — sowohl der Schiffer als der größte Theil der Mannschaft, die letzteren mit Ausnahme des Obersteuermanns eidlich — eingehend über den Sachverhalt vernommen. Die betreffenden, dem Seeamt mitgetheilten Aussagen, sind abgesehen von derjenigen des Schiffers von Hagen, bei der Verhandlung zur Verlesung gebracht.

Bei dem Landgericht in Bremen hat bereits gegen den Schiffer von Hagen eine Voruntersuchung wegen Vergehens wider den §. 222, Absatz 2 des Strafgesetzbuchs stattgefunden, nach deren Schluß seitens der Staatsanwaltschaft auch Anklage erhoben ist, doch ist von Hagen durch Beschluß der Strafkammer des Landgerichts außer Verfolgung gesetzt. Die seeamtliche Untersuchung ist bis zur Beendigung des gerichtlichen Verfahrens ausgesetzt gewesen. Von den vor dem Untersuchungsrichter erfolgten bezw. durch denselben herbeigeführten eidlichen Zeugenaussagen sind diejenigen des Obersteuermanns Fechter, Bootsmanns Pollex, Zimmermanns Fechtmann und Kochs Reinberg in der Sitzung des Seeamts zur Verlesung gelangt.

Schiffer von Hagen, welcher allein zum Verhandlungstermin vor dem Seeamt hat geladen werden können, hat sich über den betreffenden Vorfall folgendermaßen ausgelassen:

Der Unfall habe sich in der Nacht zwischen 11 und 12 Uhr während der Steuermannswache ereignet. Der Wind habe damals die Stärke einer angenehmen Brise gehabt und sei von hinten gekommen. Das Schiff sei gerade vor dem Winde gelaufen, habe sämmtliche Segel geführt und einen Fortgang von etwa 6 Seemeilen in der Stunde gehabt. Er selbst sei zur Zeit des Unfalls zur Koje gewesen und habe geschlafen, sei von dem Ruf „Mann über Bord" erwacht und dann sofort und zwar unangekleidet an Deck gelaufen. Hier habe er die Mannschaft in großer Verwirrung angetroffen. Der Obersteuermann und zwei Mann seien bei den Kreuzraaen beschäftigt gewesen, um dieselben back zu brassen, während alle übrigen sich bei den Booten zu schaffen gemacht hatten. Da zunächst erforderlich gewesen sei, das Schiff zum Stillliegen zu bringen, so habe er beordert, das Ruder in Lee zu legen und die Großraaen back zu holen. Zum Brassen der Raaen sei aber Niemand gekommen und habe er deshalb die Leute von den Booten fortgeholt. Das Ruder sei verkehrt gelegt worden, da der am Ruder befindliche Mann das Commando falsch verstanden habe, und ehe dieser Fehler wieder habe gut gemacht werden können, sei eine geraume Zeit vergangen. Nachdem schließlich auch die Raaen gebraßt gewesen, sei das Schiff bereits eine weite Strecke von der Unfallstelle entfernt gewesen, außerdem sei dasselbe durch das Verkehrtlegen des Ruders verschiedene Curse gesegelt und unter diesen Umständen die Richtung, in welcher der über Bord gefallene Mann zu suchen sei, nur annähernd zu bestimmen gewesen. Seiner Ansicht nach habe der Mann unmöglich noch gefunden werden können, und würde es deshalb völlig nutzlos gewesen sein, ein Boot auszusetzen, wogegen die Gefahr vorhanden gewesen sei, daß beim Aussetzen eines Bootes auch die Bootsmannschaft nicht zurückgekommen wäre, da das Boot bei der Dunkelheit der Nacht oder in Folge des Eintretens von Böen hätte verloren gehen können. Der Horizont sei in der fraglichen Nacht bewölkt, Mond und Sterne nicht sichtbar gewesen und es würde daher, wenn die Leute mit dem Boot weggefahren wären, denselben jedes Merkmal zum Steuern gefehlt haben. Lediglich mit Rücksicht auf die angeführten Umstände habe er es unterlassen, die Aussetzung eines Bootes anzuordnen. Das Aussetzen eines Bootes würde allerdings bei dem herrschenden Wetter ohne Schwierigkeit zu bewerkstelligen gewesen sein, jedoch erst dann, nachdem das Schiff beigedreht gewesen sei. Uebrigens sei nach dem Stillliegen des Schiffes seitens der Leute nicht mehr verlangt, daß ein Boot ausgesetzt werde; der Matrose Foth, welcher das Wort geführt, habe sogar ausdrücklich gesagt, es sei jetzt zu spät dazu. Wenn die Leute bei ihrer Vernehmung in San Francisco Angaben, welche von seiner Darstellung abweichend und für ihn ungünstig seien, gemacht hätten, so sei das lediglich aus Rache geschehen, weil er ihrem Verlangen, sie in San Francisco abzumustern, nicht stattgegeben habe.

Die Aussage des Obersteuermanns Fechter stimmt im wesentlichen mit den Angaben des Schiffers überein; Fechter hat namentlich angegeben, daß das Commando von den Leuten nicht befolgt worden sei, dieselben vielmehr ganz zwecklos durcheinander gelaufen wären, daß der Mann am Ruder letzteres falsch gelegt, das Schiff seiner Schätzung nach etwa 6½ Seemeilen Fahrt gehabt habe, der Himmel bedeckt gewesen und Sterne von ihm nicht bemerkt seien, obwohl er darnach ausgesehen, daß ferner die Leute das Boot an der Luvseite, wo dasselbe nur mit großer Schwierigkeit und Gefahr bewerkstelligt werden konnte, hätten aussetzen wollen. Die Zeit, bis das Schiff beigedreht gelegen hat, schätzt der Steuermann auf 15 bis 20 Minuten. Derselbe hat seine Ansicht dahin ausgesprochen, daß zur Zeit, als das Schiff beigedreht und aus Fahrt war, der Matrose Guteromsen nicht mehr zu retten gewesen sei, daß er jedoch nichtsdestoweniger des moralischen Eindrucks auf die Mannschaft wegen ein Boot ausgesetzt haben würde. Als Grund, weshalb der Verunglückte um jene Zeit nicht mehr zu retten gewesen sein würde, giebt Fechter an, daß einerseits die Richtung, welche das Boot hätte nehmen sollen, nicht hinreichend genau zu bestimmen gewesen, andererseits aber mit Rücksicht auf die zurückgelegte Entfernung der Mann auch im glücklichsten Fall nicht unter einer halben Stunde nach dem Unfall zu erreichen gewesen sein würde. Der Obersteuermann hat außerdem hervorgehoben, daß nach seiner und des Schiffers Annahme alle Leute der Besatzung nach erfolgtem Beidrehen des Schiffes darüber einig gewesen, daß Rettungsmaßregeln unnütz seien. Endlich ist vom Obersteuermann noch bezeugt, daß der Untersteuermann nicht gut mit dem Schiffer gestanden und gelegentlich gesagt habe: „Ich werde ihn — den Schiffer — schon kriegen".

Die anderen vernommenen Personen von der Schiffsmannschaft haben bestätigt, daß nach dem Beidrehen des Schiffes keiner von ihnen mehr verlangt habe, daß ein Boot ausgesetzt werde; der Bootsmann Pollex hat auch gehört, daß Foth um diese Zeit geäußert hat, der Mann sei verloren. Pollex hat weiter ausgesagt, daß eine allgemeine Verwirrung an Bord geherrscht habe. Derselbe sowie der Matrose Foth, Segelmacher Christiansen und Koch Reinberg haben angegeben, daß der Obersteuermann gleich zu Anfang den Befehl zum Backbrassen gegeben habe, daß jedoch nur ein paar Leute demselben nachgekommen und die meisten zu den Booten gelaufen seien. Matrose Osmundsen hat bemerkt, daß der Untersteuermann den Befehl ertheilt habe, die Taljen zum Herunterlassen des Bootes aus dem Raum unter dem Halbdeck zu holen. Außerdem hat, wie durch den Zimmermann Fechtmann und den Matrosen Foth bezeugt worden ist, erst ein Schraubenschlüssel vom Zimmermann geholt werden müssen, um das Boot loszuschrauben. Von dem Zimmermann Fechtmann und dem Steward Kleidt ist angeführt, daß der Schiffer die Leute vom Boote fort zum Brassen beordert bezw. getrieben habe, es sind jedoch nach Angabe von Kleidt auf den Befehl des Schiffers nur wenig Leute zum Brassen gegangen. Die Matrosen Ericson und Lund haben angegeben, daß dem Befehl des Schiffers, von dem Boote fort und nach vorn zu gehen, nicht gleich Folge geleistet, die Leute vielmehr noch eine Weile stehen geblieben seien. Längere Zeit später hat der Koch Reinberg den Schiffer das Commando „Voll Brassen" geben hören. Der Matrose Fechtmann hat bemerkt, es sei die Absicht gewesen, das Boot ohne Taljen über die Regelung zu schieben, und es sei nicht ausgeschlossen gewesen, daß dasselbe dann am Schiffe zerschlagen oder gekentert wäre. Der Bootsmann Pollex glaubt ebenfalls, daß das Boot, falls es auf diese Weise über Bord gesetzt worden wäre, nicht heil zu Wasser gekommen sein würde. Letzterer hat endlich noch erklärt, daß er um die fragliche Zeit keine Sterne gesehen habe, und hat bestätigt, daß der Mann am Ruder in Folge Mißverstehens des Commandos das Ruder verkehrt gelegt habe. Von mehreren Leuten ist außerdem, ohne daß Schiffer von Hagen widersprochen hat, angeführt, daß verschiedene überflüssige Riemen, welche im Boot gelegen hätten, vom Schiffer in das Boot zurückgeworfen seien.

Im übrigen haben, abgesehen vom Obersteuermann, die vernommenen Leute von der Mannschaft die Sache abweichend von den Angaben des Schiffers dahin dargestellt, daß der letztere gleich in großer Wuth und mit dem Ruf: „Gott verdamm mich, wo sind die Offiziere", an Deck gekommen, zum Boot gelaufen sei, die Leute von dem Boot fortgestoßen, ferner dieselben geschimpft, einige auch geschlagen und sich sodann mit dem Matrosen Foth in eine Zänkerei eingelassen, welche ungefähr 5 Minuten gedauert habe, daß die Leute durch den vom Schiffer begonnenen Streit von der Arbeit abgezogen seien und überhaupt großer Lärm an Bord geherrscht, dagegen ein ordentliches Commando gefehlt habe. Einige der Leute haben angegeben, daß der Verunglückte noch längere Zeit um Hülfe gerufen habe, ferner haben einige ausgesagt, daß Guteromsen ein guter Schwimmer gewesen sei und daß man ihn schwimmend gesehen habe. Sodann ist von einigen Leuten angeführt, daß das Boot bei dem Dazwischenkommen des Schiffers schon fast klar gewesen sei und auch während der Fahrt hätte ausgesetzt werden können. Die Geschwindigkeit ist von allen auf 4 bis 5 bezw. auf 5 Knoten angegeben Ferner ist von einigen ausgesagt, daß es zur fraglichen Zeit sternenklar gewesen sei. Mehrere der Leute haben endlich ihre Ansicht dahin ausgesprochen, daß Guteromsen zu retten gewesen sei, wenn das Boot gleich ausgesetzt worden wäre.

Untersteuermann Streichhan, Bootsmann Pollex und Segelmacher. Christiansen haben den Widerspruch zwischen den letztangeführten, zum Theil auch von ihnen gemachten Angaben und der von ihnen unterschriebenen Eintragung im Schiffsjournal durch das Hervorheben zu erklären versucht, daß sie die Eintragung, ohne sie gelesen zu haben, in der Voraussetzung der Richtigkeit unterschrieben hätten, dies sei übrigens erst einige Zeit nach dem Unfall geschehen. Schiffer und Obersteuermann haben dem gegenüber bestimmt behauptet, daß die Eintragung den Leuten vom Obersteuermann wörtlich vorgelesen, der Inhalt derselben darauf vom Schiffer nochmals wiederholt und dann erst von den Leuten die Unterschrift vollzogen sei. Die genannten Leute von der Mannschaft bestreiten dies. Bestätigt ist seitens des

Schiffers und des Obersteuermanns, daß den gesetzlichen Bestimmungen zuwider die Eintragung in das Journal, die Vorlesung und die Vollziehung der Unterschrift erst einige Zeit nach dem Unfall erfolgt sei, jedoch unter gleichzeitiger Versicherung des Obersteuermanns, daß die Eintragung in die Journalcladde gleich in der nämlichen Nacht erfolgt sei.

Es befanden sich Rettungsgürtel an Bord, doch waren dieselben nicht zur Hand, da sie unter dem Halbdeck aufbewahrt wurden. Uebrigens hat nach Angabe der vernommenen Personen auch keiner an dieselben gedacht. Die Boote waren derartig auf Deck befestigt, daß nach Angabe des Schiffers und der Steuerleute 15 bis 20 Minuten erforderlich waren, um eins derselben auszusetzen.

Unter der Mannschaft waren einige Norweger, welche gar kein deutsch und nur wenige Worte englisch verstanden, so daß eine Verständigung mit denselben schwierig war. Einer von diesen Leuten befand sich zu der hier in Betracht kommenden Zeit am Ruder.

Schiffer von Hagen ist nach übereinstimmender Ansicht der vernommenen Leute zur fraglichen Zeit nicht betrunken gewesen, dagegen ist von mehreren derselben angegeben, daß der Schiffer von hitzigem Temperament und leicht gereizt sei und dann aus dem Reden und der Aufregung nicht herauskomme.

Die Beurtheilung des vorliegenden Falles bietet insofern einige Schwierigkeiten, als bei verschiedenen Punkten nicht unerhebliche Widersprüche zwischen den Aussagen der vernommenen Personen bestehen. Namentlich auffallend sind die Widersprüche in Betreff der im Journal enthaltenen Eintragung. Ferner ist auffallend, daß nach Angabe einzelner Personen keine Sterne zu sehen gewesen sind, andere dagegen ausgesagt haben, es sei sternenhell gewesen, daß ferner die Geschwindigkeit des Schiffes verschieden angegeben wird. Bezüglich der vorhandenen Widersprüche in den Aussagen ist nun in den meisten Fällen schwer zu entscheiden, welche Angabe die richtige sei, nichtsdestoweniger ist das vorliegende Material doch ausreichend, um sich über die Vorgänge auf dem Schiffe bei der fraglichen Gelegenheit im allgemeinen ein Bild zu machen.

Auf Grund dieses Beweismaterials hat das Seeamt — wie zunächst hervorzuheben ist — die Ueberzeugung gewonnen, daß nach dem Unfall eine allgemeine Verwirrung an Bord geherrscht und es namentlich an einem genügenden Commando gefehlt hat. Die Verantwortung hierfür trifft theils den Schiffer, theils den Anfangs das Commando führenden Obersteuermann. Letzterer hätte, als die meisten

Leute seinem ersten Befehl zum Brassen nicht Folge leisteten, sondern zum Boot liefen, anstatt persönlich mit wenigen dazu nicht ausreichenden Leuten das Brassen zu unternehmen, durch weitere bestimmte Befehle die Leute zur Ordnung und zur Vornahme der zuerst erforderlichen Arbeiten bringen sollen. Schiffer von Hagen hat zwar, nachdem er an Deck gekommen, die Leute vom Boote weggejagt und sie — wie als erwiesen angenommen werden darf — zum Brassen beordert, letzteres scheinbar allerdings in einer Weise, daß die meisten Leute über dem vielen Schimpfen des Schiffers den Befehl gar nicht verstanden haben; anstatt dann aber die prompte Ausführung dieses Befehls zu überwachen, die Säumigen von neuem aufzufordern und die etwa weiter erforderlichen Anordnungen zu treffen, überhaupt mit Festigkeit und Umsicht auf eine möglichst schleunige Vornahme der Rettungsarbeiten hinzuwirken, hat Schiffer von Hagen sich darauf — wie nicht bezweifelt werden kann — durch eine längere Streiterei mit einem der Matrosen eine Zeit lang ganz in Anspruch nehmen lassen. Es ist ein sehr wenig günstiges Zeichen für den Charakter und das Pflichtgefühl des Schiffers, daß er sich von seinem hitzigen Temperament in einem Augenblick vollständig hinreißen lassen und sich auf eine vollständig unnütze Zänkerei mit einem ihm widersprechenden Matrosen einlassen konnte, zu einer Zeit, wo alles Sinnen und Trachten ausschließlich auf die Rettung des über Bord gefallenen Mannes hätte gerichtet sein sollen. Der Umstand, daß scheinbar die Leute theilweise den Kopf verloren hatten und schlecht auf das Commando hörten, kann dem Schiffer und dem Obersteuermann nur in geringem Maße zur Entschuldigung gereichen, da die Verwirrung überhaupt nicht entstanden oder doch bald beseitigt sein würde, wenn es nicht von vornherein an einem ordentlichen Commando gefehlt hätte.

Dem Schiffer gegenüber ist ferner tadelnd hervorzuheben, daß die Rettungsgürtel nicht derart an Deck aufbewahrt worden sind, daß sie jeder Zeit rasch erreicht werden konnten. Die Aufbewahrung unter dem Halbdeck war eine nicht geeignete. Daß auch für den Fall, daß die Rettungsgürtel sich an Deck befunden hätten, möglicherweise Niemand an dieselben gedacht haben würde, kann dem Schiffer selbstverständlich nicht zur Entschuldigung gereichen.

Sodann ist hervorzuheben, daß die Zeit, welche nach den gemachten Aussagen das Fertigmachen und Aussetzen eines Bootes auf dem Schiffe „Roland“ erfordert, eine auffallend große ist, und daß mit Rücksicht hierauf es richtiger und vorsichtiger gewesen sein würde, wenn wenigstens hinsichtlich eines der Boote durch anderweitige Be=

festigung die Möglichkeit geschaffen wäre, dasselbe in kürzerer Zeit aussetzen zu können, oder wenn — falls die Vorrichtungen hierfür gefehlt haben sollten — doch bei nicht stürmischem Wetter stets ein Boot zum Aussetzen fertig gehalten worden wäre. Im einzelnen ist zu tadeln, daß die Vorrichtung zum Befestigen der Boote eine solche war, daß dieselben erst durch einen Schraubenschlüssel gelöst werden mußten, daß die Bootstaljen unter dem Halbdeck statt im Boot aufbewahrt wurden und daß sich im Boot überflüssige Riemen befanden.

Das Seeamt glaubt, daß, wenn Rettungsbojen bezw. Gürtel sofort zur Hand gewesen und dem Verunglückten einer derselben zugeworfen wäre — wobei in Betracht kommt, daß der Mann vorn am Schiffe herunterfiel und das Schiff mithin erst an ihm vorbeifuhr — wenn ferner sofort beigedreht und ein zum Ausbringen bereites Boot dann sofort ausgesetzt wäre, der über Bord gefallene Mann anscheinend hätte gerettet werden können. Andererseits ist das Seeamt aber auch der Ansicht, daß bei der allgemeinen Verwirrung, welche bei dem Dazwischentreten des Schiffers bereits an Bord herrschte und bei Berücksichtigung der sonstigen Umstände, insbesondere der bereits verflossenen Zeit und der Verzögerung, welche durch das dem Schiffer nicht anzurechnende falsche Legen des Ruders verursacht worden war, der über Bord gefallene Mann damals nach menschlicher Berechnung auch dann nicht mehr gerettet sein würde, wenn der Schiffer sich der bezeichneten Pflichtwidrigkeiten nicht schuldig gemacht hätte. Es ist dieserhalb ein ursächlicher Zusammenhang zwischen dem pflichtwidrigen Verhalten des Schiffers und dem Verunglücken des Matrosen Guteromsen nicht als erwiesen anzunehmen, und hat daher dem vom Reichscommissar gestellten Antrage auf Patententziehung nicht stattgegeben werden können. Das Seeamt hält nichtsdestoweniger dafür, daß Schiffer von Hagen nach erfolgtem Beidrehen des Schiffes noch ein Boot hätte aussetzen lassen sollen, und zwar deshalb, weil keine nennenswerthe Gefahr damit verknüpft, es aber nicht absolut ausgeschlossen gewesen wäre, den Guteromsen noch zu retten, wenn derselbe von dem ausgesandten Boote gefunden wäre und etwa in Folge eines besonderen Glücksfalles sich so lange über Wasser gehalten hätte.

Schließlich ist noch zu bemerken, daß es richtig war, wenn der Schiffer nicht dulden wollte, daß das Boot über Bord geworfen und überhaupt ausgesetzt wurde, bevor das Schiff beigedreht lag, da vorher ein Ausbringen des Bootes, namentlich ein Werfen desselben über Bord unrathsam gewesen sein würde, weil das Boot leicht hätte zerschlagen oder kentern können.

Die **Entscheidung** des Ober-Seeamts lautet:

daß der Spruch des Seeamts in Bremerhaven vom 24. Juni 1882 zu bestätigen und die baaren Auslagen des Verfahrens außer Ansatz zu lassen.

Gründe. Das Seeamt nimmt an, daß die Beweisaufnahme zur Aufklärung des dem Vollschiffe „Roland" durch Ueberbordfallen und Ertrinken des Matrosen Thors Guteromsen am Abend des 10. August 1880 widerfahrenen Seeunfalls mehrere pflichtwidrige Unterlassungen des Schiffers Bernhard von Hagen festgestellt habe; es ist aber der Meinung, daß diese Pflichtwidrigkeiten nicht in ursächlichem Zusammenhange mit dem Todesfall stehen, während die Beschwerde den Causalnexus als vorhanden ansieht und ihn darin erkennt, daß wenn der Schiffer von Hagen seine Pflichten nicht versäumt hätte, der Verunglückte mit einer nahezu an Gewißheit grenzenden Wahrscheinlichkeit gerettet worden wäre. Die Beschwerde beantragt daher, dem Schiffer von Hagen die Befugniß zur Ausübung des Schiffergewerbes zu entziehen.

Der §. 26 des Gesetzes vom 27. Juli 1877 bestimmt, daß die Befugniß zur Ausübung des Gewerbes entzogen werden kann, wenn ein Schiffer den Unfall oder dessen Folgen in Folge des Mangels solcher Eigenschaften, welche zur Ausübung seines Gewerbes erforderlich sind, verschuldet hat.

Es sind demnach im vorliegenden Falle zwei Fragen zu beantworten, nämlich erstens: trifft den Schiffer eine Schuld daran, daß Guteromsen über Bord gefallen ist? und zweitens: sind die dem Schiffer zur Last fallenden Pflichtwidrigkeiten derart, daß mit voller Sicherheit anzunehmen ist, der Verunglückte wäre gerettet worden, wenn der Schiffer sich dieser Pflichtwidrigkeiten nicht schuldig gemacht hätte?

Die erste Frage ist zu verneinen, weil das Ueberbordfallen ein ganz zufälliges und von Niemandem verschuldetes war, wie auch weder vom Seeamt noch in der Beschwerde irgend eine Verschuldung des Schiffers hieran angenommen wird.

Was die zweite Frage anbetrifft, so läßt sich nach der Beweisaufnahme als festgestellt ansehen, daß von Hagen in folgenden Punkten gröblich seine Pflicht als Schiffer verletzt hat.

Die Rettungsbojen des Schiffes, welche einen Nutzen nur dann haben können, wenn sie einem über Bord gefallenen Manne sofort, d. h. noch bevor er weit hinter das Schiff getrieben ist, zugeworfen werden, befanden sich auf dem „Roland" nicht — wie allgemein üblich — auf dem Verdeck des Schiffes, sondern waren in der sogenannten Steerage verstaut. Die zur Entschuldigung dieser Verstauungsart angeführten Gründe, daß mehrere Leute den Verstauungsort der Rettungsbojen kannten, daß in Folge der Verwirrung aber Niemand von der Besatzung an die Rettungsbojen gedacht hat, sowie, daß diese Bojen aus der Steerage ebenso rasch zu erlangen gewesen wären, als wenn sie sich auf dem Verdeck befunden hätten, wo sie hätten festgebunden werden müssen, während sie in der Steerage lose lagen, können als zutreffend nicht anerkannt werden; denn es ist mit Sicherheit anzunehmen, daß, wenn die Rettungsbojen auf dem Verdeck so aufgehängt gewesen wären, daß sie täglich der Besatzung vor Augen kommen mußten, trotz aller Verwirrung sogleich an das Ueberbordwerfen der Bojen gedacht worden wäre. Die allgemein übliche Befestigung der Bojen auf dem Oberdeck ist ferner eine solche, daß die Lösung derselben nur einige Secunden beansprucht, während das Holen der Bojen aus einem zugedeckten Luck stets soviel Zeit erfordern wird, daß das Ueberbordwerfen nutzlos ist, weil das Schiff sich inzwischen zu weit von dem Ueberbordgefallenen entfernt hat.

Es ist daher eine Pflichtversäumniß des Schiffers und des Steuermanns gewesen, die Rettungsbojen auf dem „Roland" so aufbewahrt zu lassen, daß ihr Zweck vereitelt wurde.

Die beiden kleineren Boote des „Roland" sind innerhalb der Wanten des Besahnmastes auf dem Cajütsdeck des Schiffes durch Holzstücke, deren Schrauben nur mit Hülfe eines Schraubenschlüssels zu lösen sind, derart befestigt, daß das Fertigmachen dieser Boote und das Aussetzen, selbst unter günstigen Umständen, wenigstens eine Viertelstunde beansprucht, dabei sind die Bootstaljen und der Schraubenschlüssel nicht im oder bei dem Boote, sondern ziemlich entfernt davon aufbewahrt worden.

Die Art der Unterbringung und Befestigung der Boote des „Roland" vereitelt somit ihren Zweck, als ein Mittel zur Rettung zu dienen, sobald das Leben der Besatzung oder eines Mannes derselben durch Beschädigung des Schiffes oder durch Ueberbordfallen in Gefahr kommt. Der Einwand des Schiffers, daß diese Art der Unterbringung und Befestigung der Boote nothwendig sei, um das Fortgeschlagenwerden bei Sturm zu verhindern, ist ganz hinfällig, da tausende von Schiffen auf See fahren, deren kleinere Boote in den Davits hängen, um zum sofortigen Niederlassen bereit zu sein. Die Schuld an jener unzweckmäßigen Unterbringung der Boote trifft in erster Linie die Eigenthümer des Schiffes „Roland", in zweiter Linie aber den Schiffer von Hagen, dessen Pflicht es gewesen wäre, seine Rheder auf diesen auffälligen Mangel aufmerksam zu machen, und der mindestens dafür hätte Sorge tragen müssen, daß die Bootstaljen und der Schraubenschlüssel in den Booten aufbewahrt und im übrigen in denselben nur die für ihren Gebrauch nöthigen Riemen und sonstigen Gegenstände, nicht aber überflüssige Riemen verstaut wurden.

Es ist festgestellt worden, daß das Beidrehen des „Roland" nach Ueberbordfallen des Matrosen Guteromsen ungewöhnlich lange Zeit beanspruchte. Die Hauptursache hiervon ist darin zu finden, daß es auf dem Schiffe fast an jeglichem Commando gefehlt hat. Der Schiffer von Hagen ist nach seiner eigenen Aussage unmittelbar, nachdem der Ruf „Mann über Bord" erschollen war, halb angezogen an Deck gekommen und hätte sofort das Commando des Schiffes übernehmen und Maßnahmen zur Rettung des Ueberbordgefallenen treffen sollen, da es eine der vorzüglichsten Pflichten des Schiffers ist, für die Erhaltung des Lebens der Schiffsbesatzung gehörig Sorge zu tragen. Nach übereinstimmender Aussage hat aber von der ganzen Besatzung Niemand ein auf die Rettung des Ueberbordgefallenen Bezug habendes Commando des Schiffers vernommen außer dem ersten Steuermann, der aber auch nur das Commando, daß das Ruder in Lee gelegt werden solle, gehört hat, welches von dem Steuermann bereits ausgeführt war. In Folge dieses Mangels eines gehörigen Commandos hat sich der größere Theil der Besatzung außer einigen Leuten, welche auf Befehl des Steuermanns an die Brassen gingen und die Kreuzraaen back legten, von den Großbrassen aber nur wenig bekamen, ohne Befehl nach dem hinteren Luvboot begeben, um dasselbe zum Aussetzen fertig zu machen. Der Schiffer von Hagen hat hierauf nicht durch entsprechende Befehle die Leute vom Boot fort in die Brassen gewiesen, sondern unter Anwendung von Schimpfworten und Thätlichkeiten sich mit den Leuten in eine unwürdige Zänkerei eingelassen und, den mit dem Tode ringenden Guteromsen darüber gänzlich vergessend, durch diese seine Handlungsweise die vielleicht vorhandene Möglichkeit, den Verunglückten zu retten, abgeschnitten oder wenigstens vermindert.

Wenn nun in Berücksichtigung des Umstandes, daß der Matrose Guteromsen wahrscheinlich gut schwamm, ferner in Anbetracht des guten Wetters, der nicht sehr bedeutenden Fahrt des Schiffes und der nicht besonders finsteren Nacht auch die Möglichkeit einer Rettung keineswegs für ausgeschlossen zu erachten ist, falls der Schiffer von Hagen überall seine Pflicht erfüllt hätte, so kann doch nicht behauptet werden, daß diese Rettung sicher hätte gelingen müssen und nur wegen der Pflichtversäumniß des Schiffers nicht gelungen ist; denn es läßt sich nicht in Abrede stellen, daß der Mann, auch wenn alle Anstalten zur Rettung sachgemäß und rechtzeitig getroffen worden wären, doch hätte ertrinken können. War aber die Rettung selbst unter den günstigsten Umständen nur möglich und keineswegs gewiß, so kann der Tod des Verunglückten nicht als eine nothwendige Folge der Handlungsweise des Schiffers von Hagen angesehen werden. Es fehlt also der ursächliche Zusammenhang zwischen der Verunglückung des Matrosen Guteromsen und den tadelnswerthen Pflichtverletzungen des Schiffers von Hagen und deshalb kann eine Entziehung der Gewerbebefugniß nicht eintreten.

Die baaren Auslagen des Verfahrens bleiben außer Ansatz, weil die Beschwerde vom Reichscommissar eingelegt ist.

45. Spruch des Seeamts zu Stettin vom 31. Juli 1882 und Entscheidung des Kaiserlichen Ober-Seeamts vom 10. November 1882, betreffend den Seeunfall des Schraubendampfers „Stadtrath Gese" von Colberg.

Der Spruch des Seeamts lautet:

Das Kentern des Schraubendampfers „Stadtrath Gese" am 19. Juni 1882 unweit Colbergermünde ist dadurch verursacht, daß das Schiff durch den Druck des Windes und vielleicht auch durch ein Uebergehen der Ladung mehr überholte, als es bei der durch die Leere des Wassertanks beeinträchtigten Stabilität vertragen konnte. Den Schiffer trifft deshalb kein Vorwurf, da er über die Wirkung der Wassertanks auf die Stabilität des Schiffes nicht unterrichtet war, bei der Stauung der Ladung seine Schuldigkeit gethan hat, auch das bisherige Verhalten des Schiffes ihm keinen Grund zu größerer Vorsicht gab. Dem Antrage des Reichscommissars auf Entziehung der Befugniß zur Ausübung des Schiffergewerbes ist daher nicht entsprochen, doch bleibt zu wünschen, daß den Schiffern die Bedeutung der Wassertanks für die Stabilität der Schiffe klar gestellt und sie darüber mehr als bisher unterrichtet werden.

Gründe. Der Schraubendampfer „Stadtrath Gese", Unterscheidungssignal JDVB, Heimathshafen Colberg, ist auf der Fahrt von Libau nach Stettin am 19. Juni 1882 in der Ostsee, etwa 16 Seemeilen nordwestlich von Colberg gekentert. Schiff und Ladung sind verloren, wogegen die Besatzung gerettet ist. Letztere bestand aus dem Schiffer Sommer, Steuermann Zothner, den Maschinisten Arndt und Köhn, einem Bootsmann, 3 Matrosen, einem Koch und einem Heizer. Der „Stadtrath Gese" war in den Jahren 1881/1882 auf der Werft der Stettiner Maschinenbauanstalt und Schiffsbauwerft-Actiengesellschaft, vormals Möller & Hollberg zu Grabow a/O, unter besonderer Leitung des Schiffsbaumeisters Willy Müller erbaut mit rundem Heck, einer Dampfmaschine von 80 Pferdekräften effektiv, einer zweimastigen Galeastakelage und 3 Aufbauten auf dem obersten Deck. Dieses sowie der äußere Schiffsboden waren von Eisen. Nach dem Meßbriefe vom 22. Mai 1882, der auf Grund des vollständigen Verfahrens ausgestellt worden ist, befanden sich über dem Vermessungsdeck keine Decks und waren die Hauptmaaße:

1. Länge .... 38,68 Meter,
2. Breite .... 6,06 „
3. Tiefe.................. 3,18 „
4. Länge des Maschinenraums. 7,97 „

Der Netto-Raumgehalt betrug 503,8 cbm = 177,83 britischen Register-Tons. Nach den Angaben und überreichten Zeichnungen des Erbauers Willy Müller hatte der „Stadtrath Gese" folgende Einzelheiten der Bauart und Einrichtung:

I. In der Wasserlinie:

1. Länge 37,63 Meter = 120′ rheinisch oder 123′ 5½″ englisch,
2. Breite 6,00 „ = 19′ 2″ „ „ 19′ 8¼″ „

II. Tiefe von der Oberkante des Kiels bis zur Unterkante des Schanddecks:

3,35 Meter = 10′ 8″ rheinisch = 11′ englisch.

III. Tiefgang beladen mit 5300 Centnern:

1. vorn 3,00 Meter = 9′ 7″ rheinisch oder 9′ 10″ englisch,
2. mittschiffs 3,11 „ = 9′ 11″ „ „ 10′ 2½″ „
3. achter 3,22 „ = 10′ 3″ „ „ 10′ 6¾″ „

IV. Geladene Linie über der Oberkante des Kiels mittschiffs:

2,970 Meter = 9′ 5½″ rheinisch oder 9′ 9″ englisch.

V. Auswässerung:

0,38 Meter = 1' 2½" rheinisch oder 1' 3" englisch, auf jeden englischen Fuß Tiefgang = 1½" englisch.

VI.

$\frac{L}{B.}$ = 6,27 Meter,

$\frac{B}{H.}$ = 1,79 "

$\frac{H}{B.}$ = 0,558 "

VII. Coefficienten:

1. Deplacement = 0,67 Meter,
2. ⊕ = 0,93 "
3. Wasserlinien = 0,810 "

VIII. Deplacement ⊙:

1. unter d. oberen Wasserlinie 1,325 m = 4' 3" rheinisch od. 4' 4¼" engl.
2. hinter der Mitte .... 0,435 " = 1' 4½" " " 17¼" "

IX. Metacentrum:

1. vom Deplacement ⊙ = 1,023 m = 3' 3" rheinisch od. 3' 4¼" engl.
2. unter d. oberen Wasserlinie 0,302 " = 11½" " " 12" "

X. Wasserballast:

1. im vorderen Tank = 4,3 Tons,
2. " mittleren " = 33,8 "
3. " hinteren " = 9,0 "

zusammen = 46,8 Tons.

XI. Stabilität:

1. Maximum bei einem Neigungswinkel von 17½°,
2. Grenze " " " " 56½°.

XII. Systemschwerpunct 800 über dem Deplacement ⊙ angenommen.

XIII. Eisernes Deck 70 Centner schwerer als hölzernes.

XIV. An Pumpen waren vorhanden:

A. im Maschinenraum:

1. zwei einfach wirkende Lenzpumpen à 90 mm ⌀ 100 Hub mit Saugerohren und Druckrohren von 1¾" lichter Weite, saugend aus der Maschinenbilge, die eine Pumpe auch aus dem Laderaum. Druckrohre an der Bordwand mit Rückschlagventilen versehen. Stündliche Leistung jeder Pumpe etwa vier Tons.

2. doppelt wirkende Circulationspumpe. Kolben 160 Φ 130 Hub, saugend durch ein 3½zölliges Rohr und Absperrventil aus See und durch ein 3½zölliges Rohr nach dem Condensator drückend; Austritt aus diesem nach Außenbord durch ein 5zölliges Rohr mit 5zölligem Rückschlagventil an der Bordwand.
3. eine einfach wirkende Luftpumpe, 300 Φ 300 Hub, saugend aus dem Condensator, durch ein 5zölliges Rohr nach Außenbord drückend, mit 5zölligem Rückschlagsventil an der Bordwand.
4. zwei Maschinenspeisepumpen.
5. eine doppelt wirkende Dampfpumpe, auch für Handbetrieb, mit einem Pumpenkolben von 90 mm Φ 160 mm Hub und stündlicher Leistung von 12 bis 15 Tons, einem Sauge- und Druckrohr von 2½", saugend aus See, aus der Maschinenbilge, dem Mitteltank, dem vorderen Tank und dem Laderaum, drückend nach dem Kessel, den drei Tanks an Deck und nach Außenbord, mit Rückschlagventil an der Bordwand.

B. Auf Deck befand sich eine einfach wirkende Handpumpe. Von der Dampfpumpe, deren Rohrleitung durch den Kesselraum, den mittleren Tank und den Laderaum führte, wurden alle drei Tanks gefüllt und gelenzt, der Laderaum wurde außerdem durch eine Maschinenlenzpumpe und die Deckpumpe gelenzt, auch konnte aus diesem Raume das Wasser durch zwei getrennte mit Hähnen versehene Röhren in die Maschinenbilge abgeleitet werden, ebendahin auch durch einen zweizölligen Hahn aus dem hinteren Tank, während der mittlere durch einen eben solchen Hahn volllaufen konnte. Das Ventil zum Oeffnen der in die Tanks führenden Wasserleitungen befand sich nebst dem Schlüssel dazu im Maschinenraum. Die weiteren Einzelheiten der Bauart und Einrichtung des „Stadtrath Gese" sowohl für sich als auch im Vergleich mit den gleichartigen und von demselben Erbauer hergestellten Schraubendampfern „Klara" und „Königsberg" ergeben sich aus den vom Baumeister Willy Müller überreichten Zeichnungen und Berechnungen, aus denen hervorgeht, daß die „Klara", die jedoch kein eisernes Deck hat, fast ganz in denselben Verhältnissen, „Königsberg" aber im Verhältniß zur Länge und Tiefe erheblich schmaler gebaut ist als der „Stadtrath Gese", nämlich mit einer Breite von 8,66 gegen 64,46 Meter Länge und 5,03 Meter Tiefe.

Der „Stadtrath Gese" begann seine Fahrten im Mai 1882, indem er mit Wasserballast und 1000 Centner Stückgütern von

Stettin nach Colberg ging. Von dort ging er mit Ballast nach Königsberg, von hier mit 4800 Centner Weizen ohne allen Ballast nach Malmö, dann wieder mit Ballast nach Libau, woselbst für Stettin 4100 Centner Hafer im Laderaum und 150 Centner Fastagen auf Deck eingenommen und glücklich an Ort und Stelle gebracht wurden, obwohl auch auf dieser Reise die Tanks leer gewesen waren. Zwei fernere Reisen von Stettin nach Colberg mit Stückgütern und von Colberg nach Libau gingen ebenfalls glücklich von statten. In Libau wurden in Zeit von 1½ Tagen als Fracht für Stettin 4613 Centner Hafer eingenommen und unter besonderer Aufsicht des Steuermanns Zothner und Bootsmanns Mallwitz verstaut. Dies geschah in der Art, daß der Laderaum durch ein vom Deck bis zum Garnier gehendes Querschott und durch Längsgävelings, die vom Deck bis zur halben Raumtiefe reichten, abgetheilt wurde. Der Hafer wurde von acht Frauen und vier Mann der Besatzung festgetreten und so dicht unter Deck gestaut, daß die Lukendeckel beim Verschalken aufgerammt werden mußten, nachdem Steuermann Zothner noch besonders nachgesehen hatte, daß alle Winkel und Ecken vollgestopft waren. Das Schiff hatte, nachdem es vollgeladen war, einen Tiefgang von 10¼′ hinten und 9½′ vorne. Die Auswässerung wird vom Schiffer Sommer auf 11″, vom Bootsmann Mallwitz und Matrosen Hess nach Augenmaß auf 7 bis 8″ angegeben. Das Schiff lag bis zur festgestellten Lademarke im Wasser, obwohl die Tanks leer waren, deren Füllung den Dampfer bis an die Regeling hinabgedrückt hätte. Auf den früheren Reisen hatte sich aus der unterlassenen Füllung der Tanks kein Nachtheil bemerkbar gemacht, selbst nicht auf der vorigen Reise von Libau nach Stettin, auf welcher das Schiff bei 9½′ und 8¼′ Tiefgang sogar 150 Centner Decklast gehabt hatte. Sowohl in bewegter See als auch bei Bramsegelkühlte mit allen Segeln beim Winde liegend, hatte der „Stadtrath Gese“ sich zwar etwas rank gezeigt und beim Segeln leicht übergeholt, aber doch stets eine ausreichende Stabilität bewahrt und zu Befürchtungen keinen Anlaß gegeben, nur als er ganz bodenleer im Hafen von Libau lag, zeigte sich eine natürliche und nicht weiter beachtete Rankheit.

Als der Dampfer am 17. Juni 1882 Abends 6½ Uhr den Hafen von Libau verließ, waren alle Räume wasserleer. Auch am 18. Juni wurde noch um 8 Uhr Abends beim Peilen der Pumpen kein Wasser gefunden, obwohl das Schiff inzwischen bei frischem aus WzS entgegenkommenden Winde und Seegange lebhaft gestampft und geschlingert, auch etwas Wasser auf Deck genommen hatte. Dann war der Wind östlich und flau geworden. Man setzte Besahn, Großgieksegel, Vorstagsegel und Klüver. Der Wind, der zuerst ganz von achter kam, ging später mehr südlich und wurde zur ebenen Backstagsbrise. Der „Stadtrath Gese" lag über Steuerbordbug und neigte etwas nach dieser Seite über, doch nicht mehr als der Segeldruck erwarten ließ und man von dem Schiffe gewohnt war. Um 12 Uhr Nachts am 18. Juni ging der Schiffer unter Deck und übergab dem Steuermann die Wache. Dieser bemerkte gegen 2 Uhr Morgens am 19. Juni, daß das Schiff auffallend nach Steuerbordseite überlag. Er befahl die Segel wegzunehmen, aber während man noch dabei war, tauchte der Dampfer bereits mit der ganzen Steuerbordseite ins Wasser, so daß dieses über die Regeling auf Deck kam und bis zu den Lukensüllen stand. Die Mannschaft wurde aufgerufen; der Schiffer, der bereits auf Deck geeilt war, ließ das Schiff mit Steuerbordruder durch den Wind drehen, um es mit den noch stehenden Stagsegeln aufzurichten. Dies Manöver gelang jedoch nicht. Nun wurde die Maschine gestoppt, damit das Wasser vom Deck ablaufen könne. Das Schiff blieb in seiner Lage und als es mit langsam gehender Maschine vor den Wind gebracht war, holte es noch mehr über, so daß das Wasser bis zur Mitte der Luken stand und das Maschinenpersonal nicht mehr arbeiten konnte, weil es bereits die Steuerbordseitenwand als Fußboden benutzen mußte und nicht an die Maschinensteuerung gelangen konnte. Da die Gefahr des Kenterns immer näher trat, so ging die Besatzung in die Boote und blieb mit denselben in der Nähe ihres Schiffes, welches nach kurzer Zeit kenterte und kieloben wegtrieb, bis es zuletzt verschwand. Ob es gesunken ist, weiß Niemand, da dies Keiner gesehen hat. Der Ort des Unfalls war 4 deutsche Meilen nordwestlich von Colberg in 15 Faden Wasser. Der ganze Hergang mag eine Stunde gedauert haben, nämlich vom ersten Wahrnehmen der Gefahr gegen 2 Uhr Morgens bis zum Aussetzen der Boote eine halbe Stunde, von da bis zum Kentern des Schiffes und dann bis zum völligen Verschwinden je eine Viertelstunde. Die Mannschaft wurde von dem vorübersegelnden Colberger Schooner „Martha", Schiffer Dobrick, aufgenommen, auch ein vorbeifahrender Kriegsdampfer von dem Unglück benachrichtigt. Bisher ist der „Stadtrath Gese" nicht aufgefunden. Er hatte vom Germanischen Lloyd die Classe 100 A 4 erhalten und war bei verschiedenen Gesellschaften mit zusammen 100 000 M. versichert. Die Versicherung der Ladung ist nicht festgestellt.

Dieser Thatbestand ist erwiesen durch Vorlegung und Einsicht des Schiffstagebuches, der Verklarung, des Auszuges aus dem Schiffsregister, der Anzeigen des Schiffers Sommer vom 30. Juni 1882 Blatt 3 und des Experten Fischer vom 10. Juli 1882 Blatt 4, ferner durch die eidlichen Aussagen des Schiffsbaumeisters Willy Müller, Steuermanns Zothner, Maschinisten Arndt, Bootsmanns Mallwitz, der Matrosen Hess und Trautmann, des Heizers Gehm und die damit übereinstimmenden uneidlichen Angaben des Schiffers Sommer, sowie endlich durch die Einsicht der vom Baumeister Müller überreichten Zeichnungen und Berechnungen. Es läßt sich aus dem vorstehend dargestellten Hergange zunächst mit voller Sicherheit entnehmen, daß das Kentern des „Stadtrath Gese" durch Einwirkungen von außen her nicht verursacht worden ist. Wind und Seegang waren viel zu schwach, um bei normalen Verhältnissen das Schiff umzuwerfen. Wenn der Baumeister Müller annimmt, daß Wasser in das Schiff eingedrungen sei, so ist dies eine rein persönliche, durch thatsächliche Feststellung in keiner Weise unterstützte und daher für die objective Beurtheilung des Unfalls durchaus unhaltbare und unbrauchbare Vermuthung. Alle vernommenen Zeugen und auch mit ihnen der Schiffer Sommer sind darin einig, daß bis zum letzten Augenblick kein Wasser im ganzen Schiffe, namentlich auch nicht im Maschinenraum oder bei den Pumpen gewesen und während der ganzen Fahrt ein Stoß oder ein Ruck, der ein Leck hätte herbeiführen können, nicht wahrgenommen sei. Es läßt sich dies um so sicherer feststellen, als nach dem Schiffstagebuch noch um 8 Uhr Abends am 18. Juni bei vorgenommener Peilung sämmtliche Räume des Schiffes wasserleer gefunden wurden und ein von da an bis zum Kentern des „Stadtrath Gese" erfolgter Stoß und Eindringen von Wasser jedenfalls aufgefallen wäre. Im Maschinenraum, wohin eindringendes Wasser jedenfalls hätte kommen müssen, war dergleichen bis zum letzten Augenblick nicht vorhanden. Die Füllung des Schiffes mit Wasser in Folge eines Leckes würde eher ein Sinken als ein Kentern des Schiffes herbeigeführt haben, während nach dem durch die Aussagen aller Zeugen festgestellten Hergange der „Stadtrath Gese", ohne tiefer einzusinken, lediglich sich auf die Seite legte und kenterte. Wasser, welches in Folge eines Leckes eingedrungen wäre, würde zunächst die unteren Räume gefüllt und dadurch den Kiel so sehr belastet haben, daß dieser nimmermehr nach oben kommen, sondern das Schiff sich höchstens bis zu einer fast senkrechten Stellung des Decks auf die Seite neigen konnte und dann sofort versinken mußte, zumal es von Eisen erbaut war und nur durch die Luft in seinen

Hohlräumen, nicht wie Holzschiffe durch die natürliche Beschaffenheit des Baustoffes über Wasser gehalten wurde.

Auch einer unvorsichtigen Füllung der Wassertanks, auf welche der Gutachter Fischer zurückgeht, ist das Kentern des „Stadtrath Gese" nicht zuzuschreiben. Richtig ist allerdings, daß der Unfall dadurch herbeigeführt werden konnte. Wenn nämlich das Schiff mit leeren Tanks nach Steuerbord überlag und in dieser Lage eine Füllung der Tanks begonnen wurde, so lief das einströmende Wasser zunächst nach der tieferen Steuerbordseite und konnte dahin wirken, daß das Schiff, bevor die Tanks ganz gefüllt waren und bevor also der Wasserballast in ihnen im Gleichgewicht stand, bereits über den größten zulässigen Neigungswinkel übergelegt und dem Kentern unrettbar verfallen war. Immerhin aber hätte auch hiermit, wenn das Wasser eingelassen wurde, bevor das Schiff die Grenze der Stabilität überschritten hatte, ein tieferes Einsinken des Schiffes sich verbinden müssen und hätte auch in diesem Falle, da der Wasserballast immer noch unmittelbar auf dem Kiel lastete, letzterer schwerlich nach oben kommen, sondern das Schiff nur ganz auf die Seite fallen können und dann durch das von außen einströmende Wasser zum Sinken gebracht werden müssen. Hätte dagegen das Einströmen von Wasser in die Tanks erst stattgefunden, nachdem das Schiff bereits den größten zulässigen Neigungswinkel überschritten hatte, so würde in diesem Falle das Wasser gar nicht mehr auf den Kiel gedrückt haben und das Kentern dadurch befördert, aber noch immer nicht verursacht sein. Durch die Aussagen des Schiffers Sommer, Steuermanns Zothner und Maschinisten Arndt ist als überzeugend festgestellt, daß weder vor noch während des Unfalls Wasser in die Tanks eingelassen ist.

Es bleibt hiernach nur übrig, den Unfall auf die Beschaffenheit und Beladung des Schiffes und vor allen Dingen darauf zurückzuführen, daß die Wassertanks leer waren, zwischen Kiel und Ladung sich also ein Luftraum befand, der die Stabilität beeinträchtigte, indem das Gegengewicht gegen den Druck der Segel vermindert und das Schiff daher, sobald es Segel führte, einem unverhältnißmäßigen Ueberholen ausgesetzt wurde, während zugleich die Neigungswinkel der stärksten Stabilität und ihrer Grenze vermindert wurden. Die Gutachter Fischer und Domke stimmen hierin vollkommen überein. Gegen die Bauart des Schiffes an sich und die daraus sich ergebende Berechnung des Systemschwerpunktes haben sie nichts zu erinnern, wenngleich Domke hervorhebt, daß die Schiffe zu sehr nach der Schablone gebaut würden, ohne in Betracht zu ziehen, ob sie für

Wasserballast eingerichtet seien oder nicht. Fischer bekundet ausdrücklich, daß die Zeichnung und Beschreibung des „Stadtrath Gese" von der Generaldirektion des Germanischen Lloyd in Berlin genehmigt und darnach unter beständiger Aufsicht des Gutachters Fischer gebaut, an dem Bau nichts auszusetzen, auch das Schiff im Verhältniß zur Länge nicht zu schmal gewesen sei. Dennoch giebt Fischer zu, daß das Schiff ohne Wasserballast an Stabilität habe verlieren müssen. Er sagt ausdrücklich: „Schiffe, welche bis an den Kiel geladen sind, mithin zwischen Kiel und Deck keinen leeren Raum haben, sind in See stets stabiler als Schiffe mit einem leeren Raum zwischen Kiel und Ladung". Der Gutachter Domke erklärt den Unfall geradezu dadurch, daß bei voller Ladung und leeren Tanks die Stabilität des Schiffes gelitten habe und sein Schwerpunkt zu weit nach oben gebracht sei. Der Baumeister Müller will dies freilich nicht wahr haben, hält vielmehr den „Stadtrath Gese" für so gebaut, daß er auch mit leeren Tanks eine Ladung Hafer habe tragen können, indem die Maßverhältnisse des Dampfers besonders günstige, die Dimensionen und Coeffizienten ordnungsmäßige gewesen seien. Gleichwohl giebt Müller zu, daß die Berechnung des Systemschwerpunktes blos theoretisch und für die Praxis unwesentlich gewesen sei, indem nur bei Kriegsschiffen die Vertheilung der Gewichte von vornherein bestimmt sei, während der Erbauer eines Kauffahrteischiffes auf dessen Beladung und Stauung keinen Einfluß ausüben könne, sondern dem Führer des Schiffes überlassen müsse, wie weit er sein Schiff je nach Beschaffenheit der Ladung mit Ballast versehen wolle oder nicht, wobei er sich nach seiner Kenntniß von den Eigenschaften des Schiffes der Tanks zu bedienen habe, um das Schiff mehr oder weniger steif zu machen. Dem gegenüber begutachtet wieder Domke, daß den Schiffer keine Schuld treffe, weil ihm der theoretische Unterricht fehle, weshalb zu wünschen sei, daß die Schiffer von den Erbauern über die Stabilität belehrt würden.

Das Seeamt hat sich dem letzteren Gutachten angeschlossen. Es mag dahin gestellt bleiben, ob ein Schiff ohne Kielbelastung selbst mit Decklast noch steif genug sein kann, um dem Druck des Windes und dem Andrang der See zu widerstehen, was jedenfalls von zufälligen Umständen der Bauart, der Stauung und anderen Einzelheiten des Druckes und Gegendruckes abhängt; immerhin wird es als unbestreitbarer Grundsatz der Stauung anzunehmen sein, daß ein Schiff mit belastetem Kiel gegen Wind und Seegang ein stärkeres Gegengewicht und daher größere Stabilität besitzt, als wenn die Ladung auf leerem

Raum oberhalb des Kiels liegt, also gleichsam wie Decklast wirkt. Daß der „Stadtrath Gese" mit voller Ladung und leeren Tanks nicht die erforderliche Stabilität besaß, hatte er schon auf früheren Reisen durch bemerkbare Empfindlichkeit und leichtes Ueberholen beim Segeln erwiesen, und es ist kein Gegenbeweis, daß er bisher glücklich die einzelnen Reisen vollendet hat. Ein Fehler kann mehrmals unschädlich bleiben, bis er denn plötzlich seine schlimmen Wirkungen an den Tag bringt. Die mangelnde Belastung des Kiels macht sich gerade beim Gebrauche der Segel geltend, weil diese mit dauerndem Druck das Schiff überzulegen streben und umsomehr behufs Herstellung des Gleichgewichts eine übermächtige nach unten wirkende Kraft des Wiederaufrichtens erfordern, während die durch den Seegang verursachte schlingernde Bewegung schon durch den Bau selbst seine Abwehr findet. Das Beisetzen sämmtlicher Segel bei seitlichem Winde muß als erster Grund des Unfalls erachtet werden. So lange der Wind von achter kam und die vordern Segel nicht völlig füllte, war der Druck zu gering, um schädlich zu werden, als aber die Backstagsbrise alle Segel faßte, legte sich das Schiff offenbar mehr nach Steuerbord über, als es bei seiner geringen Stabilität vertragen konnte und verlor das Gleichgewicht ganz, als durch ein, wenn auch nur unerhebliches Uebergehen der Ladung, der Schwerpunkt nach Steuerbord verlegt wurde, wodurch zugleich die Einwirkung des Windes auf die immer mehr herauskommende Backbordseite verstärkt wurde. Es muß dem Reichscommissar darin beigetreten werden, daß ein Uebergehen der Ladung höchstwahrscheinlich der letzte Grund des Unfalls gewesen ist. Mag Hafer nicht so leicht und nicht in solchem Maße übergehen, wie Weizen, Roggen, Gerste und besonders Leinsaat, so bedürfen doch alle Körnerladungen einer außerordentlich festen Stauung, wenn sie nicht beim Stampfen und Schlingern des Schiffes derartig zusammengerüttelt werden sollen, daß sie schließlich unter Deck lose werden, der starke Druck der oberen Schichten auf die unteren, durch Gävelings nicht mehr getrennten, verringert wird und nun die unteren Schichten etwas nach Lee übergehen, was bei genügender Stabilität nur eine wenig bedeutende Schlagseite zur Folge hat, bei einem so empfindlichen Schiffe aber, wie der „Stadtrath Gese" mit leeren Tanks war, zum Kentern führen kann. Die ganze Darstellung des Kenterns, das allmälige unaufhaltsame Ueberholen, dann für kurze Zeit ein Stillstand, dann ein weiteres ruckweises Neigen bis zum Kentern spricht für diese Auffassung. Von den auf dem „Stadtrath Gese" beschäftigten Personen, deren Handlungen oder Unterlassungen nach

§. 4 Nr. 1 des Reichsgesetzes vom 27. Juli 1877 und dem Reichsgesetze vom 11. Juli 1878 für den Unfall oder dessen Folgen zur Verantwortung zu ziehen sind, scheiden zunächst die Maschinisten Arndt und Köhn gänzlich aus. Sie sind für die Beladung, auf deren Mängel der Unfall zurückzuführen ist, nicht verantwortlich und haben im übrigen bis zum letzten Augenblick ihre Schuldigkeit gethan. Daß sie schließlich, als die Steuerbordbeplankung des Schiffes ihnen bereits als Fußboden diente, die Maschinensteuerung nicht mehr zu erreichen und das Kentern jeden Augenblick zu befürchten war, nicht mehr weiter arbeiten zu können erklärten und bei der drohenden Lebensgefahr aus dem Maschinenraum an Deck kamen, erscheint durch die Sachlage gerechtfertigt. Der Behauptung des Maschinisten Arndt, daß das Schiff bei fernerem Gebrauch der Maschine sich noch mehr untergeschnitten haben würde, ist nicht widersprochen. Auch dem Steuermann Zothner ist eine Schuld an dem Unfall von keiner Seite beigemessen worden. Es kann allerdings fraglich erscheinen, ob es für die Wiederaufrichtung des Schiffes nicht zweckdienlicher war, mit allen Segeln durch den Wind zu gehen, statt die wirksamsten vorher wegzunehmen, doch kommt hierbei in Betracht, daß der Steuermann, als er den Befehl zum Wegnehmen der Achtersegel gab, noch keinen Grund hatte, das auffallende Ueberholen des Dampfers einer anderen Wirkung als dem Drucke des Windes zuzuschreiben. Daß die Grenze der Stabilität überschritten sei, ergab sich erst, als die beiden Gaffelsegel nicht mehr standen. Sie wieder beizusetzen, ließ der Drang der Umstände nicht mehr zu, auch würde voraussichtlich, nachdem das Gleichgewicht verloren war und die ganze Ladung mit 4613 Centner nebst dem Gewicht des Schiffes selbst auf die Steuerbordseite drückte, selbst bei vollen Segeln der Wind nicht stark genug gewesen sein, um das Fahrzeug wieder aufzurichten. Für die Stauung der Ladung war der Steuermann nicht verantwortlich, sondern an die Anordnungen des Schiffers gebunden. Freilich gehört die Lehre von der Stauung und ihrem Einflusse auf die Stabilität zu den Gegenständen der Prüfung sowohl des Schiffers als des Steuermanns, doch kann es dem letzteren nur als theoretisches und für den vorliegenden Unfall unwesentliches Nichtwissen angerechnet werden, wenn er die Frage des Reichscommissars, ob nicht versucht sei, das Schiff durch Füllen der Wassertanks aufzurichten, dahin beantwortete, man habe erst nachher daran gedacht, woraus sich ergiebt, daß weder Schiffer noch Steuermann sich klar gemacht hatten, daß ein Einlaufen von Wasser in die Tanks, nachdem das Schiff bereits bis über die Regeling in der See lag, das Kentern nur befördern mußte. Schwerer lastet der Mangel richtiger Behandlung der Wassertanks auf dem Schiffer Sommer. Er hatte nach Artikel 481 des Handelsgesetzbuches für gehörige Stauung nach Seemannsbrauch und namentlich dafür zu sorgen, daß das Schiff nicht überladen, mit dem gehörigen Ballast und der erforderlichen Garnirung versehen werde. In dieser Beziehung wird von dem Reichscommissar dem Schiffer Sommer eine Unterlassung, welche den Unfall zur Folge gehabt habe, insofern zum Vorwurf gemacht, als

1. die Ladung nicht fest genug gestaut sei, wozu die Arbeit von acht Frauen und vier Männern in 1½ Tagen nicht ausgereicht habe;
2. das Füllen der Wassertanks vor dem Auslaufen aus dem Hafen unterblieben, dadurch aber die Stabilität des Schiffes so sehr beeinträchtigt sei, daß ein sonst vielleicht unerhebliches Uebergehen der Ladung habe verderblich werden können;
3. der Schiffer Sommer sich über die gehörige Behandlung der Wassertanks keine genügende Kenntniß verschafft, auch darin nicht richtig gehandelt habe, daß er, statt mit aller Kraft dem Lande zuzusteuern, das im Kentern begriffene Schiff ganz unnützerweise habe vor den Wind bringen lassen.

Der Reichscommissar hat hieran den Antrag geknüpft:

dem Schiffer Sommer die Befugniß zur Ausübung des Schiffergewerbes zu entziehen, ihm jedoch die Befugniß zur Ausübung des Gewerbes als Steuermann zu belassen.

Der Schiffer Sommer hält dem entgegen, daß die Ladung nach Seemannsbrauch ordentlich verstaut, ihm aber unbekannt gewesen sei, daß die Wassertanks nicht leer gelassen werden dürften, was bisher sich nicht als schädlich erwiesen habe und schon deshalb habe geschehen müssen, um die volle ihm aufgegebene Ladung einnehmen zu können. Vor den Wind habe er das Schiff gebracht, weil er immer noch gehofft habe, daß es sich alsdann von selbst wieder aufrichten werde. Diesen Ausführungen gegenüber hat sich das Seeamt der Ueberzeugung nicht verschließen können, daß der Unfall und dessen Folgen durch Handlungen des Schiffers herbeigeführt und daher von diesem an sich zu vertreten seien. Grund des Kenterns war der Gebrauch der Segel bei mangelhafter Beladung, beides aber war vom Schiffer angeordnet. Man könnte diesem vorwerfen, daß ihm der einfache und unumstößliche Grundsatz aller Stauung bekannt sein und als Richtschnur dienen mußte, daß Kielbelastung die Stabilität verstärkt und das

Schiff steif macht, während leerer Raum zwischen Kiel und Ladung die Stabilität beeinträchtigt und das Schiff übermäßig rank machen kann, beim Gebrauche der Segel daher größere Vorsicht erfordert. Entgegenstehender Seemannsbrauch ist verwerflich, wenn er Gut und Leben, Schiff und Ladung auf das Spiel setzt, um etwas mehr Fracht zu gewinnen. Es muß dem Gutachter Domke darin beigestimmt werden, daß die übliche Sitte, bei voller Ladung mit leeren Tanks zu fahren, vielleicht schon manches verschollene Dampfschiff zu plötzlichem Kentern gebracht hat. Das Seeamt ist nicht dazu da, um schlechte Gebräuche, Nachlässigkeiten und Waghalsigkeiten der Seeleute zu entschuldigen und zu beschönigen, sondern um durch Aufstellung richtiger Grundsätze und unnachsichtige Rüge der Abweichungen die Sicherheit des Schiffsverkehrs zu festigen und zu befördern. Mann könnte daher von dem Schiffer Sommer verlangen, daß er zur gewissenhaften und umsichtigen Führung des ihm anvertrauten Schiffes sich mit dessen Eigenschaften, der zweckmäßigsten Art der Stauung und der richtigen Behandlung der Wassertanks bekannt machte und ihm vorhalten, daß er dazu bei den früheren Reisen reichliche Gelegenheit gehabt habe und längst darauf aufmerksam geworden sein müsse, daß sein Schiff, wenn es mit voller Ladung und leeren Tanks fuhr, gegen Segeldruck empfindlich war und hart überholte. Daß er mit gefüllten Tanks nicht die ganze Ladung einnehmen konnte, vermag sein Verhalten nicht zu rechtfertigen. Er mußte dann lieber weniger Ladung nehmen, um unter allen Umständen die nöthige Stabilität zu behalten und durften jedenfalls bei leeren Tanks keine Segel gesetzt werden.

Gleichwohl hat das Seeamt jede Schuld des Schiffers an dem Unfall verneint und in Folge dessen auch dem Antrage des Reichscommissars auf Entziehung der Befugniß zur Ausübung des Schiffergewerbes nicht entsprochen. Die maßgebenden Gründe dafür sind folgende:

1. Es ist angenommen worden, daß die angewendete Zeit und Arbeitskraft vollkommen ausreichend gewesen sei, um die Ladung „nach Seemannsbrauch" ordnungsgemäß zu stauen und festzutreten, daß die Anwendung des Querschotts und der Längsgävelings die überall bei Körnerladungen übliche sei und bei fest unter Deck gestauter Ladung das Uebergehen hindere. Wie fest die Ladung verstaut gewesen, ist daraus entnommen, daß alle Winkel und Ecken vollgestopft waren und die Lukendeckel aufgerammt werden mußten. Wenn dennoch die Ladung übergegangen ist, so kann dies dem Schiffer

nicht zur Last gelegt werden, sondern ist dem Stampfen und Schütteln zuzuschreiben, durch welches jede noch so fest gestampfte Körnerladung lose werden kann. Jedenfalls war das Uebergehen so unbedeutend, daß es bei gehöriger Stabilität höchstens eine Schlagseite zur Folge haben konnte und für sich allein den Unfall nicht herbeigeführt hat.

2. Dem Schiffer Sommer kann die unterlassene Füllung der Wassertanks nicht als Verschuldung des Unfalls oder seiner Folgen angerechnet werden, weil in der seemännischen Praxis der Luftraum zwischen Kiel und Ladung nicht unbedingt als Fehler betrachtet, sondern häufig zur Verstärkung der Tragfähigkeit des Schiffes benutzt wird. Die Stabilität der Schiffe und die Einwirkung der Stauung ist nach Bauart und Beschaffenheit so verschieden, daß sich dieselbe nach einem allgemeinen Grundsatze kaum bestimmen läßt. Es giebt Schiffe, die des Luftraumes über dem Kiel bedürfen, weil sie sonst zu tief einsinken und übersteif liegen. Jedenfalls kann der Schiffer Sommer nicht zum Opfer und Sündenbock eines weitverbreiteten Seemannsgebrauches aus dem Grunde gemacht werden, weil dieser Brauch nachträglich für ungehörig und schädlich erachtet wird. Es konnte ihm deshalb umsoweniger ein Vorwurf gemacht werden, weil er über die Bedeutung der Wassertanks für die Stabilität des Schiffes nicht unterrichtet war und das Verhalten des Schiffes bei den früheren Reisen ihm keinen sicheren Grund zu Befürchtungen gegeben hatte. Dem Seemann, der täglich und stündlich mit Gefahren zu kämpfen hat, kann es als ein schuldbares Versehen nicht angerechnet werden, wenn er von einem Ueberholen des Schiffes nicht gleich geängstigt wird und daraus eine Gefahr herauswittert. Der Schiffer konnte umsomehr annehmen, daß das Schiff für leere Wassertanks gebaut sei und damit fahren könne, als er nur in dieser Weise die volle nach Raumgehalt und Tiefgang zulässige Ladung einnehmen und daher glauben konnte, daß die Tanks nur für Ballastfahrten bestimmt seien. Wenn der Schiffer Sommer die Frage des Reichscommissars, warum nicht die Füllung der Wassertanks versucht sei, gleichfalls unrichtig beantwortet hat, so kann aus diesem Verfehlen einer reinen Prüfungsfrage die Verschuldung des Unfalls und der Mangel solcher Eigenschaften, die zur Ausübung des Gewerbes erforderlich sind, nicht abgeleitet, sondern nur im

Anschlusse an das Domkesche Gutachten der Wunsch daraus entnommen werden, daß den Schiffern die Bedeutung der Wassertanks für die Stabilität klar gestellt und sie darüber mehr als bisher unterrichtet werden. Endlich mag es unrichtig sein, daß das Schiff während des Kenterns vor den Wind gebracht wurde, statt dem Lande genähert zu werden, aber abgesehen davon, daß dieser Fehler der Schiffsleitung sich als ein aus der Bestürzung über einen unerklärlichen Unfall hervorgegangener, allerdings ziemlich gedankenloser Versuch der Wiederaufrichtung entschuldigt, so ist derselbe jedenfalls für den Unfall selbst und dessen Folgen ganz bedeutungslos geblieben. Das Schiff war, als es zu kentern begann, vom Lande vier deutsche Meilen entfernt und konnte sich in den Dreiviertelstunden, die bis zum völligen Umschlagen vergingen, dem Lande nicht so weit nähern, um Schiff und Ladung zu retten.

Nach diesem Allen ist der Unfall ohne Verschulden des Schiffers, Steuermanns und der Maschinisten auf einen Mangel der Beladung zurückzuführen.

Die Entscheidung des Ober-Seeamts lautet:

daß der Spruch des Königlich preußischen Seeamts zu Stettin vom 31. Juli 1882, soweit er sich auf die Gewerbebefugniß des Schiffers Sommer bezieht, zu bestätigen und die baaren Auslagen des Verfahrens außer Ansatz zu lassen.

Gründe. Dem Schiffer Sommer sind in der Beschwerde folgende drei Vorwürfe gemacht worden:

1. daß er nicht für eine hinreichend feste Stauung der in Libau eingenommenen Haferladung Sorge getragen habe und in Folge dessen wahrscheinlich ein Uebergehen dieser Ladung die Hauptursache des Kenterns des Schiffes gewesen sei,
2. daß er die Ballasttanks nicht mit Wasser gefüllt habe, was bei einer leichten Getreideladung für die Stabilität des Schiffes durchaus erforderlich sei,
3. daß er, als das Schiff zum Kentern lag, dasselbe nicht in einer Richtung hielt, vermöge deren der Wind von der ins Wasser geneigten Seite des Schiffes einfallen konnte, und daß er die übergegangene Haferladung nach Oeffnen der Luken nicht abgekürzt habe, wodurch das Schiff wieder aufgerichtet worden wäre.

Was den ersten Vorwurf anbetrifft, so erscheint derselbe nicht hinreichend substanziirt, weil nach den Zeugenaussagen der geladene Hafer nicht nur in der üblichen Weise eingeschüttet und festgetreten worden ist, sondern auch das Vorhandensein der Längsgävelings und der Umstand, daß der Hafer überall bis dicht unter das Deck gestaut worden und ein starkes Zusammenrütteln in der kurzen, seit Verlassen des Hafens verflossenen Zeit von nur etwa 30 Stunden nicht anzunehmen ist, es unwahrscheinlich macht, daß ein Uebergehen der Haferladung die erste und eigentliche Veranlassung zum Kentern abgegeben hat. Man würde letzteres nach Lage der Umstände nur annehmen können, wenn es keine andere ausreichende Erklärung für den Unfall gäbe. Es ist aber das Gegentheil der Fall, und zwar ist die Erklärung in dem zweiten dem Schiffer in der Beschwerde gemachten Vorwurf zu finden.

Es ist nämlich Thatsache, daß in den letzten Jahren eine größere Anzahl Dampfer mit Getreideladungen, sofern sie Tanks zu Wasserballast besaßen und diese nicht mit Wasser gefüllt hatten, gekentert sind, obwohl in mehreren Fällen festgestellt werden konnte, daß die Getreideladung ganz fest und sicher derart gestaut war, wie es bei solchen Ladungen üblich ist und bisher bei Schiffen ohne Ballasttanks als gefahrlos gegolten hat. Es ist dabei ferner die Erscheinung constatirt worden, daß von derartigen Unfällen namentlich solche Dampfer getroffen wurden, welche keine Aufbauten über dem eigentlichen Deck besaßen, so daß bei tiefer Beladung nur eine geringe Neigung des Schiffes dazu gehörte, die Leeseite des Decks unter das Wasser zu tauchen.

Es lassen sich diese Erscheinungen nach der Lehre von der Stabilität der Schiffe unschwer erklären. Bekanntlich hängt die Stabilität eines Schiffes von der relativen Lage des sogenannten Metacentrums in Bezug auf den Körper- oder Systemschwerpunkt des Schiffes ab. Liegt das Metacentrum hoch über dem Systemschwerpunkt, so ist das Schiff stabil, rückt es bis zum Schwerpunkt heran, so hört die Stabilität auf. Da die Lage des Metacentrums aber vom Deplacementsschwerpunkt, d. h. vom Schwerpunkt der vom Schiffe verdrängten Wassermasse abhängt, so sind die Lage des Systemschwerpunktes und diejenige des Deplacementsschwerpunktes die für die Stabilität maßgebenden Factoren. Die Lage des ersteren richtet sich auf Kauffahrteischiffen nach den jeweiligen Gewichten und nach der Stauung der Ladung; die Lage des Deplacementsschwerpunktes und damit des Metacentrums richtet sich hingegen nach der Form des jeweilig eingetauchten Schiffskörpers, wechselt also bei verschiedenen Schieflagen des Schiffes ihren Platz in Bezug auf eine bei gerader Schiffslage durch den Systemschwerpunkt gezogene Verticale, welche bei symetrischer Vertheilung der Gewichte durch den Kiel gehend zu denken ist. Kommt nun der Systemschwerpunkt eines Schiffes in Folge der Art oder Stauung der Ladung sehr hoch zu liegen und wird durch die Schieflage des Schiffes die Form des in das Wasser eingetauchten Querschnittes in der Weise ungünstig verändert, daß das Metacentrum dadurch tief zu liegen kommt, so ist die Gefahr des Kenterns für das betreffende Schiff eine sehr große. Eine solche ungünstige und zwar ganz plötzliche Veränderung des in das Wasser eingetauchten Querschnittes des Schiffes tritt aber ein, sobald das Deck des Schiffes in Folge einer Schieflage desselben unter das Wasser taucht.

Es wird hiernach nur der Feststellung bedürfen, ob im Falle des „Stadtrath Gese" diese vorstehend hervorgehobenen für die Stabilität ungünstigen Momente als vorhanden anzusehen sind.

Aus dem Schiffsjournal ergiebt sich, daß dieser Dampfer, sobald er ohne Ladung im Hafen lag und das Wasser aus den Ballasttanks ausgepumpt worden war, die Neigung zeigte, umzufallen, und daß er nur durch Befestigung am Bollwerk davor bewahrt werden konnte. Die Veranlassung hierzu kann nur theils in der Form des Schiffes, theils in den verhältnißmäßig schweren Obergewichten desselben gefunden werden, indem nach Angabe seines Erbauers das eiserne Oberdeck etwa 70 Centner schwerer war, als ein hölzernes Deck sein würde. Nimmt ein solcher Dampfer eine specifisch schwere Ladung ein, welche — sofern die zulässige Maximaleintauchung nicht überschritten wird — den Laderaum nicht ganz ausfüllt, derart, daß oben in demselben ein leerer Raum bleibt, so wird der dann relativ tief liegende Schwerpunkt der Ladung dem Obergewicht des Dampfers entgegenwirken und die erforderliche Stabilität hergestellt sein. Ist die Ladung dagegen specifisch sehr leicht, so wird ein Verhältniß eintreten, das sich demjenigen des leeren Schiffes mehr oder weniger nähert. Hafer ist eine der specifisch leichtesten Ladungen, indem er nur etwas mehr als halb so viel wie Weizen wiegt. Es gilt daher bei Haferladung als Regel, daß man bei Schiffen, welche nur im geringsten rank sind, unter die Ladung Ballast legt (O. Hildebrandt, „Lehrbuch für junge Seeleute" S. 302), was bei anderen Getreideladungen, außer etwa bei schlechter Gerste, gewöhnlich nicht geschieht.

Wäre es möglich gewesen, auf dem „Stadtrath Gese" die Haferladung längs des ganzen Schiffes unmittelbar auf den Schiffsboden zu schütten, so wäre vielleicht noch genügende Stabilität vorhanden gewesen, weil die tief im Schiff liegende Maschine und die Kohlen in gewissem Maße als Ballast angesehen werden durften. Es befand sich aber unmittelbar über dem Boden des Schiffes in der Mitte desselben ein Ballasttank, der gegen 30 cbm faßte, und vorne und hinten befanden sich gleiche Tanks, welche etwa 12 cbm Inhalt hatten. Sobald diese Tanks nicht mit Wasser gefüllt wurden, mußten sie die Wirkung haben, den Schwerpunkt der Ladung und damit den ganzen Systemschwerpunkt des beladenen Schiffes noch höher zu bringen, als er ohnedies bei einer Haferladung auf jedem Schiffe zu liegen pflegt. Es kann daher nicht daran gezweifelt werden, daß der Systemschwerpunkt auf dem „Stadtrath Gese" bei seiner letzten Reise sehr hoch lag, mithin das eine jener ungünstigen Momente als vorhanden angesehen werden darf.

Was das andere Gefahrmoment anbetrifft, so kommt Folgendes in Betracht. Der „Stadtrath Gese" soll bei äußerster Beladung nach Aussage des Erbauers eine Auswässerung von 0,38 Meter = 14 ½ Zoll preußisch haben. Nach Angabe des Schiffers Sommer hätte die Auswässerung vor dem Abgange von Libau etwa 11 Zoll, nach Angabe der Zeugen Bootsmann Wallwitz und Matrose Hass etwa 7 bis 8 Zoll betragen. Wenn letztere Angaben auch nur auf Schätzung beruhen, so scheint doch sicher zu sein, daß das Schiff mit der in Libau genommenen Haferladung von 230 650 kg gefährlich tief, möglicherweise unter Ueberschreitung der zulässigen Grenze beladen war. Es genügte nämlich bei der vorhandenen Schiffsbreite und bei 11 Zoll Auswässerung bereits die sehr geringe Neigung von 5½ bis 6 Grad, um das Deck an der Leeseite unter den Wasserspiegel zu bringen. Da schon eine mäßige Brise und mäßige Schlingerbewegungen hinreichen, um einem Schiffe selbst eine doppelt so große Neigung als die angegebene zu ertheilen, so ist nicht daran zu zweifeln, daß in Folge der starken Beladung des „Stadtrath Gese" auch das zweite jener Gefahrmomente in hohem Grade vorhanden war, wie ja auch nach der Zeugenaussage des Steuermanns Zothner das Schiff ohne andere sichtbare Veranlassung als den Druck des Windes auf die Segel sich soweit auf die Seite gelegt hat, daß das Leedeck unter Wasser kam und letzteres bald bis über die Deckluken trat.

Es kommt noch ein dritter Umstand hinzu, welcher auf die Stabilität von Schiffen mit leeren Ballasttanks ungünstig einwirkt. Es ist dies die in den leeren Tanks enthaltene Luft, welche, da sie specifisch viel leichter als Wasser ist, einen starken Auftrieb besitzt.

Solange das Schiff gerade oder fast gerade liegt, ist diese auftreibende Wirkung ohne Einfluß auf die Stabilität, wenn aber das Schiff sich auf die Seite legt, wirkt der Auftrieb der Luft in der Weise, daß die Neigung dadurch in einer mit dem Grade der Neigung steigenden Progression befördert wird. Da sich auf dem „Stadtrath Gese" insgesammt ein Quantum von mehr als 40 cbm Luft in den über dem Kiel gelegenen Tanks eingeschlossen befand, wenn sie wasserleer blieben, so bildeten dieselben nicht nur in der Beziehung eine Gefahr, daß dadurch — wie oben ausgeführt — der Schwerpunkt des beladenen Schiffes in die Höhe gerückt wurde, sondern es wurde auch direkt das Umfallen durch sie begünstigt, sobald einmal eine gewisse Schieflage durch irgend welche Ursachen erzeugt war.

Der „Stadtrath Gese" hatte bereits früher eine Reise mit einer Ladung Hafer und mit leeren Wassertanks ohne Unfall ausgeführt. Es waren hierbei 205000 kg Hafer im Laderaum und 7500 kg Fässer mit Eigelb auf Deck geladen. Es ist anzunehmen, daß auch bei dieser Ladung der Systemschwerpunkt des Schiffes gefährlich hoch gelegen hat. Von den drei erwähnten Gefahrmomenten ist aber das eine, sehr wesentliche, nicht in so hohem Maße vorhanden gewesen, nämlich das tiefe Eintauchen des Schiffes, indem das Gesammtgewicht dieser Ladung 18150 kg weniger als das Gewicht der bei der letzten Reise eingenommenen Ladung betrug. Wie anzunehmen war und vom Schiffer Sommer bestätigt worden ist, waren Wind und See auf der früheren Reise nicht derart, daß das Schiff sich tief genug geneigt hätte, um das Deck in Lee unter den Wasserspiegel zu bringen; wäre letzteres geschehen, so wäre das Schiff wahrscheinlich bereits auf dieser Reise gekentert.

Der dem Schiffer Sommer gemachte Vorwurf, daß er unterlassen habe, die Ballasttanks mit Wasser zu füllen und daß diese Unterlassung eine der Ursachen des Kenterns des Schiffes gewesen sei, trifft also zu. Selbstverständlich hätte Sommer bei gefüllten Tanks um so viel weniger Hafer laden müssen, als das Gewicht des Wasserballastes betrug und als nöthig war, um die Tiefladelinie nicht zu überschreiten.

Was den dritten Vorwurf der Beschwerde anbetrifft, so ergeben die Zeugenaussagen, daß, als der Schiffer bei dem Unfall an Deck kam, das Wasser bereits über die Ladeluken spülte, und daß der Steuermann Zothner mit dem Schiff durch den Wind gegangen war, so daß dieser von Steuerbord einkam. Das Schiff fuhr aber trotzdem fort, sich nach Steuerbord zu senken. Ein Ueberkürzen der Ladung war unter diesen Umständen, da man die Luken nicht öffnen konnte, ohne daß sofort das Wasser in das Schiff gestürzt wäre, ausgeschlossen; den Schiffer Sommer trifft daher in dieser Richtung ein Tadel nicht.

Wenn von den dem Schiffer Sommer gemachten Vorwürfen hiernach nur der zweite begründet ist, so fragt es sich, ob Sommer durch das unterlassene Füllen der Wassertanks einen Mangel an solchen Eigenschaften oder Kenntnissen an den Tag gelegt hat, welche für einen Schiffer unentbehrlich sind. Es kann keinem Zweifel unterliegen, daß die Lehre von der Stabilität der Schiffe und von den Einflüssen, welche verschiedene Ladungen und der Grad der Belastung durch Verminderung der Auswässerung auf die Stabilität üben, von dem Schiffer wenigstens in soweit gekannt sein muß, daß er ein für die Praxis genügendes Urtheil darüber besitzt, ob gewisse Ladungen im Hinblick auf die besonderen Eigenschaften seines Schiffes die Einnahme von Ballast verlangen oder nicht. In zweifelhaften Fällen muß der Schiffer jedenfalls lieber Ballast und etwas weniger Ladung nehmen, und es ist sehr zu tadeln, daß Sommer das Füllen der Ballasttanks mit Wasser unterließ, um etwas mehr Ladung einnehmen zu können.

Bei der Beurtheilung der an sich unrichtigen Handlungsweise des Schiffers Sommer muß aber mit in Betracht gezogen werden, daß es leider vielfach üblich ist, bei der Beladung von Dampfern mit leichten Getreidearten das Ballasten zu unterlassen, weil angenommen wird, daß Maschine und Kohlen in genügender Weise als Ballast wirken.

In dem vorliegenden Falle tritt dem Schiffer Sommer noch der Umstand entschuldigend zur Seite, daß er bereits früher eine Haferladung in demselben Dampfer ohne Ballast über See gebracht hatte, und daß er geglaubt hat, in Folge dessen, und weil er damals sogar eine die Stabilität ungünstig beeinflussende Decklast von 7500 kg Gewicht gehabt hatte, auf der letzten Reise noch etwas mehr Hafer als zuvor laden zu dürfen.

Es ist aus diesen Gründen anzunehmen, daß es dem Schiffer Sommer nicht an den für einen Schiffer erforderlichen Eigenschaften im allgemeinen fehlt, sondern daß er nur in dem vorliegenden besonderen Falle sich in einem seinem Schiffe allerdings verhängnißvoll gewordenen Irrthum befunden hat. Es liegt daher kein Anlaß vor, ihm die Gewerbebefugniß zu entziehen.

Die baaren Auslagen des Verfahrens bleiben außer Ansatz, weil die Beschwerde vom Reichscommissar eingelegt worden ist.

Inhalt (Fortsetzung von Seite 2 des Umschlags).

Berichtigung.

Seite 140, 2. Zeile von oben, lies: „vom 9. Mai 1882“ statt: „vom 9. Juni 1882“.
Seite 200, 2. Zeile der Ueberschrift zum 32. Spruch, lies: „vom 13. April 1882“ statt: „vom 12. April 1882“.
Seite 233, 2. Zeile der Ueberschrift zum 35. Spruch, lies: „vom 5. Juli 1882“ statt: „vom 5. Juni 1882“.

MIX
Papier | Fördert gute Waldnutzung
FSC® C083411

Kolibri 360 GmbH
Ferdinand-Jühlke-Straße 7
99095 Erfurt, Deutschland
produktsicherheit@kolibri360.de